NZZ **Libro**

avenir suisse

Der Wert der Werte

Über die moralischen Grundlagen der westlichen Zivilisation

Karen Horn und Gerhard Schwarz Herausgeber

Verlag Neue Zürcher Zeitung

Bibliografische Information der Deutschen Nationalbibliothek
Die Deutsche Nationalbibliothek verzeichnet diese Publikation
in der Deutschen Nationalbibliografie; detaillierte bibliografische
Daten sind im Internet über http://www.dnb.de abrufbar.

Verlag © 2012 Verlag Neue Zürcher Zeitung, Zürich

Herausgeber Gerhard Schwarz, Avenir Suisse, www.avenir-suisse.ch;
Karen Horn, IW Köln, www.iwkoeln.de
Planung, Koordination Nina Zogg, Jörg Naumann, Avenir Suisse,
www.avenir-suisse.ch
Gestalterische Leitung Arnold. Inhalt und Form AG,
www.arnold.inhaltundform.com
Gestaltung Ulrich Dinser
Korrektorat Benjamin Scharnagel, IW Medien GmbH, www.iwmedien.de
Druckvorstufe IW Medien GmbH, www.iwmedien.de
Druck Kösel GmbH & Co. KG, www.koeselbuch.de

Dieses Werk ist urheberrechtlich geschützt. Die dadurch begründeten
Rechte, insbesondere die der Übersetzung, des Nachdrucks, des Vortrags,
der Entnahme von Abbildungen und Tabellen, der Funksendung, der
Mikroverfilmung oder der Vervielfältigung auf andern Wegen und der
Speicherung in Datenverarbeitungsanlagen, bleiben – auch bei nur
auszugsweiser Verwertung – vorbehalten. Da Avenir Suisse und das
IW Köln an der Verbreitung der hier präsentierten Ideen interessiert sind,
ist die Verwertung der Erkenntnisse, Daten und Grafiken dieses Werkes
durch Dritte hingegen ausdrücklich erwünscht, sofern die Quelle exakt
und gut sichtbar angegeben wird und die gesetzlichen Urheberrechts-
bestimmungen eingehalten werden. Zuwiderhandlungen unterliegen den
Strafbestimmungen des Urheberrechts.

ISBN 978-3-03823-745-7

www.nzz-libro.ch
NZZ Libro ist ein Imprint der Neuen Zürcher Zeitung

Zu diesem Buch

In diesem Buch geht es um den Wert der Werte und um den moralischen Grundkonsens, den eine gedeihlich und harmonisch funktionierende Gesellschaft voraussetzt und an dem zu arbeiten sich gerade in der Krise besonders dringlich empfiehlt. Kann es einen solchen Grundkonsens überhaupt geben? Was ist die Voraussetzung dafür? Wie müsste er aussehen, welche Werte sollten uns dabei teuer sein, gerade mit Blick auf die Wirtschaft? Wie entstehen Wertvorstellungen? Und wie ist es um die Werte bestellt? Was können wir tun, um die Werte der westlichen Zivilisation zu verteidigen? 20 Autoren haben an zwei Tagungen von Avenir Suisse und Institut der deutschen Wirtschaft Köln zuerst in Berlin (15.06.2011) und dann in Zürich (17.06.2011) über diese grossen Fragen nach Moral, Werten, Normen, Institutionen und Regeln nachgedacht – aus wirtschaftlicher, philosophischer, soziologischer, demoskopischer und politischer Perspektive. Und sie nähern sich diesen Fragen nun hier in weiter vertiefter und ergänzter schriftlicher Form.

Das Buch beginnt mit einer Einführung von *Karen Horn* (Institut der deutschen Wirtschaft Köln). Sie setzt sich mit dem Spannungsverhältnis von Wirtschaft und Werten auseinander und versucht eine erste terminologische und begriffliche Klärung. Weil der Begriff der «Werte» so schillernd ist, durchzieht das ganze Buch ein Ringen um dessen richtiges Verständnis, wobei natürlich die Vieldeutigkeit und die Vielschichtigkeit nicht aufgelöst werden. Vielleicht liegen gerade darin das Faszinosum und die Ursache der Popularität der These von einer Wertekrise der Gesellschaft.

Werte – wozu und welche? Im ersten Teil des Buches unter der Überschrift «*Werte – wozu und welche?*» beschreibt *Michael Hüther* (Institut der deutschen Wirtschaft Köln) das nicht einfache Verhältnis zwischen der ökonomischen Wissenschaft und der Frage nach den Werten als Handlungsorientierungen. Um der Komplexität ihres Untersuchungsgegenstandes Herr zu werden, seien Ökonomen zu Abstraktionen gezwungen, was eine Einbusse an Realitätsnähe mit sich bringe. Auch das Thema der Moral bleibe da gelegentlich auf der Strecke – doch das müsse nicht sein. Beide seien logisch miteinander verbunden. Nach Hüther sind Werte wichtig, weil sie die Entscheidungen und Handlungen der Menschen in gegebenen Ordnungen prägen, weil sie für die Gestaltung von Ordnungen, Regelwerken und Verfahren zum Interessenausgleich nötig sind und weil sie den Differenzierungsspielraum einer Gesellschaft im globalen Wettbewerb definieren. Und welche Werte? Nach Hüther bilden Freiheit, Verantwortung, Leistungs- und Tauschgerechtigkeit das ethische Fundament der Marktwirtschaft. Diesen ordoliberalen Wertekanon gelte es, mit den Bedingungen der Wirtschaftspolitik zu verbinden.

> Kann es einen moralischen Grundkonsens der Gesellschaft überhaupt geben? Was ist die Voraussetzung dafür? Wie müsste er aussehen? Wie entstehen Wertvorstellungen? Und wie ist es um die Werte bestellt? Was können wir tun, um die Werte der westlichen Zivilisation zu verteidigen?

Gerhard Schwarz (Avenir Suisse) konstatiert, dass die Ökonomik in der Regel bewusst losgelöst von Wertfragen daherkommt. Auch der Liberalismus leide unter einer solchen selbst auferlegten, paradigmatischen Schwäche, da er sich auf Verfahrensregeln konzentriere. Die Fokussierung auf die negative Freiheit, auf die Frage «Freiheit wovon?», beantworte nicht die Frage der Menschen danach, was sie mit der Freiheit anfangen sollten. Aus liberaler Perspektive gebe es drei Gründe, sich mit Werten zu befassen: Es sei taktisch geboten, um nicht Konservativen und Sozialisten das Feld zu überlassen; es sei moralisch geboten, weil nur Handeln in Freiheit moralisch genannt werden könne und man den Freiraum nur sichern könne, wenn man sich nicht um die Frage der Werte drücke; und es sei im Interesse der Freiheitssicherung geboten, weil sonst die Gefahr bestehe, dass staatliche Gesetze an die Stelle allgemein anerkannter Werte träten. Schwarz unternimmt dann den Versuch, einen zeitgemässen liberalen Dekalog zu entwickeln.

Anschliessend präsentiert *Michael Frhr. Truchsess* (Arbeitskreis evangelischer Unternehmer) einen weiteren modernen Dekalog, eine Liste von zehn Werten und Tugenden, die einem Christen lieb und teuer sein sollten – wobei er nachdrücklich betont, dass Religion originär durchaus keine Plattform zur Vermittlung von Werten sei, sondern zuallererst eine Heilslehre. Aus dieser könnten sich dann aber in einem zweiten Schritt Werte entwickeln. Die aus dem Glauben entwickelte Heilserwartung setze das Wissen um den Inhalt der Glaubenslehre voraus, das von einem Regelwerk begleitet werde, zum Beispiel die Zehn Gebote und die Bergpredigt. Die Einhaltung der Glaubensgrundsätze, die helfen, ein gottgerechtes Leben zu führen, unterstütze nicht nur die Heilserwartung; sie fördere zudem das gedeihliche Auskommen innerhalb der Gemeinschaft. Erst das Regelwerk schaffe die Basis für gemeinsame, definierbare Werte sowie das Bedürfnis, sich daran zu halten. Das Truchsess'sche Sortiment umfasst: Gerechtigkeit, gesittete Menschlichkeit, Vergebung, Verlässlichkeit, Hingabe, Freiheit und Verantwortung, Nächstenliebe, Demut, Dienstbereitschaft, Reflexion, Nachdenklichkeit und Besinnung.

> Ein moderner Dekalog: Gerechtigkeit, gesittete Menschlichkeit, Vergebung, Verlässlichkeit, Hingabe, Freiheit und Verantwortung, Nächstenliebe, Demut, Dienstbereitschaft, Reflexion, Nachdenklichkeit und Besinnung.

Joachim Fetzer (Deutsches Netzwerk Wirtschaftsethik) hingegen warnt davor, allzu verbissen einen gemeinsamen Wertekanon anzustreben. Werte zu finden, auf denen sich eine freiheitliche, marktwirtschaftlich orientierte und demokratische Gesellschaft errichten lässt, sei zwar ein respektables Anliegen, aber letztlich doch allzu ambitioniert. Eine Vereinheitlichung von Werten sei möglicherweise sogar mit einer Normierung und einem Totalitätsanspruch verbunden, die man zumindest in der liberalen Tradition nicht wollen könne. Die Probleme begännen freilich schon damit, dass die Menschen in ihrem Handeln gar nicht immer Wertvorstellungen folgten, sondern oftmals – ihren Werten sogar widerstrebenden – Impulsen und Gefühlen. Die Wertvorstellungen selbst liessen sich kaum steuern; sie entsprängen keiner bewussten Wahl, sondern in der Gemeinschaft gedeuteten Erfahrungen und Prägungen. Für einen gemeinsamen Wertekanon komme es auf gemeinsame Erfahrungen an. Wichtig sei jedoch vor allem, einen Wertediskurs zu führen, in angemessener Sprache und mit plausiblen Bildern.

Werte – woher kommen sie? Im zweiten Teil des Buches «*Werte – woher kommen sie?*» befasst sich *Karen Horn* (Institut der deutschen Wirtschaft Köln) mit dem Überschwappen des ökonomischen Wertbegriffs auf das Terrain der Ethik. Dies habe mit der zunehmenden Relevanz des Wirtschaftlichen zu tun, aber auch mit dem Erkenntnisfortschritt, den die Entdeckung des subjektiven Werts durch die österreichischen Ökonomen bedeutet habe. Damit hätten diese an Adam Smith angeknüpft. Nach dessen gedanklichem System, in dem die Werte im Miteinander entdeckt, implizit definiert, konstituiert und weitergegeben werden, entstehe der wirtschaftliche wie der moralische Wohlstand der Nationen in fortlaufenden Rückkopplungen zwischen den Mitgliedern der Gesellschaft. Freilich könnten selbst im Smith'schen Modell religiöse Praxis und göttliche Eingebung auch als Quellen der Werte gelten, wobei die Selbstbildung und das Streben des Menschen nach Transzendenz Voraussetzungen seien. Werte liessen sich jedenfalls nicht dekretieren. Dem einzelnen Menschen, der den gesellschaftlichen Wertekanon bewusst mitgestalten wolle, böten sich dennoch zwei Handlungsoptionen: die Tat (er kann seine Werte leben und vorleben) und das Wort (er kann seine Werte den anderen erklären und vermitteln).

Anschliessend schildern *Dominik Enste* und *Inna Knelsen* (Institut der deutschen Wirtschaft Köln) die Evolution von Normen und Werten. Sie zeigen, wie wichtig es war, dass sich schon in der Jäger- und Sammlergesellschaft erste Normen und Werte herausgebildet haben. Ohne sie wäre das Überleben der Menschen, die konstitutionell den Tieren unterlegen sind, schwierig geworden. Emotional und kognitiv sind die Menschen noch sehr ausgeprägt in der Urzeit verankert, was etwa stark egalitäre Tendenzen ebenso erklärt wie den sogenannten Status-Quo-Bias. Dennoch findet natürlich Wertewandel statt. Enste und Knelsen beschreiben, wie aus abweichendem Verhalten neue Werte entstehen können und es zu einem institutionellen Wandel kommt.

Zu den wichtigsten Quellen gemeinsamer Werte zählen, wie Enste und Knelsen schreiben, die Religionen. Der protestantische Pfarrer *Peter Ruch* unternimmt nach einer Reflexion über das Wort «Werte» eine, wie er es nennt, Minimalinterpretation der Bibel, zuerst des Alten und dann des Neuen Testaments. Für ihn als Gläubigen enthält die Bibel eine Botschaft «von ausserhalb der Welt». Eine der wichtigsten lautet, Grenzen zu respektieren, Grenzen gegenüber den Mitmenschen, Grenzen auch gegenüber den eigenen Möglichkeiten. Den von ihm präsentierten Katalog christlicher Werte hält Ruch keineswegs für einzigartig. Andere Religionen kommen mit einem anderen Ansatz zu durchaus ähnlichen Werteordnungen.

Werte – wie steht es um sie? Der dritte Teil des Buches «*Werte – wie steht es um sie?*» ist zunächst dem demoskopischen Befund gewidmet, der Frage, welche Wertvorstellungen man derzeit in der Gesellschaft findet. Danach folgen zwei eher grundsätzliche Betrachtungen. Demoskopische Untersuchungen sind immer cum grano salis zu nehmen. Der Kreis der Befragten ist zwar in der Regel – im statistischen Sinne – repräsentativ, bleibt aber doch klein. Die Antworten sind stets Momentaufnahmen und hängen stark davon ab, wie die Fragen gestellt werden und was die Befragten unter den meist vorformulierten, zur Auswahl angebotenen Antworten verstehen. Trotzdem bieten demoskopische Arbeiten interessante, lehrreiche und relevante Einblicke.

So zeigen die Ausführungen von *Thomas Petersen* (Institut für Demoskopie Allensbach), dass in Deutschland die Unzufriedenheit mit dem Wirtschaftssystem besonders in den letzten zehn Jahren stark zugenommen hat. Die Verhältnisse werden zunehmend als ungerecht empfunden, obwohl kaum eine Einkommensspreizung stattgefunden hat. Die Langfristuntersuchungen des Instituts für Demoskopie in Allensbach zeigen ferner eine Linksverschiebung der Gesellschaft. Petersen merkt in diesem Zusammenhang an, das Links-Rechts-Schema werde regelmässig als überholt erklärt, habe aber sehr wohl weiterhin seine Bedeutung – gerade auch mit Blick auf Wertefragen. Trotz der aus liberaler Sicht eher düsteren Perspektiven sieht Petersen einen Hoffnungsschimmer: Unter den jungen Menschen ist die Auffassung wieder viel stärker verbreitet, dass jeder seines Glückes Schmied ist. Ganz besonders ausgeprägt gilt das für Ostdeutschland.

Thomas Volkmann (Friedrich-Naumann-Stiftung für die Freiheit) präsentiert Konzeption und Ergebnisse des Wertemonitors, den die in Potsdam ansässige Stiftung, die der deutschen FDP nahesteht, seit einigen Jahren aufstellt. Trotz einer hohen Wertschätzung für die Freiheit und eines grundsätzlich freiheitlichen Lebensgefühls der Menschen zeige die Umfrage Steigerungen und Zuwächse vor allem bei *nicht* zuvorderst vom Freiheitsgedanken getragenen Werten und Befindlichkeiten. Das gelte für Ordnung und Sicherheit, für mehr soziale Absicherung, für Solidarität und Gleichheit. Wenn es konkret werde, wählten die Menschen in der Regel nicht die Freiheit, sondern Absicherung, Gleichheit und Risikominimierung. Ausserdem gebe es nur eine relativ geringe Akzeptanz für ökonomische freiheitliche Werte wie Wettbewerb und Marktwirtschaft. Offenbar habe die globale Wirtschafts- und Finanzkrise tiefe Spuren in der Gemütslage der Menschen hinterlassen. Der wirtschaftliche Aufschwung habe die Stimmung bisher nicht ausreichend aufgeheitert und den Menschen ihre Ängste vor Unsicherheit und Unwägbarkeiten noch nicht genommen.

Einen Wertezerfall indes sieht *Guy Kirsch* (Universität Fribourg) nicht. Seine originelle These lautet, dass wir nicht unter zu wenig Werten leiden, sondern es in der heutigen Zeit im Gegenteil mit einer wachsenden Vielzahl und zunehmenden Vielfalt von Werten zu tun haben. Kirsch legt dar, worin die Probleme dieses Befundes liegen, er sieht darin aber auch Chancen. Verschiedene Gruppen verträten auch verschiedene Werte. Und die einzelnen Menschen fühlten sich nicht nur dem einen und «wahren» Wertekanon verpflichtet, sondern gleich mehreren Wertesystemen. Das führe zu Reibungen der verschiedenen Subgesellschaften, aber auch zu Spannungen innerhalb jedes Individuums. Dieses sehe sich gezwungen, sich selbst das passende Wertepaket zu schnüren. Doch zugleich schaffe diese Wertevielfalt auch Möglichkeiten der Freiheit und der Wahl, eines gewählten und nicht vorgegebenen Selbst.

Weniger gelassen zeigt sich der Historiker *Harold James* (Princeton University). Zwar böten zumal besonders schwere Krisen oft grosse Lernchancen, da sie die Menschen auf grundsätzliche Fragen zurückwürfen. Doch die Welt scheine bisher wenig aus der Finanzkrise gelernt zu haben – weder mit Blick auf die neuen Regulierungen der Märkte noch mit Blick auf die Wirtschaftslehre und das Wertesystem. Vielmehr habe die Logik – und die Amoralität – der Finanzmärkte Spuren im sonstigen Verhalten der Menschen hinterlassen, etwa in der Partnerwahl. James glaubt nicht, dass der Markt Werte von selbst generiert. Eine Marktgesellschaft brauche ihr vorgelagerte, von den Menschen gemeinsam festgelegte, dauerhaft gültige Werte. Erodierten diese Grundwerte, gebe es Instabilität. Unglücklicherweise bringe die Globalisierung nicht automatisch einen Kanon tragfähiger, nachhaltiger Werte hervor. Als Korrektiv zur Erosion oder Deformation von Werten bietet James das Naturrecht an. In der Tradition des Naturrechts werde durch die Anwendung der Vernunft ein Normensatz, ein Gerüst leitender Prinzipien ermittelt. Der grösste Beitrag, den die Tradition naturrechtlichen Denkens leiste, sei ihr Insistieren auf einer Hierarchie der Werte. In ihr werde ein Wert als solcher erkannt und verstanden, statt als Werkzeug für irgendeinen anderen Zweck in Dienst genommen zu werden – wie es der Neigung der traditionell wertevergessenen Ökonomen entspreche. Mit Blick auf die Finanzkrise fordere naturrechtliches Denken eine Vereinfachung der Finanzwirtschaft, die Rückkehr zu einem niedrigeren Schuldenstand (für Privatpersonen wie für Staaten) und die Einschränkung des Geldflusses über weite Entfernungen – wenn nicht gar einen regelmässigen Schuldenschnitt. Zu denken sei auch an eine Abschaffung oder Reduktion der steuerlichen Absetzbarkeit von Hypothekarzinsen oder eine höhere Eigenkapitalquote. Eine Radikalkur wäre die Abschaffung des Prinzips der beschränkten Haftung – und die Rückkehr zu den finanziellen Strukturen des 19. Jahrhunderts.

Werte verteidigen – aber wie? Unter der Überschrift «*Werte verteidigen – und wie?*» versammeln sich schliesslich im vierten Teil einige Kurzbeiträge. *Tissy Bruns* (Der Tagesspiegel, Berlin) warnt davor, die Errungenschaften der Demokratie aufs Spiel zu setzen. *Christoph Frei* (Universität St. Gallen) mahnt, vor lauter Werten nicht die konkreten Interessen aus dem Blick zu verlieren, über die leichter verantwortlich zu verhandeln sei als über abstrakte Gesinnung. *Nils Goldschmidt* (Hochschule für angewandte Wissenschaften München) wirbt für eine Ordnung der Gerechtigkeit – mit Teilhabe und Chancengleichheit. *Necla Kelek* (freie Publizistin in Berlin) wünscht sich Richter, die sich des «Geistes der Gesetze» und nicht nur deren Wortlauts bewusst sind; und Staatsbürger, die stolz auf die Errungenschaft der Freiheit sind und nicht mit ihr umgehen, als sei sie nicht das Ergebnis eines jahrhundertelangen Kampfes. *Elham Manea* (Universität Zürich) argumentiert ähnlich, wenn sie vor kulturellem Relativismus warnt und auf die Menschenrechte pocht. Auch *Ulrich Schmid* (Neue Zürcher Zeitung, Berlin) warnt davor, die Freiheit als Selbstverständlichkeit hinzunehmen, aber auch vor den Versuchungen des Pragmatismus und vor dem Versuch der Kirchen, die säkularen, toleranten Verfassungen als ihre Leistung zu reklamieren. *Ursula Weidenfeld* (Wirtschaftsjournalistin in Berlin) gibt sich mit Blick auf die Relevanz der Werte recht gelassen und fordert ein stärkeres Engagement der Eliten. *Michael Zöller* (Universität Bayreuth) mahnt, die ganze Sorge um die Werte nicht so weit gedeihen zu lassen, dass sie sich am Ende zu einer «Tyrannei der Werte» wandelt.

Ein letzter Höhepunkt des Buches ist abschliessend der Aufsatz «*Die Furcht vor der Freiheit*» von *James M. Buchanan*, Mitbegründer der Public-Choice-Theorie und der Verfassungsökonomik sowie Träger des Nobel-Gedächtnispreises von 1986. Der Aufsatz, der 2005 in der Fachzeitschrift «Public Choice» veröffentlicht wurde, erscheint hier erstmals in deutscher Sprache, übersetzt von Karen Horn. Gemäss Buchanan hat der Sozialismus alten Typs abgedankt, doch gebe es eine moderne Spielart, die erhalten bleibe: der «parentale» Ansatz, der darauf fusse, dass Menschen Angst vor ihrer Freiheit hätten und die Abhängigkeit von einem Kollektiv, beispielsweise vom Staat, geradezu suchten. Das Individuum, das familienähnlichen Schutz suche, ein solches Behütetsein jedoch nicht länger in der Kirche oder bei Gott verspüre, finde in der Neuzeit einen Ersatz im Kollektiv. Das Individuum könne sich nun als «zugehörig» zu einer grösseren Gemeinschaft fühlen und hänge notwendig auch von dieser Gemeinschaft ab. Der «Tod Gottes» und die Geburt des Nationalstaats, besonders in seinem jüngsten Gewand als Wohlfahrtsstaat, seien insofern zwei Seiten derselben Medaille. Nach Buchanan liegt eine Schwäche des klassischen Liberalismus wesentlich in dessen Unfähigkeit, eine zufriedenstellende Alternative zum sozialistisch-kollektivistischen Impuls anzubieten, der das weitverbreitete Verlangen nach einer solchen parentalen Rolle des Staates reflektiere. Die Liberalen hätten sich bisher in keiner Weise um die psychologischen Elemente der öffentlichen Unterstützung (bzw. Ablehnung) der marktwirtschaftlichen Ordnung gekümmert. Buchanan erwartet, dass die Ausweitung der parentalen Rolle des Staates in ein Dilemma münden wird. In dem Mass, in dem der vom parentalen Ansatz befeuerte Wohlfahrtsstaat wachse, gerieten Staaten in

Finanznöte, worauf das Prinzip der Allgemeinheit – besonders in der Besteuerung – Stück für Stück aufgegeben werde. Ein solches Vordringen der Diskriminierung lasse sich jedoch mit einer zunehmend um ihre Freiheitsrechte besorgten und nicht länger einheitlich von den Segnungen des Wohlfahrtsstaates profitierenden Bürgerschaft nicht unendlich weit treiben. Die erste Hälfte des 21. Jahrhunderts werde darüber bestimmen, ob und wie dieser grundlegende Konflikt gelöst werden könne.

Dank Das Zustandekommen dieses Buches ist vielen kooperativen Geistern zu verdanken. Allen voran gilt unser Dank den Referenten der beiden Tagungen, die sich danach bereitwillig der Mühe unterzogen, aus den Redetexten innert relativ kurzer Frist die Buchmanuskripte zu erstellen. Unser Dank gilt ausserdem *Benjamin Scharnagel* (Institut der deutschen Wirtschaft Köln Medien GmbH) und *Ulrich Dinser*, welche das Korrektorat und die Gestaltung übernahmen und unter grösstem Zeitdruck aus den einzelnen Manuskripten ein Ganzes formten. Und unser Dank gilt schliesslich vor allem *Nina Zogg* (Avenir Suisse), die bei diesem Buch die vielen zeitaufwendigen Arbeiten der Koordination erledigte und mit der Erstellung von Verzeichnissen aller Art, der Kontrolle von Daten und dem letzten gestalterischen Schliff entscheidend dazu beitrug, dass der sehr sportliche Produktionsplan eingehalten werden konnte. Selbstverständlich liegt die letzte Verantwortung für allfällige Fehler und Ungenauigkeiten allein bei den Autoren und bei den Herausgebern.

Karen Horn *Gerhard Schwarz*

Inhalt

01_ Einführung _21
Karen Horn
Die Moral von Personen und Ordnungen 23
Ökonomie zwischen Sein und Sollen 26
Werte, Ideale, Moral und Tugend 29

Werte – wozu und welche? _33

02_ Die Bedeutung der Marktökonomik _35
Michael Hüther
Homo oeconomicus, Institutionen und Normen 36
Ordnungspolitische Konsistenz und Differenzierung 41
Freiheit, Selbstverantwortung und Mitverantwortung 44

03_ Das Rückgrat der liberalen Ordnung _47
Gerhard Schwarz
Das Versagen von Menschen – nicht von Märkten 48
Warum Werte im Liberalismus einen Platz haben 49
Jenseits des Marktes 53
Das Angebot eines liberalen Dekalogs 54
Freiheitssichernde Werte 56

04_ Alle Werte in meinem Korb _59
Michael Frhr. Truchsess
Gerechtigkeit 60
Gesittete Menschlichkeit 63
Vergebung 64
Verlässlichkeit 65
Hingabe 66
Freiheit und Verantwortung 67
Nächstenliebe 68
Demut 69
Dienstbereitschaft 69
Reflexion, Nachdenklichkeit und Besinnung 71

05_ Ein Plädoyer für Gelassenheit _73
Joachim Fetzer
Was beeinflusst unser Handeln? 74
Mehr Prägung als Entscheidung 75
Werte und Sprachgemeinschaften 77
Über Werte sprechen – aber wie? 79
Gemeinsame Werte oder Wertekompetenz? 83

Werte – woher kommen sie? _87

06_ Im Spiegel von Gott und der Welt _89
Karen Horn
Der Wertbegriff in Ökonomik und Ethik 90
Die menschliche Interaktion 92
Religiöse Praxis und Eingebung 95
Was kann der Einzelne tun? 99

07_ Die Evolution von Werten und Normen _101
Dominik Enste und Inna Knelsen
Moral und Motivation 102
Wie Werte heute noch wirken 110
Werte und institutioneller Wandel 114

08_ Die Botschaft der Bibel _121
Peter Ruch
Unterwerfung unter die Bewertung 122
Eine Minimalinterpretation 124
Ein Katalog christlicher Werte 129
Die Resistenz der Werte 132

Werte – wie steht es um sie? _135

09_ Muster des Wertewandels _137
Thomas Petersen
Nachschauen statt Nachdenken 138
Die gefühlte Ungerechtigkeit 140
Die Linksverschiebung der Gesellschaft und ihre Folgen 142
Die Freiheitsorientierung der jungen Generation 146

10_ Freiheit schätzen und Sicherheit suchen _153
Thomas Volkmann
Wie fragt man nach Werten? 154
Was die Menschen für wichtig halten 156
Die Werthaltungen im Detail 161
Eine gefährliche Entwicklung 163

11_ Zerfall oder Wucherung _167
Guy Kirsch
Wertezerfall – Illusion oder Wirklichkeit? 168
Der Mensch – weder gut noch schlecht, sondern schwach 169
Der Mensch – interessengeleitet 170
Der Mensch – Bewohner eines «moralischen Raums» 171
Von einer Wertewelt zu vielen Wertewelten 173
Nebeneinander – Gegeneinander – Miteinander 176
Das dividierte Selbst 178
Nicht frei von Werten, aber frei für Werte 179

12_ Naturrecht als Korrektiv _183
Harold James
Die Analyse der Krise 184
Die Perspektive des Naturrechts 188
Schuld und Schulden 193

Werte verteidigen – und wie? _201

13_ … mit einer Bewahrung der Demokratie _203
Tissy Bruns

14_ … mit mehr Verantwortung statt Gesinnung _207
Christoph Frei

15_ … mit einer Ordnung der Gerechtigkeit _211
Nils Goldschmidt

16_ … mit einem streitbaren Eintreten für die Freiheit _215
Necla Kelek

17_ … mit unverhandelbaren Grundrechten _219
Elham Manea

18_ ... mit Selbstbewusstsein und kritischem Geist _223
Ulrich Schmid

19_ ... mit mehr Engagement des Bildungsbürgertums _227
Ursula Weidenfeld

20_ ... mit Wachsamkeit gegenüber der Gefahr
einer Tyrannei der Werte _231
Michael Zöller

Vom Wert der Werte –
wider die Versuchung der Unfreiheit _235

21_ Die Furcht vor der Freiheit:
Abhängigkeit als Wille und Wunschvorstellung _237
James M. Buchanan
Vorbemerkung der Herausgeber 238
Einleitung 239
Die Quellen des Sozialismus 241
Gott ist tot, lang lebe der Staat 250
Die Lücken des klassischen Liberalismus 253
Der Kapitalismus und seine Widersprüche 256
Vorhersage und Ausblick 259
Nachwort 261

Literatur und Autoren _263

22_ Literaturverzeichnis _265

23_ Autorenverzeichnis _275

01 Einführung
Karen Horn

— Die Moral von Personen und Ordnungen _23
— Ökonomie zwischen Sein und Sollen _26
— Werte, Ideale, Moral und Tugend _29

Werte haben wieder Konjunktur. Dafür hat mindestens die Finanzkrise gesorgt, die – mit ihrer Ausdehnung auf die Realwirtschaft und ihrer Wucherung zur dramatischen Staatsschuldenkrise – seit dem Jahr 2008 die Welt ununterbrochen im Klammergriff hält. Auf der Suche nach Sündenböcken richtete sich in einem klassischen anklägerischen Reflex gegenüber allem, was mit Geld zu tun hat, die allgemeine Kritik zunächst vor allem auf die Moral der Akteure in den Banken und an den Finanzmärkten, bevor dann das grosse Fass einer fundamentalen Systemdebatte aufgemacht wurde, kulminierend in der Behauptung, der Kapitalismus sei am Ende und müsse dies auch sein. Vom einfachen Händler bis zum Vorstandsmitglied wurden jedoch nunmehr alle verdächtigt, der nackten Gier anheimgefallen und nur noch am Bonus orientiert gewesen zu sein, jegliches Mass und den Überblick verloren zu haben. Es fehlten die wahren Werte, die doch eigentlich selbstverständlichen Werte.

Früher war alles besser, oder? Es klang ein wenig nach der Klage der Altvorderen, früher sei doch alles besser gewesen, wenn nun in schöner Regelmässigkeit zu hören war, der «ehrbare Kaufmann» habe im Finanzgewerbe längst das Zeitliche gesegnet, die bürgerlichen Tugenden seien untergegangen, die Fixierung auf Rendite habe die Mentalitäten auf breiter Front korrumpiert. Doch vielleicht war trotz allem etwas daran? Das Unbehagen war gross. Kriminelle Betrüger wie Jérôme Kerviel, der mit schwindelerregenden Scheingeschäften die französische Bank Société Générale an den Abgrund getrieben hatte, oder gar wie Bernard Madoff, der sich mit Kettengeschäften formvollendet in die eigene Tasche gewirtschaftet hatte und seine Kunden am Ende mittellos zurückliess, wurden zum Sinn- und Zerrbild einer ganzen Branche, das auch dort noch gehässig Geltung beanspruchte, wo man durchaus im Rahmen der geltenden Gesetze gehandelt hatte.

Berechtigte Fragen Die Verurteilung war sicher zu pauschal, selbst wenn berechtigte Fragen gestellt wurden. Wirklich produktiv wurde die öffentliche Diskussion erst in dem Moment, in dem sie sich den Rahmenbedingungen des Handelns im Finanzgewerbe zuwandte. Wie sinnvoll ist unter Anreizgesichtspunkten der «goldene Handschlag», mit dem gescheiterte Führungskräfte verabschiedet werden? Müssten sich Boni nicht auf mehrere Jahre beziehen, damit nicht gar zu kurzfristig gedacht wird? Wie steht es mit der Aufklärungspflicht der Banken als Finanzberater ihrer Kunden? Wie kann man die Anleger dazu bringen, selber genauer hinzusehen und keine Papiere mehr zu erwerben, deren Fundamentalwert sie nicht verstehen? Kann man von einer Bank vernünftigerweise erwarten, dass sie sich unter finanziellen Einbussen dem Markttrend entzieht, weil sie weiss, dass sich eine Blase aufbläht? Spätestens in der Konfrontation mit solchen Fragen wurde klar, dass eine moralische Argumentation, die sich auf den einzelnen Menschen und sein Gewissen bezieht, zwar wichtig ist, aber insgesamt zu kurz greifen würde.

Die Moral von Personen und Ordnungen

Wenn es darum gehen soll, Fehlverhalten von Menschen und Märkten zu vermeiden, spielt nicht mehr nur die persönliche Gesinnung der einzelnen Person eine Rolle, sondern es ist entscheidend, dass der Ordnungsrahmen richtig gesetzt ist. Aus der

> Aus der Perspektive der politischen Philosophie wäre es untragbar und nachgerade unmoralisch, wenn individuelle Moral immer nur zum Preis eines persönlichen Opfers gelebt werden könnte.

Perspektive der politischen Philosophie wäre es untragbar, ja nachgerade unmoralisch, wenn individuelle Moral immer nur zum Preis eines persönlichen Opfers gelebt werden könnte. Dies war es, was Walter Eucken, der Kopf der Freiburger Schule, meinte, als er verlangte, die Ordnung müsse so gestaltet sein, dass sie den Menschen das Leben nach ethischen Prinzipien ermögliche. Eucken wies deshalb auch auf den essenziellen Bezug der Ordnung zur Freiheit hin: «Von den Menschen darf nicht gefordert werden, was allein die Wirtschaftsordnung leisten kann: ein harmonisches Verhältnis von Einzelinteresse und Gesamtinteresse herzustellen […]. Freiheit und Ordnung sind kein Gegensatz. Sie bedingen einander» (Eucken 1952: 199). Eine grosse, abstrakte, komplexe Gesellschaft funktioniert nur dann gedeihlich, wenn Interessenharmonie herrscht. Genau deshalb sind (auch) die Regeln der Ort der Moral (Homann 1997: 14f.).

Ökonomische und ethische Kompetenz Aber wie sieht ein solcher Ordnungsrahmen aus, der Partikularinteressen und Gemeinwohl in Deckung bringt? Woran gilt es, sich zu orientieren? Um sich hier auszukennen, sind einerseits ökonomische Fachkenntnisse nützlich, denn marktwirtschaftliche Prozesse sind nicht immer intuitiv und schon gar nicht leicht nachzuvollziehen. Die überragende Wichtigkeit eines intakten Preismechanismus, der dafür sorgen kann, dass in der Welt der Knappheit, in der wir leben, die Produktionsfaktoren immerhin in die jeweils besten Verwendungsrichtungen strömen; die Bedeutung von stabilem Geld, offenen Märkten, Privateigentum, Vertragsfreiheit und Haftung – all dies setzt Einsicht in Fakten und komplexe Prozesse voraus. Die ungeheuer produktive Systemlogik der Märkte, die Wohlstand schaffende Wirkung von Wettbewerb und freien Preisen, ist allzu schnell unterlaufen, wenn man sie nicht versteht und sie deshalb immer wieder korrigieren zu müssen glaubt. Andererseits hilft es, wenn man einen klar definierten und begründeten normativen Kompass hat; wenn man weiss, welche Werte einem persönlich und mit Blick auf das Gemeinwesen lieb und teuer sind – und warum eigentlich. Zumal beides miteinander verbunden ist.

Ein gemeinsamer Wertekanon Was für den einzelnen Bürger gilt, trifft für die Gesellschaft als Ganzes ebenso zu. Ein vertieftes ökonomisches Verständnis jenseits des reinen Stammtischniveaus wäre auch kein Schaden – und ein gewisser gemeinsamer Wertekanon genauso, nicht im Sinne einer in Stein gemeisselten und umfassenden Hierarchie von Werten, die in

> Die ungeheuer produktive Systemlogik der Märkte, die Wohlstand schaffende Wirkung von Wettbewerb und freien Preisen, ist allzu schnell unterlaufen, wenn man sie nicht versteht und sie deshalb immer wieder korrigieren zu müssen glaubt.

einer Gemeinschaft dann nicht mehr hinterfragt und gegeneinander abgewogen werden, sondern im Sinne eines elementaren, möglichst jedermann bewussten, gemeinsamen Grundverständnisses, das auf einer nachgelagerten Stufe den Wertepluralismus freier Menschen in einer freien Gesellschaft erst ermöglicht und diese zugleich zusammenhält.

Wenn Werte kollidieren Wie Isaiah Berlin (1969) herausgearbeitet hat, neigen auch unumstrittene, höhere Werte dazu, unangenehm miteinander zu kollidieren. Berühmt ist das individualethische Beispiel des kategorischen Imperativs, des Verbotes der Lüge, das tatsächlich in verstörender Strenge gebietet, einen sich versteckenden Unschuldigen den nach ihm fragenden Häschern auszuliefern, also keine Mitmenschlichkeit walten zu lassen – und das sogar aus Respekt vor der Freiheit des Häschers. Die Entscheidung, wie er mit dem Opfer umgeht, liegt dann in seiner eigenen Verantwortung. Klassische Kollisionsfälle ergeben sich auch zwischen Freiheit und Gleichheit oder zwischen Freiheit und Sicherheit. Mit der Möglichkeit solcher Kollisionen gilt es umzugehen, als einzelner Mensch und als Gesellschaft – im Falle Letzterer sowohl auf der Basis von Werten als auch in Ermöglichung der Entstehung, der Bewahrung und des Wandels von Werten. Hierfür ist es auf jeden Fall erstrebenswert, dass der zur Verfügung stehende oder denkbare, sich immer wieder häutende Wertekanon einer Gesellschaft im öffentlichen Leben und im Diskurs verhandelt wird. Dabei entsteht vielleicht nicht die Wahrheit, aber immerhin eine Arbeitsgrundlage. Im Lichte dieser öffentlich verhandelten Werte wird dann Politik gemacht; werden Institutionen geprägt, werden Anreize gesetzt und wird der Ordnungsrahmen entworfen.

> Auch ein gemeinsamer Wertekanon wäre von Nutzen – nicht im Sinne einer in Stein gemeisselten Hierarchie von Werten, sondern im Sinne eines elementaren gemeinsamen Grundverständnisses, das den Wertepluralismus in einer freien Gesellschaft erst ermöglicht.

A moral case for capitalism Eine solche Verständigung über Werte ist notwendig, wenn die erste Frontreihe der Individualmoral verlassen ist und die nicht minder komplizierten institutionenethischen Fragen im Raum stehen. Die Wohlstand schaffende und Freiheit ermöglichende Kraft der Marktwirtschaft zum Beispiel begründet, wie Jagdish Bhagwati (2011) betont, ausdrücklich einen «moral case for capitalism». Auf die Hochschätzung der Werte von Freiheit und Wohlstand geht am Ende auch die Unterscheidung der Ordoliberalen zwischen Ordnungspolitik und Prozesspolitik zurück, mit der Betonung, dass der Staat möglichst nur eine den Rahmen setzende Ordnungspolitik betreiben und nicht in den Marktprozess eingreifen solle. Nur vordergründig eine Sachfrage, letztlich aber zugleich ein moralisches Thema ist es, sich über die Rolle der Geldpolitik zu verständigen: Soll sie nur die Preise stabil halten oder, wie in den Vereinigten Staaten von Amerika, zugleich explizit für Wachstum zuständig sein? War nicht die internationale Finanzkrise, die in einer Immobilienblase in den Vereinigten Staaten von Amerika ihren Anfang nahm, ein Zeichen für die Fehlausrichtung der amerikanischen Geldpolitik? Hat nicht ebenso in anderen Bereichen das politische Handeln Fehlanreize gesetzt, angefangen bei den Rückfinanzierern Fannie Mae und Freddie Mac bis hin zur fehlenden Regulierung mancher Teilbereiche der Finanzmärkte? Gilt es deswegen nicht noch ganz andere sachliche und trotzdem letztlich moralische Fragen zu stellen, nämlich mit Blick auf die wiederkehrenden Versuchungen politischer Gestaltung? Wie weit liegt das Fehlverhalten der Politik weniger in persönlicher Unmoral und Fahrlässigkeit der Entscheider als in unzuträglichen Anreizen des politischen Prozesses begründet, und wie liesse sich Abhilfe schaffen?

Ökonomie zwischen Sein und Sollen
Dass ökonomische Fragen und Werte derart in eine unmittelbare Nachbarschaft rücken, mag nicht jedem auf ersten Blick ganz geheuer sein.

Die Ökonomie gilt schliesslich vor allem als eine positive, nicht als eine normative Wissenschaft. Sie versteht sich als eine Wissenschaft, die das «Sein» ergründet und zu erklären sucht, nicht das «Sollen». Nach einer berühmten Formulierung des britischen Ökonomen Lionel Robbins (1932) geht es in der Wirtschaftswissenschaft darum, das menschliche Verhalten im Zusammenhang zwischen Zielen und knappen Mitteln zu erklären. Wenn allerdings bloss eine Indifferenzkurve auf eine Budgetrestriktion trifft, wenn man sich über die Indifferenzkurve noch nicht einmal unterhalten kann, ist der Mensch in diesem Schauspiel einigermassen überflüssig. Genau diese technokratische, normativ zurückhaltende Geisteshaltung ist es freilich, die den heute in weiten Teilen vorherrschenden ‹hydraulischen› Ansatz in der ökonomischen Wissenschaft bedingt. Auf dieser Basis muss es in der Tat als Bizarrerie, wenn nicht als Kategorienfehler erscheinen, wenn – wie in diesem Buch – Ökonomen gemeinsam mit Vertretern anderer Disziplinen über Werte nachdenken. Dies geschieht hier allerdings ganz bewusst. Das Postulat der Werturteilsfreiheit wird von den Ökonomen selbst überzogen gehandhabt – was aber keinesfalls verhindert, dass Werturteile regelmässig durch die Hintertür von Methoden und Annahmen in die sich positiv statt normativ gebende Wissenschaft hineinströmen.

Überlappende Sphären Der Hauptgrund dafür, dass sich auch Ökonomen explizit mit Werten befassen, liegt jedoch darin, dass sich die Sphären von Moral und Wirtschaft überlappen, dass sich das eine nicht wirklich bedeutsam untersuchen lässt, wenn das andere ausgeblendet wird. Eine effiziente Ökonomie ist kein Selbstzweck. Über allem steht letztlich ein moralisches Ziel: ein gutes Leben. Die Ökonomie befasst sich mit den wirtschaftlichen Fragen auf dem Weg dorthin. Und hierbei bilden die in der Gesellschaft verbreiteten, traditionell eingeübten Wertvorstellungen, um

> Eine effiziente Ökonomie ist kein Selbstzweck. Über allem steht ein moralisches Ziel: ein gutes Leben. Die Ökonomie befasst sich mit den wirtschaftlichen Fragen auf dem Weg dorthin.

die Terminologie von Walter Eucken zu bemühen, einen Teil des vorgegebenen Datenkranzes. Ohne Zugriff auf diese Wertvorstellungen und ohne Orientierung an ihnen lässt sich nicht sinnvoll Politik betreiben. «Politisches Handeln legitimiert sich nicht allein aus politischen und ökonomischen Zusammenhängen heraus. Es sind immer Ideen und Werte, ein zeitlicher und konzeptioneller Vorgriff auf eine gute oder doch wenigstens bessere Gesellschaft [...], um derentwillen Schritte und Anstrengungen plausibel sind und von denen her sie ihren Sinn und ihre Legitimation erfahren» (Dettling 2006: 69). Es ist zudem zu vermuten, dass sich eine kluge ordnungspolitische Entscheidung über die Aufgabenteilung zwischen Markt und Staat – oder besser gesagt über die sinnvolle Abgrenzung der Sphären der freiwilligen und spontanen individuellen Interaktion auf dem Markt und der politischen Kollektiventscheidungen – nur dann fällen lässt, wenn man über entsprechendes Systemwissen verfügt, wenn man also um die spezifischen Eigendynamiken beider Systeme weiss und sich ausserdem normativ darüber im Klaren ist, wohin die Reise gehen soll.

Eine unscharfe Abgrenzung des Begriffs «Werte» führt leicht zu Kategorienfehlern, die dann jede weitere Argumentation entweder auf Abwege führen oder im luftleeren Raum stehen lassen.

An den Kern der ökonomischen Disziplin geht nicht zuletzt auch die ernst zu nehmende Befürchtung Wilhelm Röpkes, Ernst-Wolfgang Böckenfördes und anderer, die im Zusammenhang mit der internationalen Finanzkrise wieder neue Nahrung bekommen hat: dass nämlich nicht nur der Staat, sondern auch die Marktwirtschaft von moralischen Werten und damit von Voraussetzungen lebt, die sie nicht selbst schaffen kann; dass sie vielmehr ein Nettomoralverzehrer sei. Was tun, wenn das so wäre? Hierauf braucht es Antworten.

Werte, Ideale, Moral und Tugend

Vorab sei jedoch noch der Versuch einer Begriffsklärung unternommen, ohne dass damit eine Sprachregelung aufgestellt würde. Mit «Werten» wird allzu gedankenlos um sich geworfen. Eine unscharfe Abgrenzung des Begriffs führt leicht zu Kategorienfehlern, die dann jede weitere Argumentation entweder auf Abwege führen oder im luftleeren Raum stehen lassen. Wie es in einer Werbung der Neuen Zürcher Zeitung treffend heisst, ist Arbeit an der Sprache immer zugleich Arbeit am Gedanken. «Die Deutschen haben das Vertrauen in einen das Leben zukunftsfähig machenden Wertekanon verloren», klagt der Emnid-Geschäftsführer Klaus-Peter Schöppner in einem Sammelband der Bertelsmann-Stiftung zum Thema Werte: «An die Stelle alter Werte wie Verlässlichkeit, Verantwortung, Anerkennung, Leistungsorientierung, Kompetenz, Nachhaltigkeit und Offenheit treten Zufall, Unzuverlässigkeit, Verantwortungsdelegation, Nepotismus, Tagesaktualität und Intransparenz» (Schöppner 2006: 84). Dass Nepotismus und Tagesaktualität entgegen dieser unglücklichen Formulierung mitnichten Werte sind, auch keine neuen, dürfte einleuchten. Aber auch Verlässlichkeit, Verantwortung und Kompetenz sind keine Werte, sondern Tugenden, also Verhaltensweisen, die in individualethischer Perspektive geboten sind.

Versuch einer Begriffsklärung Werte sind logisch eine Ebene oberhalb der Tugenden angesiedelt. Der Wert der Gerechtigkeit gebietet individualethisch die Tugenden des gerechten Urteils, der Fairness, der Gleichbehandlung, der Wahrhaftigkeit usw.; in sozialethischer oder ordnungsethischer Perspektive gebietet der Wert der Gerechtigkeit darüber hinaus unter anderem und je nach Auslegung das Ordnungsprinzip der Rechtsstaatlichkeit sowie Mechanismen der Solidarität, etwa zur Herstellung von Chancengleichheit in der Gesellschaft. Notabene: Eine solche logische Abgrenzung vorzunehmen, heisst nicht, dass das eine oder das andere nicht auf die Tagesordnung gehört. Beides gilt es zu verhandeln; alles hängt zusammen.

An der Spitze der Pyramide Werte stehen gleichsam an der Spitze einer Pyramide. Werte sind ultimativ handlungsanleitende Ziele, aber niemals bloss instrumenteller Zweck; sie sind das, was die Menschen absolut setzen und um seiner selbst willen anstreben. Der akzeptierte gemeinsame Wertekanon einer Gesellschaft macht in grossen Teilen deren Kultur aus. Ideale sind die denklogisch perfekten Ausprägungen dieser Werte, Tugenden die gelebte praktische Umsetzung der Werte im individuellen Verhalten. Moral ist individualethisch gesehen der Kanon von Tugenden, der von Werten geleitet wird; sozialethisch gesehen beschreibt sie Strukturprinzipien einer guten Ordnung. Gesellschaftlich evolvierte Normen und Gebote, Überzeugungen, «belief systems», Sitten und Traditionen umfassen praxeologische Regeln, die der Moral eine Form geben, die sich wiederum aus den Werten herleitet. Wie Friedrich August von Hayek es ausgedrückt hat, sind Regeln dabei «ein Instrument, um mit unserem konstitutionellen Unwissen fertig zu werden» (Hayek 1971: 66). Sie reduzieren den alltäglichen Entscheidungsdruck, sie helfen, Komplexität zu reduzieren, und sie tragen damit dazu bei, die Erwartungen der Individuen zu stabilisieren. Sie senken gleichsam Kosten.

Emnid-Geschäftsführer Klaus-Peter Schöppner, der hier mit Blick auf den Sprachgebrauch nur pars pro toto stehen soll, meinte also wohl wirklich: «Alte Tugenden wie Verlässlichkeit, Verantwortung, Anerkennung, Leistungsorientierung, Kompetenz, Nachhaltigkeit und Offenheit sind weggefallen. Mit dem Ergebnis, dass das Handeln der Menschen vom Zufall geprägt ist, sich Unzuverlässigkeit ausbreitet, dass niemand mehr Verantwortung zu übernehmen bereit ist, etc.» Dass man so klagen kann, setzt dann aber gerade voraus, dass es die Werte noch gibt, aus denen sich die Tugenden herleiten, deren Verlust wiederum es zu beklagen gilt.

So schreibt Warnfried Dettling: «Werte werden beglaubigt, wenn und solange sie ernst genommen werden als orientierende Massstäbe für das individuelle oder kollektive Handeln. Werte werden nicht schon dadurch widerlegt, dass Menschen ihnen nicht entsprechen, im Gegenteil: Sie behalten ihre Bedeutung und erweisen ihre Stärke als soziale Normen gerade auch dann, wenn sie verletzt werden, weil sie es überhaupt erst möglich machen, konkretes Handeln und konkrete Zustände zu kritisieren – und zu verändern» (Dettling 2006: 71). Das ist zumindest ein Trost.

Werte – wozu und welche?

02 _ Die Bedeutung der Marktökonomik _ 35
Michael Hüther

03 _ Das Rückgrat der liberalen Ordnung _ 47
Gerhard Schwarz

04 _ Alle Werte in meinem Korb _ 59
Michael Frhr. Truchsess

05 _ Ein Plädoyer für Gelassenheit _ 73
Joachim Fetzer

02 Die Bedeutung der Marktökonomik

Michael Hüther

— Homo oeconomicus, Institutionen und Normen — 36
Eine Theorie der Normenbildung — 37
Akzeptierte Werte als Handlungsorientierung — 39

— Ordnungspolitische Konsistenz und Differenzierung — 41
Regelwerke und Mentalitäten — 41
Egoismus versus Gemeinsinn — 42

— Freiheit, Selbstverantwortung und Mitverantwortung — 44
Gestaltung des öffentlichen Raums — 44

Die Frage nach Werten im philosophischen Sinne, nicht im Verständnis der volkswirtschaftlichen Wertschöpfung, ist für die Marktökonomik eine zumindest heikle. Denn obgleich allenthalben nach der Finanz- und Wirtschaftskrise über Moral und neue Werte gesprochen wird, tut sich die Ökonomik damit schwer. Dies hat mit ihrer Methodik zu tun, die komplexe Strukturen und Zusammenhänge analysierbar machen soll: Probleme werden auf ihren Kern reduziert und isoliert.

Homo oeconomicus, Institutionen und Normen

Die Figur des «Homo oeconomicus» in der Ökonomik kennt als Entscheidungs- und Handlungsmaxime nur das Eigennutzprinzip; andere Motive – wie sozial verankerte Werte – werden zwar nicht ausgeschlossen, doch traditionell nicht thematisiert (Schlicht 1985: 5). Damit wird unterstellt, dass die anderen Möglichkeiten einer Handlungsorientierung nicht ins Gewicht fallen. Der Vorteil dieses Vorgehens liegt darin, dass man die für gesamtwirtschaftliche Analysen notwendige Aggregation vornehmen kann. Der «aggregierte Agent» abstrahiert von Fragen, die sich aus der Interaktion unterschiedlich motivierter Individuen ergeben; er ist der «typische Agent» der mikroökonomischen Analyse und in diesem Sinne repräsentativ (Schlicht 1985: 11; Homann 1997: 19f.). «Die wirtschaftlichen Tatsachen bestätigen im Allgemeinen seine Theorien, und wenn seine Voraussetzungen auch fremd und unglaubwürdig anmuten mögen, so erlauben sie dem Wirtschaftswissenschafter doch richtige Prognosen» (Dahrendorf 1977: 15).

Eigennutzorientierung und Rationalität Der Homo oeconomicus ist bei feststehenden und stabilen Präferenzen eigennutzorientiert und handelt darauf bezogen rational, wenn er unter den gegebenen Bedingungen und bei vollständiger Information seinen eigenen Nutzen oder Gewinn maximiert. Diese theoretische Figur ist vielfach kritisiert worden. Alltag und Verhaltensexperimente belegen, dass der Homo oeconomicus die Realität nicht zureichend trifft (Tietzel 1981; Falk 2003). Das kann, muss aber kein Problem sein. Jede Theorie benötigt Idealtypen. Der für unsere Überlegungen wichtige Aspekt liegt in den Ausfächerungen des Erosionsarguments (Schlicht 2003). Danach kann sich eine Verhaltensweise, die der Eigennutzannahme widerspricht, nicht auf Dauer halten. Deshalb kommt es zu einem Normenwandel – bis das aus den Normen abzuleitende Verhalten dem Eigeninteresse des Akteurs entspricht.

Eine Theorie der Normenbildung

Eine Theorie der Normenbildung ist also notwendig. Welche Bedeutung kommt Werten als von Individuen allein oder gemeinsam getragenen und akzeptierten Orientierungsmassstäben und Überzeugungen zu? Werte bilden die Basis für Normen. Als sozial kodierte und sanktionierte Methoden und Verfahren dienen Normen dazu, ebendiesen Werten in der Lebenswirklichkeit Bedeutung zu verschaffen. Insofern ermöglicht es die Befassung mit Werten, methodologische Engführungen des traditionellen Menschenbildes in der Ökonomik zu korrigieren. Damit weitet sich der Blick vom Homo oeconomicus hin auf seinen Verwandten, den «Homo sociologicus», der in die Gesellschaft eingebunden ist. Zwar ist gelegentlich in der Literatur von der Antipathie der beiden Verwandten zu lesen (Tietzel 1981: 136), doch die Gegenüberstellung lässt auch die sinnvolle Ergänzung erkennen.

Der Homo sociologicus steht «am Schnittpunkt des Einzelnen und der Gesellschaft», er erfasst «den Mensch(en) als Träger sozial vorgeformter Rollen» (Dahrendorf 1977: 20). Nach Dahrendorf (1977) berücksichtigt dieses ebenfalls theoretische Konstrukt, dass der Einzelne unvermeidbar eine soziale Position bezieht, die sich in ein Feld sozialer Beziehungen einbettet und dadurch eine soziale Rolle definiert. In der sozialen Rolle bündeln sich Verhaltenserwartungen, die von der umgebenden Gesellschaft ausgehen und sich aus gemeinsamen Werten und Überzeugungen ableiten. Das Ausfüllen der sozialen Rolle, die begrenzte Freiräume individueller Ausgestaltung lässt, wird durch die Gesellschaft positiv oder negativ sanktioniert. Denn gesellschaftliche Identität setzt ein gewisses Mass an kurzfristig unverrückbaren Werten und Normen jenseits der Gesetze voraus.

Die Rolle der Institutionen Ein zweiter Ansatz, die Bedeutung von Werten zu ermitteln, leitet sich daraus ab, dass «bezüglich wichtiger institutioneller Fragen […] die am Homo oeconomicus orientierte Theorie blind und damit wenig aussagekräftig» ist (Schlicht 2003: 19). Die neoklassische Welt als Heimstatt des Homo oeconomicus geht implizit davon aus, dass die Transaktionskosten regelmässig null sind. Man arbeitet insoweit mit der Annahme, dass Institutionen die Allokation der wirtschaftlichen Ressourcen nicht berühren (Richter, Furubotn 2010). Wie aber kommen Institutionen zustande? Wie werden Regeln, Verfahren, Ordnungen und Verfassungen entwickelt und etabliert? Welche Bedeutung kommt dabei dem gesellschaftlichen Wertekonsens zu? Welche Werte mit welcher Historie und welcher kulturellen Verankerung sind besonders wirkmächtig? Der internationale Vergleich macht deutlich, wie sehr die historisch begründeten kulturellen Werte gerade in Zeiten der Globalisierung Differenzierungsspielräume eröffnen.

> Gesellschaftliche Identität setzt ein gewisses Mass an kurzfristig unverrückbaren Werten und Normen jenseits der Gesetze voraus.

Varieties of capitalism Die ganze Diskussion um die verschiedenen Formen des Kapitalismus («varieties of capitalism») (Hall, Soskice 2001) lebt vom engen Verbund zwischen den gesellschaftlich verankerten Werten und der jeweiligen Ordnung. Die empirische Forschung über den Zusammenhang von Ordnung und gesamtwirtschaftlicher Leistung deutet darauf hin, dass es zwar nicht das Erfolgsmodell gibt, aber doch zentrale Erfolgsbedingungen. Vor allem die Teilsysteme müssen zueinanderpassen (Hall, Gingerich 2005). Institutionelle Ungleichgewichte bzw. Widersprüche sind langfristig nicht tragbar. Sie beeinträchtigen die Dynamik der Wirtschaft und schwächen die Fähigkeit, angemessen auf exogene Schocks zu reagieren.

Bereits Walter Eucken hat die wechselseitige Abhängigkeit von Gesellschaft, Staat, Rechtssystem, Kultur und Wirtschaftsordnung betont («Interdependenz der Ordnungen»). Er folgerte: «Die Gesamtordnung sollte so sein, dass sie den Menschen ein Leben nach ethischen Prinzipien ermöglicht» (Eucken 1952: 199). Das aber erfordert einen «gemeinsamen Sinn für ein gemeinsames Interesse» (David Hume), das die «wirtschaftspolitische Gesamtentscheidung» trägt und die konstituierenden Prinzipien der Wirtschaftsverfassung begründet (Eucken 1951: 62f.).

Akzeptierte Werte als Handlungsorientierung

Freilich kann und sollte in der Gesellschaft nicht alles abschliessend geregelt sein. Selbst Verträge bleiben häufig unvollständig (z. B. Einlagenvertrag, Arbeitsvertrag). Auch aus Sicht der Ordnungsökonomik braucht das Verhalten deshalb eine zusätzliche Handlungsorientierung: nämlich durch akzeptierte Werte. Das ist nun der dritte Ansatz, der die Bedeutung von Werten für die Marktökonomik erfasst. Denn die marktwirtschaftliche Ordnung stösst auf Dilemmata.

> Ein Verzicht auf Wettbewerbsvorteile aus Gründen sozialer Verantwortung und bürgerschaftlichen Engagements wird unter den Bedingungen des Marktes nicht entgolten.

Der Ort der Moral In der Marktwirtschaft ist der systematische Ort der Moral die Rahmenordnung (Homann 1997: 14f.). Dies ist klug, weil es hilft, mit der knappen Individualmoral sparsam umzugehen. Man muss dann gar nicht nach den Motiven der Akteure fragen. Doch die Verortung der Moral in den Regeln ist zugleich problematisch, weil das den Eindruck nährt, bei guter Ordnung könne individuelle Moral vollständig eingespart werden. Das ist fragwürdig – und «man gibt den Menschen kein gutes Gewissen, wenn man ihnen sagt, dass sie überhaupt keines zu haben brauchen» (Plessner 1924/2002: 30).

Moralisches Verhalten läuft im Wettbewerb grundsätzlich Gefahr, ausgebeutet zu werden. Ein Verzicht auf Wettbewerbsvorteile aus Gründen sozialer Verantwortung und bürgerschaftlichen Engagements wird unter den Bedingungen des Marktes nicht entgolten, es sei denn, die Konsumenten haben eine besondere Präferenz dafür. Gerade die Finanz- und Wirtschaftskrise hat deutlich gemacht, wie schwer es für einzelne Akteure ist, aus einer nicht nachhaltigen Marktentwicklung auszusteigen. Das dezentral vorhandene Wissen über nicht tragbare Risiken wird dann nicht weitergegeben. Theoretisch gilt es deshalb neben den Spielregeln und den Spielzügen auch das Spielverständnis der Beteiligten in den Blick zu nehmen (Pies 2010: 257). Die empirische Forschung weist unter der Überschrift «Homo reciprocans» darauf hin, dass unvollständige Verträge dann eingehalten werden, wenn die Beteiligten Fairness so hoch schätzen, dass schon dies Gegenseitigkeit entstehen lässt (Falk 2003).

Werte entwickeln besonders im Privaten eine starke Bindungswirkung. Gemeinschaften als Horte gemeinsamer Gesinnung und besonderer emotionaler Disziplinierung geraten schnell in Widerspruch zu offenen Strukturen wie der Marktwirtschaft (Plessner 1924/2002). Hier gewinnen Werte eine Stabilisierungskraft, die sich freilich auch als bremsend, als fortschrittsfeindlich und rückwärtsgewandt erweisen kann.

Werte wozu – eine Zwischenbilanz Die Frage, wozu wir Werte benötigen, lässt sich damit aus Sicht der Ökonomik in drei Zusammenhängen beantworten: (1) Werte prägen die Entscheidungen und Handlungen der Menschen in gegebenen Ordnungen. Der Homo oeconomicus ist nur eine Fiktion. Wie wichtig solche Werte genommen werden und wie stark sie die sozialen Rollen des Homo sociologicus prägen, hängt wesentlich davon ab, wie sie entstanden sind. (2) Werte sind ebenso bedeutsam für die Gestaltung von Ordnungen, Regelwerken und Verfahren zum Interessenausgleich. Werte treten in den aus historischer Erfahrung gewonnenen Handlungsorientierungen der Gesellschaft zutage und definieren deren Differenzierungsspielraum im globalen Wettbewerb. (3) Ordnungspolitik bedarf der Reflexion über Werte als Handlungsorientierung, die zu den Ordnungsvorstellungen passt und sie ergänzt.

Ordnungspolitische Konsistenz und Differenzierung

Die Intensivierung der internationalen Arbeitsteilung und die Globalisierung der Finanzmärkte haben unabhängig von der Finanz- und Wirtschaftskrise diffuse Ängste ausgelöst. Diese speisen sich aus der Einschätzung, dass keine substanzielle wirtschaftspolitische Differenzierung zwischen den Volkswirtschaften mehr möglich ist und nur noch der vermeintlich ungebändigte Kapitalismus der Vereinigten Staaten von Amerika als Leitbild bleibt. Daran ist Verschiedenes geradezurücken. Zwar folgt die amerikanische Wirtschaftspolitik beispielsweise in der sozialen Absicherung einem grundlegend anderen Ansatz und wirkt über den Staatshaushalt traditionell in geringerem Masse auf die Volkswirtschaft ein. Zumindest gilt dies für Nicht-Krisenzeiten – wie an der Staatsquote abzulesen ist. Zugleich aber wird regulatorisch und disziplinarisch rigoros eingegriffen, beispielsweise in der unternehmerischen Produkthaftung, in der Haftung von Unternehmern für Bilanzfälschungen oder mit dem «Community Reinvestment Act» und den «Land-use Regulations». Hier wurden Märkte für sozialpolitische Zwecke benutzt und verzerrt.

> Die Zukunftsfähigkeit einer Ordnung hängt nicht nur von Kapitalströmen, Warenbewegungen und Wanderung ab, sondern primär von ihrer kulturellen Kompatibilität.

Regelwerke und Mentalitäten

Noch wichtiger für die Frage, ob und welche marktwirtschaftlichen Ordnungen sich in der vernetzten Weltwirtschaft halten können, ist aber der Hinweis darauf, dass die Zukunftsfähigkeit einer Ordnung nicht nur von Kapitalströmen, Warenbewegungen und Bürgerwanderung abhängt, sondern primär von ihrer kulturellen Kompatibilität. Die Mentalität eines Volkes, die zugleich ein Reflex der historischen Erfahrung und damit Ausdruck eines kollektiven Erinnerungsbestandes ist, definiert auch den Gestaltungsspielraum tragfähiger Regelwerke, hier der wirtschaftlichen Ordnung. Das heisst freilich nicht, dass sich alles Bestehende als Konsequenz historischer Prozesse legitimieren lässt. Das Regelwerk muss noch immer den Grundsätzen der Logik und den realen ökonomischen Bedingungen entsprechen.

Der amerikanische Ökonom George Stigler berichtet, dass Zuwanderer in den Vereinigten Staaten von Amerika in der Regel nach rund zehn Jahren ein im Vergleich zur angestammten gleichaltrigen Bevölkerung höheres Einkommen erzielten – unter anderem weil sie aussergewöhnlich gesund, risikobereit und voller Tatendrang waren (Stigler 1988). Eine Gesellschaft, die diese Erinnerung nicht vereinzelt, sondern im kollektiven Bestand hat, gewichtet Freiheit und Selbstverantwortung hoch und erachtet zugleich eine andere Form der sozialen Sicherung für notwendig als eine Bevölkerung mit geringerer Fluktuation.

Unterschiede müssen möglich sein Insofern geht es bei der Frage, welches Wirtschaftsmodell – und welcher dahinterstehende Wertekanon – unter den Bedingungen der Globalisierung zukunftsfähig sein kann, nicht nur um die Feststellung, dass der Systemwettbewerb marktferne Lösungen unter Druck setzt. Sondern es geht ebenso um die Einsicht, dass eine nationale Differenzierung möglich sein sollte, wenn die Wirtschaftsordnung kulturell verankert und dadurch legitimiert ist. Dafür aber muss die Wirtschaftspolitik auf einer Konzeption beruhen, die weder gegen den Euckenschen Grundsatz der Konsistenz der Teilsysteme (z. B. Arbeitsmarkt und Sozialsystem) noch gegen den Grundsatz der Anreizkompatibilität verstösst: Wer am Markt sein Einkommen erzielt, muss bessergestellt sein als derjenige, der auf das Sozialsystem verwiesen ist. Gelingen kann all dies aber nur, wenn den Menschen die ethische Fundierung der marktwirtschaftlichen Ordnung bewusst ist.

Egoismus versus Gemeinsinn

Die marktwirtschaftliche Ordnung kommt zwar mit Egoisten aus. Sie bedarf aber eines funktionsfähigen Gemeinwesens mit Verfassung und Regelwerken. Dieses Gemeinwesen freilich kommt mit Egoisten *nicht* aus. So legt die marktwirtschaftliche Ordnung scheinbar selbst die Axt an ihre Existenzvoraussetzungen, besonders in der Globalisierung. Ökonomischer und moralischer Wandel driften auseinander, was hier Fortschritt bedeutet, bewirkt dort Rückschritt – und zwar umso mehr, je weniger der historisch-kulturelle Kontext der Gesellschaft mit der Eigennutzorientierung des Einzelnen vereinbar ist. Wie viel Gemeinsinn oder wie viel Gemeinschaftswerte erfordert eine ansonsten individualistisch orientierte Gesellschaft für ihren dauerhaften Bestand? In welchem Mass müssten wir uns deshalb der Aufgabe widmen, Gemeinsinn zu entwickeln oder zu rekonstruieren? Diese Fragen drängen sich immer stärker auf.

Die Moral der Marktwirtschaft Dabei ist die Marktwirtschaft keineswegs unberührt von ethischen Funktionsprinzipien und Moral. Die Verknüpfung von Entscheidungsfreiheit und Haftung fordert einen verantwortlichen Umgang mit Ressourcen und Rücksichtnahme auf die Mitmenschen (Verantwortungsethik). Sie begründet ein Gerechtigkeitsverständnis, das erbrachte und im Markt bewertete Leistung zum Verteilungsmass macht (Leistungsgerechtigkeit). In ihrem Wesen ist die Marktwirtschaft nichts anderes als die flächendeckende Verwirklichung des fairen, stets alle Beteiligten besserstellenden Tauschprinzips. Dass der Tausch stattfindet, impliziert in jedem einzelnen Fall ein Bekenntnis zum Diebstahlsverbot (Tauschgerechtigkeit). In intertemporaler Sicht ist eine vorausschauende und nicht nur nachsorgende Wirtschaftspolitik im Zusammenhang mit der Nutzung natürlicher Ressourcen gefordert.

> In ihrem Wesen ist die Marktwirtschaft die flächendeckende Verwirklichung des fairen, stets alle Beteiligten besserstellenden Tauschprinzips.

Ein Wertekanon für die Globalisierung Freiheit, Verantwortung, Leistungsgerechtigkeit und Tauschgerechtigkeit bilden das ethische Fundament der Marktwirtschaft. Walter Eucken hat diese Werte erstmals ordnungstheoretisch systematisiert, andere Vertreter der ordoliberalen Schule und des liberalen Denkens haben den Ansatz weiterentwickelt. Heute müssen wir lernen, diesen Wertekanon mit den realen Bedingungen der Wirtschaftspolitik in Zeiten der Globalisierung zu verbinden. Dabei können durchaus unterschiedliche Antworten tragfähig sein. Entscheidend ist deren innere Konsistenz.

Freiheit, Selbstverantwortung und Mitverantwortung

Im ökonomischen Prozess kommen auch jenseits von Ordnungsfragen vielfach Werte zum Ausdruck, die dem reinen Homo oeconomicus widersprechen. So wurden die Private-Equity-Gesellschaften in den Vereinigten Staaten von Amerika in den achtziger Jahren von ihren Anteilseignern verpflichtet, einen stärker nachhaltigen Investitionskurs zu fahren, statt nur auf schnellen Profit zu setzen (Schäfer 2006). Die Finanzkrise indes hat auch die Grenzen einer solchen Entwicklung gezeigt. Im Nachhinein gestanden viele Marktteilnehmer ein, dass sie das Geschehen im Verbriefungsmarkt zwar als nicht nachhaltig eingeschätzt hatten, aber trotzdem nicht in der Lage waren, darauf bezogen rational zu handeln. Moralisch wünschenswertes und auch ökonomisch nachhaltiges Verhalten wäre in dieser Marktkonstellation ausgebeutet worden. Die Marktteilnehmer steckten in einem «Gefangenendilemma». Niemand konnte darauf setzen, dass seine kooperative Strategie von anderen belohnt wird. Vor allem aber konnte im Verbriefungsmarkt niemand bestraft werden.

Gestaltung des öffentlichen Raums

Dennoch stellen wir fest, dass es auch unabhängig von solchen Bedingungen ein – auch gesellschaftlich erforderliches – Verhalten gibt, das Beiträge zur Gestaltung des öffentlichen Raums (Hannah Arendt) liefert. Das kann mit der soziale Rolle zusammenhängen, die an den Einzelnen gemäss seiner sozialen Position herangetragen wird. Das Konstrukt der sozialen Rolle ist wegen der damit verknüpften gesellschaftlichen Erwartung und Sanktionsandrohung mit den Erkenntnissen der Verhaltensökonomik im Einklang. Dann sind wir wieder bei den gesellschaftlich getragenen Werten. Darüber hinaus gibt es aber auch Freiräume in der Wahrnehmung zugewiesener sozialer Rollen – und daher eine intrinsische Motivation für Beiträge zur Gestaltung des öffentlichen Raums.

Freiheit als Messlatte Allerdings kann sich eine moderne Gesellschaft nicht von der intrinsischen Motivation ihrer Mitglieder abhängig machen. Es muss jedermann klar sein, dass die Freiheit, die ihm in unserer Ordnung zusteht und die eine Messlatte für die Gestaltung der kollektiven Systeme setzt, zugleich eine dreifache Bindungswirkung entfaltet: durch die unabdingbare Selbstverantwortung für das eigene Tun und Unterlassen; durch die berechtigten Ansprüche der anderen Menschen; durch die Freiheitsverpflichtung des Staates und dessen Ordnungs- und Leistungsaufgaben. Der Einzelne ist in unserer Ordnung nicht nur selbstverantwortlich, sondern ebenso mitverantwortlich verpflichtet.

> Es gilt, wirtschaftliche Selbstständigkeit zu ermöglichen, die politische Mitsprache weiterzuentwickeln und eine individuelle Lebensform zu sichern.

Denn die zeitgenössische bürgerliche Gesellschaft greift auf alle Facetten der modernen Rationalisierung zurück: die wirtschaftliche Selbstständigkeit auf Grundlage von Eigentumsrechten, die politische Partizipation in der konstitutionellen Demokratie und die kulturelle Autonomie dank anerkannter Bildungspatente. Dieses Werte- und Handlungsgerüst erfasst zugleich die Anknüpfungspunkte bürgerschaftlichen Engagements. Dafür gilt es, wirtschaftliche Selbstständigkeit zu ermöglichen, die politische Mitsprache zu bewahren und weiterzuentwickeln sowie eine individuelle Lebensform zu sichern.

Bürgerlichkeit im aufgeklärten Staat Bürgerlichkeit in diesem Verständnis lebt davon, dass das private Dasein nicht zur alleinigen Richtschnur des Handelns wird. Wesentlich ist auch die Akzeptanz einer gemeinsamen, dauerhaften Ordnung, die Unterschiede, Gegensätze sowie Kritik erträglich und aushaltbar, Konflikte ertragbar und auflösbar macht. Das erfordert einen gemeinsamen Wertekanon. Die Freiwilligkeit des Gemeinsinns, der Mitverantwortung ermöglicht, muss gestärkt werden – durch offene Märkte, eindeutige Verantwortlichkeiten und einen aufgeklärten Staat, der die Mündigkeit seiner Bürger in den Mittelpunkt stellt.

03 Das Rückgrat der liberalen Ordnung

Gerhard Schwarz

— Das Versagen von Menschen – nicht von Märkten _48

— Warum Werte im Liberalismus einen Platz haben _49
　Der taktische Grund 49
　Der moralische Grund 51
　Der freiheitssichernde Grund 52

— Jenseits des Marktes _53
　Werte entstehen im Zusammenleben 53
　Die Bedeutung der Tradition 54

— Das Angebot eines liberalen Dekalogs _54

— Freiheitssichernde Werte _56

Ist die Finanz- und Wirtschaftskrise eine moralische Krise, eine Werte-Krise? Man könnte es meinen, wenn man all die Schlagzeilen liest über die Gier und die Masslosigkeit vor allem der Banker, aber eigentlich ganz generell der Führungskräfte in weiten Teilen der Wirtschaft, so als ob die Menschen einfach in den letzten fünf oder zehn Jahren plötzlich gierig und masslos geworden wären – und es vorher einige hunderttausend Jahre nicht gewesen wären. Es hätten sich wohl kaum Religionswissenschafter, Philosophen und die in Sprichwörtern kondensierten Volksweisheiten schon vor Tausenden von Jahren mit diesen Lastern beschäftigt, wenn sie kein Problem gewesen wären. Vielleicht gilt lediglich: Gelegenheit macht nicht nur Diebe, sondern auch Gierige.

Das Versagen von Menschen – nicht von Märkten

Die meisten Menschen, die den moralischen Niedergang beklagen, verbinden die Klage mit der Forderung, dass die angeblich viel zu freie, ihrem Wesen nach amoralische (oder gar unmoralische) Marktwirtschaft nun endlich viel strenger reguliert werden müsse, damit all das moralische Fehlverhalten nicht mehr möglich sei. Andere jammern in einer Mischung aus Kulturpessimismus und moralischer Überheblichkeit über den Verlust an Werten – und meinen nie sich selbst, sondern immer nur die anderen. Und wieder andere, aus der Politik, der Kultur, die der Wirtschaft einen moralin-getönten Spiegel vorhalten, versuchen damit letztlich nur, von ihrem eigenen, auch moralischen Versagen abzulenken. Ein Beispiel dafür war, wie der französische Staatspräsident Nicolas Sarkozy in seiner Eröffnungsrede am World Economic Forum (WEF) 2010 in einem opportunistischen Rundumschlag vollmundig über die Wirtschaft und ihren Werteverlust herzog – und dafür von der anwesenden Wirtschaftselite auch noch viel Applaus bekam (Schwarz 2010). Das zeigt, wie stark die Verunsicherung über die eigene Rolle, Akzeptanz und Legitimation, aber auch der Opportunismus unter Managern und Unternehmern sein muss.

Die Thematisierung menschlichen Fehlverhaltens in der Krise wäre dann richtig, wenn damit zum Ausdruck gebracht werden sollte, dass nicht der Markt «versagt» hat, weil der Markt in diesem Sinne gar nicht «versagen» kann. Er ist bekanntlich keine handelnde und entscheidende Institution. «Der Markt ist immer nur so gut, wie es die Menschen sind, die auf ihm Handel treiben» (Willgerodt 2011: 38). Es sind immer Menschen, die «versagen», die dumm, unvorsichtig, gierig und riskant handeln. Diese Eigenschaften sind normal verteilt. Es gibt beispielsweise nur wenige extrem Gierige und wenige ausgesprochen Genügsame. Der Rest bewegt sich in der Mitte. Wer das versteht, wird nie die Illusion hegen, Menschen in der Politik oder in Aufsichtsgremien seien gescheiter oder moralischer als Menschen in der Wirtschaft, im Finanzsektor. Warum sollten sie Risiken besser erkennen oder weniger eigennützig sein?

Warum Werte im Liberalismus einen Platz haben

Es gibt aus meiner Sicht drei gute Gründe, aus liberaler Sicht die Bedeutung von Werten zu betonen und für eine Gesellschaft, in der Werte eine Rolle spielen, einzutreten:
– einen eher taktischen,
– einen moralischen
– und einen freiheitssichernden.

Der taktische Grund

Konservative wie Sozialisten sind in hohem Masse Moralisten. Sie meinen zu wissen, was gut und richtig ist, und sie sind davon so überzeugt, dass sie auch die anderen Menschen dazu bringen wollen – notfalls mit Zwang –, die gleichen Werte zu vertreten wie sie oder jedenfalls sich so zu verhalten, wie wenn sie die gleichen Werte verträten. Liberale tun sich dagegen mit dem Thema der Werte aus verschiedenen Gründen schwer. Soweit sie von der Ökonomie geprägt sind – und das sind sie weitgehend, denn die Nationalökonomie ist eine «Art von Wissenschaft der persönlichen Freiheit geworden» (Willgerodt 2011: 25) –, ist ihnen die Beschäftigung mit den Werten meist zu «unwissenschaftlich», zu weich, zu wenig nahe bei den harten Fakten. Dazu kommt, dass der Liberalismus eine Weltanschauung der Regeln ist, in Wirtschaft und Politik. Er gibt beispielsweise in der Wirtschaft nicht vor, was produziert werden soll, sondern nur, dass es unter wettbewerblichen Bedingungen geschehen soll. Das gilt analog für die Politik. Der Liberalismus gibt im Gegensatz zum Konservatismus – abgesehen vom Wert der Freiheit – nicht vor, welche Inhalte, welche Werte in der Politik verwirklicht werden sollen. Diese Fixierung auf Regeln ist, so attraktiv sie auch ist, in der politischen Auseinandersetzung ohne Zweifel eine strukturelle Schwäche des Liberalismus. Von Werner Sombart stammt der Satz «Für Werte lebt man, für Werte stirbt man, wenn es notwendig ist. Werte aber beweist man nicht» (Jöhr 1964: 155f.). Blutleere Regeln, von denen man nicht weiss, zu welchen Ergebnissen sie führen, holen keinen Menschen hinter dem Ofen hervor. Wer dagegen wie Sozialisten, Konservative und neuerdings auch Grüne das Gemüt, die Emotionen der Menschen anspricht, kann eher auf Zuspruch zählen. Wenn Liberale politisch Erfolg haben wollen, dürfen sie sich nicht auf die blosse rationale Analyse und die Regelorientierung beschränken, sie müssen vielmehr, wie es James M. Buchanan (2001) mehrfach postuliert hat, eine zeitgemässe liberale Vision anbieten, die nicht nur den Kopf, sondern auch das Herz anspricht, oder, wie es Wilhelm Röpke (2009: 327) einst ausdrückte: «Zur wirtschaftlichen Freiheit sollten wir also die Menschen nicht in erster Linie mit dem Zuckerbrot der materiellen Güterfülle zu erziehen suchen, sondern auf der hohen Ebene einer an die letzten und höchsten Werte appellierenden Sozialphilosophie». Liberale Werte sind somit wichtig, damit der Libe-

> Wenn Liberale politisch Erfolg haben wollen, dürfen sie sich nicht auf die blosse rationale Analyse und die Regelorientierung beschränken. Sie müssen vielmehr eine zeitgemässe liberale Vision anbieten, die nicht nur den Kopf, sondern auch das Herz anspricht.

ralismus in der politischen Auseinandersetzung anderen Weltanschauungen auf Augenhöhe begegnen und im politischen Prozess Erfolg haben kann.

Der moralische Grund

Eng damit verwandt ist die Beobachtung, dass «Freiheit wovon?» zwar die vorgängige Frage aller Liberalen ist, dass aber «Freiheit wozu?» die finale Frage fast aller Menschen ist, von Agnostikern ebenso wie von religiösen Menschen. Deshalb muss diese Frage auch die Liberalen umtreiben, auch wenn nach ihrer Auffassung natürlich ganz explizit nicht alle nach der gleichen Façon glücklich und selig werden können und sollen. Klar ist, dass Freiheit die Grundvoraussetzung für moralisches Handeln ist. Das kann gar nicht genug betont werden. Nur Handeln in Freiheit kann moralisches Handeln sein, denn es ist, wie George Stigler einmal bemerkt hat, nichts Bewundernswertes an einem unfreiwilligen Heiligen (Willgerodt 2011: 39). In diesem Schaffen von Raum für moralisches Handeln liegt eine der grossen moralischen Qualitäten der Marktwirtschaft und einer liberalen Ordnung. Die Menschen sind aber nur dann an der Freiheit interessiert, wenn sie wissen, wozu sie die Freiheit nützen sollen. Geistige Orientierungslosigkeit macht das Freiheitsangebot unattraktiv. Wenn sich der Liberalismus von der Suche nach gültigen Werten, nach festem Halt gänzlich distanziert, werden andere Anbieter auf dem Markt der Ideen in diese Lücke, in dieses Vakuum springen. Man könnte argumentieren, dass dies nicht weiter tragisch sei, weil dafür eben nicht der Liberalismus zuständig sei. Nur besteht dann die Gefahr, dass jene, die Inhalte anbieten, also Werte, die über die Freiheit hinausgehen, seien sie abendländischer oder anderer Provenienz, zugleich auch die freiheitlichen Regeln gefährden. Da diese Wertelieferanten eher absolute Ansprüche vertreten,

> Nur Handeln in Freiheit kann moralisches Handeln sein, denn es ist nichts Bewundernswertes an einem unfreiwilligen Heiligen.

ist die Gefahr gross, dass sie versuchen, ihre Sicht der Dinge allen zu oktroyieren. Wollen Liberale den moralischen Freiraum für alle sichern, dürfen sie sich nicht um die Frage der Werte drücken. Liberale Werte sind somit wichtig, damit die Nachfrage nach Werten nicht von anderen, unliberalen Anbietern befriedigt wird.

Der freiheitssichernde Grund

Schliesslich spielen Werte, sofern es mit einer liberalen Ordnung kompatible Werte sind, eine zentrale Rolle in der Freiheitssicherung. Zwang und Moral sind gewissermassen kommunizierende Röhren. Je mehr sich die Menschen an bestimmte, allgemein anerkannte Regeln halten, je mehr bestimmte moralische Ansichten weitgehend unbestritten sind, umso weniger braucht es formale Regeln und umso weniger laut ertönt der Ruf nach staatlichen Gesetzen und Sanktionen. Wo die Selbstdisziplin der Marktteilnehmer fehlt, wird zumal in Demokratien der Staat einspringen und mit Regulierungen aller Art das, was nach den Vorstellungen einer Mehrheit als Wohlverhalten gilt, erzwingen. Bekanntlich werden Demokratien westlicher Prägung nur so lange freiheitlich geprägt sein, wie die freiheitliche Ordnung eine entsprechende Akzeptanz geniesst. Deshalb sind die «Zechpreller der Marktwirtschaft», wie Röpke all jene nannte, welche die Freiheit missbrauchen und die Marktwirtschaft überstrapazieren, so verheerend. Von daher ist das liberale Interesse an einem Wertekanon, der breit akzeptiert ist und befolgt wird, folgerichtig und keineswegs ein Widerspruch zur Forderung nach einer individualisierten Moralvorstellung. Es geht hier um eine Optimierung zwischen möglichst viel Freiheit und einem friedlichen Zusammenleben im Kollektiv. Dieses Zusammenleben verlangt gewisse Einschränkungen. Jene moralischer Natur sind

> Wo die Selbstdisziplin der Marktteilnehmer fehlt, wird zumal in Demokratien der Staat einspringen und mit Regulierungen aller Art das, was nach den Vorstellungen einer Mehrheit als Wohlverhalten gilt, erzwingen.

freiheitsverträglicher als jene gesetzlicher Art. Mit der Freiheit kompatible, allgemein anerkannte Werte sind somit wichtig, damit man im Zusammenleben mit möglichst wenig staatlichen Gesetzen und Sanktionen auskommt.

Jenseits des Marktes

Werte entstehen im Zusammenleben

Woher diese Moralvorstellungen kommen, wie sie sich entwickeln, hat viele Gesellschaftsphilosophen beschäftigt. Es ist nur insofern wichtig, als wir uns in dieser Frage nicht vollständig auf den Markt verlassen können, es sei denn, wir meinen den «Meta-Markt» verschiedener Werte-Anbieter. Ohne Zweifel werden in einer Gesellschaft moralische Werte nicht zuletzt durch menschliche Beziehungen geschaffen. Das ist auf dem Markt so, wo sich Zuverlässigkeit, Kundenorientierung, Ehrlichkeit, Fairness etc. auszahlen und Vertrauen schaffen. Es ist auch im sozialen Kontakt so, vor allem, wenn er langfristig angelegt ist. Grosszügigkeit, Empathie, Hilfsbereitschaft, Nachsicht werden erwidert und schaffen menschliche Nähe und Sicherheit. David Gauthier (1986) hat dies in «Morals by agreement» dargelegt.

Aber der Markt, der freiwillige Tausch, das Zusammenleben waren nie die einzigen Quellen der Moral. Die Menschen lernen nicht nur durch Erfahrung, sondern auch durch Nachahmung und durch Erkenntnis. Und für die beiden Letzteren sind vor allem die Eltern, die Familie, die Schule und – soweit noch präsent – die Kirchen «zuständig». Natürlich hat dies keiner so kraftvoll, so elitär, auch so nostalgisch formuliert wie Wilhelm Röpke mit seinem «Jenseits von Angebot und Nachfrage» (1958). Manches ist bei ihm überspitzt, auch die Idee des Nettomoralverzehrs, aber im Grundsatz entspricht seine Auffassung, dass die freiheitliche Gesellschaft nicht allein von dem leben kann, was sie selbst an Moral produziert, sondern dass sie auch in den sittlichen Reserven jenseits des Marktes und der

Erfahrung im Zusammenleben wurzeln muss, der Erfahrung von über 200 Jahren Marktwirtschaft. Markt und Moral sind kein Gegensatz, sie ergänzen und stützen sich gegenseitig, aber sie brauchen sich auch.

Die Bedeutung der Tradition

Das hat später nicht nur Ernst-Wolfgang Böckenförde (1976) aufgenommen, sondern es ist eigentlich auch bei Friedrich August von Hayek (1979/2003) und Adam Smith (1759/1982) so angelegt (Horn 2011a: 14ff.). Hayek thematisiert zwar nur eher beiläufig, dass eine Marktwirtschaft abhängig sei von Moralvorstellungen, die sie nicht alleine garantieren könne. Aber seine manchmal fast gefährliche Betonung des Werts der Tradition ist ja nichts anderes als das, was Röpke einfach etwas zugespitzter formuliert. In der Tradition, vor allem jener von Sitten und Gebräuchen, liegt ein Wert; diese Tradition wird weitergegeben – durch all die erwähnten Institutionen –, sie kann und soll nicht in jedem Einzelfall auf ihre Nützlichkeit überprüft werden, und sie muss gelegentlich gebrochen werden, wenn sie sich nicht mehr bewährt. Adam Smiths unparteiischer Beobachter in der «Theorie der moralischen Gefühle» wird auch nicht allein auf dem Markt geformt – allerdings sehr wohl *auch* auf dem Markt geformt –, sondern, wenn wir von der unmittelbaren Offenbarung absehen, hauptsächlich durch Erziehung geprägt. Auch er entsteht teilweise jenseits von Angebot und Nachfrage im engeren Sinne.

Das Angebot eines liberalen Dekalogs

Werte sind also wichtig, aber welche Werte sollen denn nun in einer liberalen Ordnung gelten, ausser eben jenem obersten Wert der Freiheit (Schwarz 2009: 36)? Wenn wir Smith, Röpke und Hayek zusammennehmen, wenn wir also in bewährter Tradition einerseits und bei den gängigen Werteproduzenten andererseits suchen, wird einem natürlich der Dekalog in den Sinn kommen mit seiner Metaphysik (1. bis 3. Gebot), der Aufforderung, die Familie zu bewahren (4. und 6. Gebot) und Verträge einzuhalten (6. Gebot), den Verboten der Tötung (5. Gebot), des Diebstahls (7. Gebot), der Lüge (8. Gebot) und der zerstörerischen Begehrlichkeit (9. und 10. Gebot).

Etwas freier lassen sich folgende Kernelemente der westlichen Tradition umreissen, eher zufällig auch zehn an der Zahl, obwohl es sich um eine sehr menschliche Liste handelt (Schwarz 2009: 38f.):

01_ Freiheit und Würde von Mann und Frau – im Sinne der Abwehr willkürlicher Eingriffe anderer, auch des Staates.

02_ Selbstverantwortung des Menschen für sein Schicksal – was immer es ihm beschert.

03_ Die aus dem Recht an sich selbst abgeleitete zentrale Rolle des Privateigentums – auch als Quelle und Schutz der Autonomie.

04_ Das Verständnis des Menschen als soziales Wesen – dessen Selbstverwirklichung nie nur in sich selbst, sondern immer auch im Engagement für andere oder für ein grösseres Ganzes liegen muss.

05_ Mitmenschlichkeit im sozialen Verhalten – nicht verordnet, sondern von innen heraus; nicht am unwichtigsten sind Vertragstreue und Dankbarkeit.

06_ Die zentrale Bedeutung der Familie – als Grundlage der biologischen, geistig-kulturellen und materiellen Kontinuität.

07_ Moralische Schranken – als Ausdruck bewährter Regeln des Zusammenlebens, aber auch als Ausfluss jenes metaphysischen Bezugs, der den Menschen – auch jenseits aller Kirchen und Konfessionen – ein sinnvolles Leben erlaubt.

08_ Das Streben nach Erkenntnis – selbst dort, wo sie mehr Fluch als Segen verspricht: Seit wir vom Baum der Erkenntnis gegessen haben, können wir nicht mehr zurück.

09_ Der hohe Stellenwert des Geistigen – auch wenn es derzeit unter die Räder eines überbordenden Materialismus zu geraten droht.

10_ Eine zeitliche Perspektive, die weit über die Spanne des einzelnen Menschenlebens hinausreicht – je nachdem dank Familie, Geschichte, Religion oder einer Kombination von allem.

Natürlich müssen solche Wertepakete als Angebote neben anderen verstanden werden, als Anreicherung des Liberalismus, nicht als Zwang. Sie sollten sich im Wettbewerb durchsetzen. Diese Sicht unterscheidet wertkonservative Liberale, oder besser: Liberale mit Werten, von Konservativen und von Sozialisten, die ihre Werte gerne mittels Gesetz der ganzen Gesellschaft überstülpen möchten.

> Die Empörung über das moralische Versagen, das sich in der Krise manifestiert haben soll, darf nicht einfach als billiger Moralismus beiseitegeschoben werden.

Freiheitssichernde Werte

Die Empörung über das moralische Versagen, das sich in der Krise manifestiert haben soll, darf nicht einfach als billiger Moralismus beiseitegeschoben werden. Soll diese Empörung nicht in eine fundamentale Ablehnung der freiheitlichen Gesellschafts- und Wirtschaftsordnung münden, muss sie ernst genommen werden, ohne dass man deswegen all die Fehldiagnosen und falschen Schuldzuweisungen akzeptieren darf. In diesem Verständnis sollte die Botschaft jener, die sich für die Freiheit einsetzen, eine vierfache sein:
– Die freie Ordnung ist nicht nur insofern moralisch, als sie Fortschritt, Wohlstand und Wahlmöglichkeiten bietet, sie ist vor allem moralisch, weil nur sie Raum schafft für moralisches Verhalten.
– Es sind nicht Ordnungen oder Systeme, sondern immer Menschen, die «versagen». «Versagt» haben Menschen in der Wirtschaft, aber ebenso in der Politik, und auch nicht nur Führungskräfte, sondern Menschen auf ganz vielen Ebenen.
– Eine freie Ordnung kommt nicht ohne Moralproduktion jenseits von Angebot und Nachfrage aus. Sie spart zwar am knappen Gut Moral,

aber nur mit Gaunern kann sie gleichwohl nicht funktionieren. Es braucht einen Wertekanon, der von der grossen Mehrheit getragen wird.
– Deswegen steht es jenen, die für eine freie Ordnung eintreten, gut an, sich nicht nur für liberale Spielregeln einzusetzen und sich um den Rest nicht zu kümmern, sondern von allen, ganz besonders aber von den Führungskräften in Gesellschaft und Wirtschaft zu fordern, dass sie sich an diesen Kanon halten, dass sie sich – ganz altmodisch – tugendhaft verhalten.

Damit wird die freie Ordnung auf doppelte Weise gesichert. Einerseits kann sie überhaupt nur dank tugendhafter Menschen ohne allzu viele freiheitseinengende Regeln und Interventionen funktionieren. Andererseits – und das wird viel zu oft übersehen – braucht es das vorbildhafte Verhalten der führenden Exponenten, um der freien Ordnung und der Marktwirtschaft jene Akzeptanz und Glaubwürdigkeit zu sichern, ohne die sie in der Demokratie nicht überleben könnten.

04 Alle Werte in meinem Korb

Michael Frhr. Truchsess

- Gerechtigkeit _60
- Gesittete Menschlichkeit _63
- Vergebung _64
- Verlässlichkeit _65
- Hingabe _66
- Freiheit und Verantwortung _67
- Nächstenliebe _68
- Demut _69
- Dienstbereitschaft _69
- Reflexion, Nachdenklichkeit und Besinnung _71

Täglich setzen wir umgangssprachlich Himmel und Hölle in Bewegung, ohne uns viel dabei zu denken: Wir danken Gott, wir wünschen einander zum Teufel. Auch unsere gesellschaftlichen Wertvorstellungen sind geprägt von 2000 Jahren Christentum, das seinerseits aus der ebenfalls jahrtausendealten Tradition und Glaubenslehre des Judentums entstanden ist. Bewusst oder unbewusst hat dies bis heute einen Einfluss auf unsere Vorstellung von einer gerechten und lebenswerten Gesellschaft. Natürlich gibt es unzählige weitere Einflüsse und Strömungen, die hieran in den 20 Jahrhunderten seit Christi Geburt supplementär (mit-)gewirkt haben – in den vergangenen 250 Jahren waren dies zum Beispiel der Humanismus, der Liberalismus, der Pietismus, die Aufklärung, die Französische Revolution, das Preussentum, der Sozialismus und der Kommunismus. Und doch hat das Christentum wohl die grösste Tiefenwirkung gehabt.

Alle reden von Werten, Wertewandel oder Werteverfall. Allerdings ist da viel Bauchgefühl unterwegs, kaum je ist eine präzise Formulierung eines verbindlichen Wertekataloges anzutreffen. Nicht jedermann ist in der Lage, seine Wertvorstellungen überhaupt klar zu artikulieren. Reden wir überhaupt vom Gleichen, wenn es um Werte geht? Zwecks Sortierung der Gedanken stellen wir uns jetzt einmal vor, dass wir wie in einem «e-Shop» im Internet uns auf eine Einkaufstour ins Werte-Center begeben und Werte «shoppen». Welche Werte gehören in diesen virtuellen Einkaufskorb eines bekennenden Christenmenschen?

Gerechtigkeit

Nach meiner Wahrnehmung hat die Menschheit in Kontinentaleuropa Christentum und Kirche durch die Jahrhunderte als Raum empfunden, der dem Menschen in seinem beschwerlichen irdischen Dasein Hoffnung, Lebensmut und Zuversicht in Bezug auf die Rettung seiner Seele in Aussicht gestellt hat. Glaube und Religion entfalten ihre Wirkung als Gegenpol zu den vielfältigen Ungerechtigkeiten und Anfechtungen dieser irdischen Welt. *Gerechtigkeit* respektive das Streben danach ist somit der erste Wert, der im Warenkorb landet.

Religion ist zu allererst eine Heilslehre Aber Vorsicht: Religion ist originär keine Plattform zur Vermittlung von Werten, sondern zu allererst eine Heilslehre. Aus dieser können sich dann aber in einem zweiten Schritt Werte entwickeln. Der vormalige Ratsvorsitzende der Evangelischen Kirche in Deutschland (EKD), Wolfgang Huber, hat in einem Vortrag zu Recht den Satz geprägt: «Die Kirche ist keine Bundesagentur für Werte». Der Weg zum Glauben beginnt mit der Erkenntnis der Allmacht Gottes und daraus folgend der Machtlosigkeit des Menschen. Dies ist Ausgangspunkt jeder Religion. Das gilt für Christen auf Basis der Heiligen Schrift und der hieraus entwickelten Glaubenslehre und letztlich auch für die anderen beiden grossen monotheistischen Religionen, Judentum und Islam. In der Frage, wie der Weg zum Heil zu beschreiten ist, unterscheiden sie sich allerdings stark.

Die aus dem Glauben entwickelte Heilserwartung setzt das Wissen um den Inhalt der Glaubenslehre voraus, das von einem Regelwerk begleitet wird. Bei den Christen sind dies zum Beispiel die Zehn Gebote und die Bergpredigt. Die Einhaltung der Glaubensgrundsätze, die helfen, ein gottgerechtes Leben zu führen, unterstützt nicht nur die Heilserwartung. Sie fördert zudem – und das ist ein bemerkenswerter Nebeneffekt aller Religionen – das gedeihliche Auskommen innerhalb der Gemeinschaft. Erst das Regelwerk schafft die Basis für gemeinsame und definierbare Werte sowie das Bedürfnis, sich daran zu halten. Aber die Regeln bedürfen einer Heilslehre, einer Glaubenslehre, also einer intellektuellen Basis, welche das Ziel der Bemühungen, die ewige Seligkeit, verdeutlicht. Hier lauert übrigens auch die Konfliktgefahr, wenn verschiedene Religionen aufeinander treffen. Daher kommt *Toleranz* als

> Die Einhaltung der Glaubensgrundsätze, die helfen, ein gottgerechtes Leben zu führen, unterstützt nicht nur die Heilserwartung, sondern fördert zudem das gedeihliche Auskommen innerhalb der Gemeinschaft.

Wert *nicht* in meinen religiösen Einkaufskorb. Diese Dimension ist eher dem Humanismus und der Aufklärung zuzuordnen.

Die Zehn Gebote Wer sich die Mühe macht, die Zehn Gebote genauer zu untersuchen, wird genau dieses feststellen. Die ersten drei Gebote definieren Respekt und Anerkennung gegenüber Gott, bevor dann allgemeine Regeln folgen, die das Verhältnis der Menschen untereinander regeln. Das Dritte Gebot, «Du sollst den Feiertag heiligen», dient nicht etwa der menschlichen Regeneration, wie dies regelmässig die Sozialverbände fordern. Sondern das Ziel ist, der Auslegung in Luthers Kleinem Katechismus folgend, die Anerkennung von Gottes Allmacht. Wir sollen den Gottesdienst besuchen, seinem Wort und der Predigt lauschen – und lernen. Die Ansprüche an die Gläubigen sind in der Bergpredigt sogar noch deutlich radikaler formuliert.

> Heute empfinden wir manches Gebot als selbstverständlich, eindeutig und letztlich einleuchtend oder sogar zwingend; andere verlangen dagegen offenbar nach Erklärung.

Andere Zeiten, andere Werte Heute empfinden wir manches Gebot als selbstverständlich, eindeutig und letztlich einleuchtend oder sogar zwingend (zum Beispiel: «Du sollst nicht töten», «Du sollst nicht stehlen»), sowohl individuell als auch für die Gesellschaft. Interessanterweise verlangen andere dagegen offenbar nach Erklärung. Nach der Systematik der Zehn Gebote ist grundsätzlich davon auszugehen, dass die Nummern 4 bis 10 in ihrer Bedeutung gleichwertig sind. Dass Ehebruch ebenso als Sünde gilt wie das Töten oder Stehlen, ist auch heute nicht befremdlich. Aber solche Verfehlungen wie Neid, mangelnder Respekt vor den Eltern und falsch Zeugnis zu reden (davon lebt heute eine ganze Industrie) bewerten wir heute weniger scharf. Aber ganz offensichtlich gilt dies nicht vor Gott!

Gesittete Menschlichkeit

Zu Zeiten unserer Grosseltern und Urgrosseltern waren die Gewichtungen wiederum andere als heute. Immerhin zog man ja mit der Aufschrift «Gott mit uns» auf dem Koppelschloss fröhlich in den Krieg, in der expliziten Absicht zu töten. Und doch gilt, was Michael Schreiber formuliert: «Die Zehn Gebote sind der älteste schriftlich überlieferte Kanon gesitteter Menschlichkeit, über den die Europäer überhaupt verfügen. Sie sind, biblisch gesprochen, der Adlerflügel, der den Menschen aus dem bloss biologisch betrachteten Kampf ums Dasein befreit. Ein Europäer, der sie kaum kennt und nicht zuletzt deswegen für entbehrlich hält, weiss im Grunde nicht, wer er ist – er begreift auch nicht die ethische und kulturgeschichtliche Relevanz seiner eventuellen Entschlossenheit, diesen Kanon zu korrigieren oder zu ignorieren» (Schreiber 2010). *Gesittete Menschlichkeit* oder auch schon das Streben danach ist daher ein Wert für unseren Warenkorb.

Christliche Heilserwartung und Glaubenslehre, durch die Jahrhunderte gelehrt, gelernt, gelebt, kultiviert und gepredigt, haben ohne Zweifel zu einem Grundverständnis von Werten in unser Gesellschaft geführt. Davon sind auch säkulare Bereiche durchzogen. Allerdings entspricht dies nicht unbedingt dem kollektiven Bewusstsein. Und ausserdem gibt es in Zeiten der Globalisierung – also der Auseinandersetzung mit dem äusseren Kosmos – auch eine rasche Diffusion.

> Die unterschiedliche Rechtsordnung und die Justizpraxis in Kontinentaleuropa und den Vereinigten Staaten von Amerika sind ein exzellentes Beispiel dafür, dass unterschiedliche Glaubensgrundsätze weit in die säkulare Welt hineinwirken.

Unterschiedliche Rechtskulturen Die unterschiedliche Rechtsordnung und die Justizpraxis in Kontinentaleuropa und den Vereinigten Staaten von Amerika sind ein exzellentes Beispiel dafür, dass unterschiedliche Glaubensgrundsätze weit in die säkulare Welt hineinwirken. Das amerikanische Rechtsverständnis basiert auf dem alttestamentlichen Anspruch

«Auge um Auge, Zahn um Zahn». Wer sich gegen die menschliche Gesellschaft versündigt hat, wird eingesperrt oder im Extremfall sogar hingerichtet. Der Richter moderiert den Prozess, das Urteil fällt letztlich die *Vox populi*, oder, etwas präziser ausgedrückt, eine Jury aus juristischen Laien. Die amerikanische Gesellschaft verlangt nach Genugtuung und Rache für eine Straftat. Die Gefängnisse sind voll, die Rückfallquoten sind hoch – aber das ausgeprägte Bedürfnis nach irdischer Gerechtigkeit wird bedient. Ein aktuelles Beispiel: Die Begeisterung, welche die Tötung des Al-Kaida-Führers Osama Bin Laden quer durch die Bevölkerung in den Vereinigten Staaten von Amerika ausgelöst hat, wirkte hierzulande befremdlich. Die deutsche Bundeskanzlerin wurde für ihre Wortwahl, sie «freue sich», öffentlich gerügt. Den gewaltsamen Tod eines Menschen – egal wie auch immer legitimiert – empfinden wir als problematisch.

Vergebung

Die religiösen und kulturellen Einflüsse des Alten Testaments und ein typisch amerikanisches, partiell fundamentalistisches Religions- und Glaubensverständnis beeinflussen die dortige Rechtskultur bis zum heutigen Tag. Auch Guantanamo ist für den Durchschnittsamerikaner kein wirkliches Problem. Unsere kontinentaleuropäischen Vorstellungen über die Wiedereingliederung von Straftätern in die Gesellschaft, mit «sozialem Strafvollzug», Freigang, elektronischer Fussfessel, Ablehnung der Todesstrafe und so weiter haben letztlich damit zu tun, dass die Glaubenslehre des Christentums auf Basis des Neuen Testamentes die Vergebung ins Zentrum stellt. Jesus Christus ist für uns gestorben zur Vergebung unserer Sünden. Wir leben in der Zuversicht, dass Gott uns unsere Sünden vergibt, wenn wir sie bereuen und ihn um Absolution bitten. Wer dies begreift, sieht einen irdischen Straftäter mit anderen Augen. Vor Gott sind wir alle Sünder – und nicht der letzte Richter über andere Menschen. Die *Vergebung* als fundamentaler christlicher Begriff hat daher einen prominenten Platz in meinem Warenkorb.

Wertekonsens in der Globalisierung Ich habe 40 Jahre bei der Deutschen Bank gearbeitet, einem DAX-Konzern, der in dieser Zeit von einem starken nationalen Anbieter zu einem globalen Unternehmen mutiert ist, mit zwei Drittel nicht deutschen Mitarbeitern, Kunden und Aktionären. Dieser Prozess der Internationalisierung ging mit einer mehrjährigen Kaskade von Veränderungen einher, die uns mit der Frage konfrontierte, was für uns in einer internationalen Bank eigentlich die gemeinsamen Werte sind. Dies zu formulieren war bei der Vielfalt der Sprachen, Ethnien, Kulturen, Gesellschaftsmodelle und Religionen ausgesprochen mühsam – und demutsbildend. Angesichts von mehr als 70 Ländern und Sprachen hatten wir die Komplexität der Aufgabe, einen gemeinsamen Nenner zu finden, eindeutig unterschätzt. Am Ende gab es eine Definition gewisser Generaltugenden, aber nicht mehr.

Hart belastbare Werte sehen anders aus. Das bedeutet nicht, dass es keinen hausinternen Kanon gibt – nur ist es bisher nicht gelungen, diesen zu dokumentieren. In einer eng vernetzten Welt mit sehr unterschiedlich ausgeprägten Wertesystemen ist mittlerweile zumindest klar, dass wir ohne *Corporate Governance* und *Compliance* nicht mehr auskommen.

> Unsere Sehnsucht nach Werten ist die Suche nach dem, worauf man sich verlassen kann. Ausserhalb von Hochglanzbroschüren zeigen sich Werte daher häufig erst in schwierigen Situationen, in der Krise.

Verlässlichkeit

Unsere Sehnsucht nach Werten ist die Suche nach dem, worauf man sich verlassen kann. Ausserhalb von Hochglanzbroschüren zeigen sich Werte daher häufig erst in schwierigen Situationen, in der Krise. Das erleben wir so im zwischenmenschlichen Umgang und das empfinden unsere Mitarbeiter, spätestens wenn wir ihnen unangenehme Dinge mitzuteilen haben. Die heutige Tendenz, sich im beruflichen Umfeld zu duzen, wirkt da übrigens höchst kontraproduktiv. *Verlässlichkeit* kommt also in den Werte-Korb.

Soziale Kontrolle statt Herrschaft Die durch Religion vermittelbaren Werte kann man freilich nur bedingt kollektiv erwerben und schon gar nicht im Sinne eines politisch geförderten Prozesses anordnen – zumindest nicht mehr heute. In absolutistischen Zeiten mit Herrschaftsstrukturen, die sich auf Gottes Gnade beriefen und seit dem Augsburger Religionsfrieden unter dem Grundsatz «cuius regio eius religio» geordnet waren, war dies noch einfacher. Diese Verhältnisse haben immerhin von Karl dem Grossen bis zum Reichsdeputationshauptschluss 1803 geherrscht, in Restmengen sogar bis 1918. Vieles an jenem Wertegerüst, das von dieser Einheit von Thron und Altar gestützt wurde, hat im Übrigen auch deshalb so lange funktioniert, weil die soziale Kontrolle jeden ausgrenzte, der sich nicht an die Spielregeln hielt. Dies wirkte noch Jahrzehnte fort, bis über 1968 hinaus. Scheidung und uneheliche Kinder galten als Skandal, Homosexualität war bis Anfang der siebziger Jahre ein Straftatbestand.

> Die durch Religion vermittelbaren Werte kann man freilich nur bedingt kollektiv erwerben und schon gar nicht im Sinne eines politisch geförderten Prozesses anordnen.

Hingabe

Die über die Auseinandersetzung mit einer Heilslehre gewonnen Wertvorstellungen sind eine sehr individuelle intellektuelle Leistung. Es kann lange dauern, bis sie Wirkung entfaltet. Am Anfang steht also immer der einzelne Mensch, nicht die Gruppe. Und der Glaube basiert letztlich auf einer sehr individuellen Entscheidung, die kaum rational begründbar ist. Für einen Christen steht der Satz «Ich glaube, also weiss ich» – und nicht «Ich weiss, also glaube ich». Der persönliche Glaube ist die Voraussetzung, die das Verständnis für ein Leben mit Gott eröffnet und aufschliesst. Zugespitzt könnte man sogar sagen, nur der uneingeschränkte Glaube an die Macht Gottes eröffnet den Zugang zur Bibel, verhilft zu einem Verständnis der Lehre und letztlich zum geistlichen Leben. So verstandene *Hingabe* ist ein weiterer christlicher Wert, den ich in meinen Warenkorb lege.

Freiheit und Verantwortung

Nach protestantischem Verständnis bedingt der Glaube, aus dem sich Werte entwickeln können, individuelle Freiheit. Zwischen dem Menschen und Gott steht niemand, nicht der Bundeskanzler, der Papst, die Kirche oder der Boss. Erst durch die Freiheit von allem Irdischen ist der Mensch in der Lage, Gott als höchste Instanz anzuerkennen, und befähigt, nach dessen Gebot zu leben. Diese Freiheit eines Christenmenschen versteht sich nach Luther in dem überraschenden Satz: «Ein Christenmensch ist ein freier Herr über alle Ding und niemandem Untertan» – ein wahrhaft revolutionärer Satz von 1520. Es folgt der Zusatz: «Ein Christenmensch ist ein dienstbarer Knecht aller Ding und jedermann Untertan»! Erst durch diesen Nachsatz wird die Bedeutung klar: Freiheit ohne Verantwortung kann es nicht geben. Dieses Prinzip ist so aktuell wie vor 500 Jahren. Wir finden diesen Grundsatz übrigens auch im deutschen Grundgesetz in Form der Sozialpflichtigkeit des Eigentums. Und auch die Angemessenheit von Managersalären muss sich letztlich an der Ausgewogenheit von (Vertrags-)Freiheit und Verantwortung gegenüber Dritten ausrichten – nicht an irgendwelchen konkreten Maximalgrenzen.

> Freiheit ohne Verantwortung kann es nicht geben. Dieses Prinzip ist so aktuell wie vor 500 Jahren.

Weil Gott es gut gemeint hat Nur wer sich dieser Freiheit in Verantwortung bewusst wird, ist auch imstande, in Krisenzeiten seinen Mann zu stehen und ansonsten seinen persönlichen Erfolg im Sinne seiner Verpflichtung gegenüber dem bedürftigen Dritten zu verstehen. Im Gegensatz zur römischen Kirche, die unverändert das *gute Werk* für die Erreichung ewiger Seligkeit voraussetzt, gilt für Protestanten das Prinzip der Freiheit. «Weil Gott es mit mir gut gemeint hat und mich mit ziemlichen Mitteln gesegnet […], setze ich dieses Stiftungswerk zum Dienst des bedürftigen Nächsten in Kraft […]», schrieb eine Ahnfrau während des Pietismus in die Präambel der Stiftungsurkunde eines (heute noch existierenden) Versorgungswerkes für die Töchter unserer Familie. Die Dankbarkeit für das durch die Gnade Gottes erfahrene eigene Lebensglück bedingt die Verpflichtung zur guten Tat – nicht der Ablass für begangene Sünden. *Freiheit und Verantwortung* in Kombination haben in unserem Einkaufskorb einen besonderen Platz.

Nächstenliebe

Ob nun das Bewusstsein um die Not des anderen oder die Furcht vor dem Fegefeuer der Antrieb ist, die Sorge um den Mitmenschen ist ein elementarer Bestandteil der praktizierten Frömmigkeit. Kirche ohne Diakonie (oder Caritas) wäre nicht Kirche. *Nächstenliebe* ist ein klassischer Wert, der sich aus dem Christentum entwickelt hat. Liebe deinen Nächsten wie dich selbst! Dem Wort des Evangeliums, der frohen Botschaft, folgt konsequenterweise die gute Tat. Von der biblischen Geschichte vom barmherzigen Samariter, der Sage von der heiligen Elisabeth, dem realen Wirken Heinrich Wicherns im Rauhen Haus, Friedrich von Bodelschwinghs in Bethel und Albert Schweitzers in Lambarene – der rote Faden der Fürsorge zieht sich für den Bedürftigen als unverzichtbarer Teil des christlichen Selbstverständnisses durch die Geschichte. Diakonie und Caritas sind integraler Bestandteil der christlichen DNA. Die Kirchen haben als Erste die «institutionalisierte Nächstenliebe» organisatorisch in die Hand genommen und entwickelt, lange bevor der Staat sich hierfür flächendeckend verantwortlich fühlte. Ohne dieses Vorbild gäbe es heute nicht die Sozialgesetzgebung und auch nicht die Versorgungswerke für alle Bürger.

> Die Kirchen haben als Erste die «institutionalisierte Nächstenliebe» organisatorisch in die Hand genommen und entwickelt, lange bevor der Staat sich hierfür flächendeckend verantwortlich fühlte.

Demut

Religion und Glaube sind ausserdem ein recht zuverlässiges Regulativ gegen die menschliche Hybris. Wer an Gott glaubt, der weiss, dass seine Person immer erst an zweiter Stelle kommt – nach Gott. Seine Verdienste sind «nichts als Gnade» (siehe Luthers Rechtfertigungslehre), die wir natürlich geniessen dürfen, allerdings immer im Bewusstsein unserer menschlichen Unzulänglichkeit und in der Verantwortung gegenüber unseren Mitmenschen. *Demut* ist ein weiterer Wert für den Korb – auch wenn der Begriff altmodisch anmutet. Und dass der Gläubige in Not und Anfechtung bei Gott Gehör, Trost und Aufrichtung findet, sei nur der Vollständigkeit halber erwähnt. Aber auch dies kann nur individuell funktionieren, nicht als kollektive Leibesübung.

Dienstbereitschaft

Wie geht es weiter? Werden die aus Judentum und Christentum entstandenen Werte überdauern? Wird sich die Gesellschaft der Sinnfrage des Lebens stellen oder werden wir weiterhin über eine diffuse Leitkultur in Deutschland diskutieren? Werden wir uns aus Christentum, Humanismus, Islam und anderen Heilslehren ein Potpourri von Werten komponieren, mit dem wir dann unsere Kinder in die Globalisierung entlassen? So wird es ganz sicher nicht gehen. Mit einem Patchwork-Glauben, zusammengesetzt aus einem Convenience-Kit verschiedener Lehren, kommen wir nicht weiter. Die in Religion fundierten Wertvorstellungen bedingen festen Glauben. Und Glaube bedingt Ausschliesslichkeit. Man glaubt ganz oder gar nicht. Um diesen Glauben muss gegen allerlei Anfechtungen immer wieder neu gerungen werden, damit er Bestand hat (etwa in Fällen von Theodizee, Verzweiflung oder Todesangst) und sich weiterentwickeln kann. Glaube bedingt die Bereitschaft, feste Bindungen einzugehen und sich in die Pflicht nehmen zu lassen. Den

> Mit einem Patchwork-Glauben, zusammengesetzt aus einem Convenience-Kit verschiedener Lehren, kommen wir nicht weiter.

einzupackenden Wert möchte ich *Dienstbereitschaft* nennen, Dienst im Sinne des Engagements für den Nächsten.

«Fahrendes Volk» Allgemein besteht unser gesellschaftspolitisches Problem nicht im schwindenden Einfluss der Kirchen, die ja, wenn auch kleiner geworden, unverändert voll funktionstüchtig und flächendeckend aktiv sind, sondern in der soziologischen Veränderung der Gesellschaft, insbesondere in den stetig wachsenden Ballungsgebieten. Vornehmlich jüngere berufstätige Menschen, die heute schon wissen, dass sie in wenigen Jahren einen neuen Job an einem anderen Ort haben werden, können nicht mehr der Pool sein, aus dem Kirchen, Parteien, Gewerkschaften, Verbände und Vereine ihren Nachwuchs rekrutieren können. Mit «fahrendem Volk» kann man schlecht langfristig an einer Gesellschaft bauen – dies gilt umso mehr, wenn die Globalisierung den Anteil von Menschen aus anderen Ländern, Kulturen und Religionen beständig wachsen lässt und damit die Rotation zusätzlich beschleunigt.

> Die globale Mobilität steigert zwar den urbanen Unterhaltungswert grosser Zentren, befördert aber nicht Gemeinsinn und nachhaltiges Engagement für die *Res publica*.

Die globale Mobilität steigert zwar den urbanen Unterhaltungswert grosser Zentren, befördert aber nicht Gemeinsinn und nachhaltiges Engagement für die *Res publica*. Die Erkenntnis ist bitter, aber diese hoch qualifizierte, motivierte und mobile Alterskohorte fällt für eine Bürgergesellschaft weitgehend aus. Das Gleiche gilt übrigens für die nicht kleine Gruppe wohlversorgter und äusserst vitaler Pensionäre mit Zweitwohnsitz in Spanien, Portugal oder sonstigen illustren Orten. Auch diese Gruppe spielt im gesellschaftlichen Leben unseres Landes keine Rolle (mehr). Die Kirchen können an diesem Phänomen nicht viel ändern, auch sie sind von dieser Entwicklung massiv betroffen.

Reflexion, Nachdenklichkeit und Besinnung

Weite Bereiche unseres Lebens sind von all den genannten, nun in unserem Einkaufskorb versammelten Wertigkeiten durchzogen. Die Beschleuniger unseres Lebens – vom Internet bis zum Handy – erhöhen dabei zwar ständig den Durchlauf an Information, nicht aber deren Erkenntniswert und schon gar nicht die Leichtigkeit der Urteilsfindung. Reflexion, Nachdenklichkeit und Besinnung sind aber Dimensionen, die notwendig sind, damit man sein eigenes Leben «in der Spur halten» kann. Hierbei ist eine solide und trotzdem immer wieder hinterfragte Glaubensorientierung extrem hilfreich. Daher möchte ich als zehnten – wen wundert's – Gegenstand noch abschliessend das Konglomerat von *Reflexion, Nachdenklichkeit und Besinnung* im Einkaufskorb deponieren. Wahrscheinlich habe ich etwas vergessen, was mir erst zu Hause wieder einfällt. Aber das ist beim Einkaufen ja üblich.

05 Ein Plädoyer für Gelassenheit
Joachim Fetzer

— Was beeinflusst unser Handeln? _74

— Mehr Prägung als Entscheidung _75
Die Rolle von Erfahrungen 76
Evolutionäre Entstehung 76

— Werte und Sprachgemeinschaften _77
Deutungsgemeinschaften 77
Ein gefühltes Defizit 79

— Über Werte sprechen – aber wie? _79
Die Kraft von Bildern und Sprache 80
Für ein Managerethos 82

— Gemeinsame Werte oder Wertekompetenz? _83

In der Krise ertönt der Ruf nach Werten. Die Finanzkrise 2007/2008 wurde schnell als Wertekrise entlarvt und der «ehrbare Kaufmann» als Leitbild wiederentdeckt. Im Westen stellt die Krise der Staatsfinanzen Teile der Wirtschaftsordnung infrage. In der arabischen Welt wanken politische Systeme und es ist unklar, welche Entwicklung die islamisch geprägten Kulturen politisch nehmen werden. Die Integration asiatischer Staaten – allen voran Chinas – in die westlich geprägte Weltwirtschaft wird begleitet von der Skepsis, ob dies angesichts der scheinbar so unterschiedlichen Werthaltungen gelingen kann. Krisen verunsichern. So scheint es an der Zeit, Werte und Wertbegriffe zu finden, auf denen sich eine freiheitliche, marktwirtschaftlich orientierte und demokratisch verfasste Gesellschaft errichten lässt. Das Anliegen ist respektabel, aber allzu ambitioniert. Wer Werte propagiert, meint meistens die eigenen, die sich in Zeiten politischer Konflikte allgemein durchsetzen sollen. Doch Werte sind keine Retter in der Not. Die Lage ist komplizierter.

Was beeinflusst unser Handeln?

Werte sind «die bewussten oder unbewussten Orientierungsstandards und Leitvorstellungen [...], von denen sich Individuen und Gruppen bei ihrer Handlungswahl leiten lassen» (Höffe 2002: 290). Schon die vorsichtige Formulierung deutet darauf hin, dass dieser Faktor menschlichen Verhaltens schwer zu greifen und noch schwerer zu gestalten ist. Handeln wir wirklich nach unseren Werthaltungen? Oder handeln wir nach ganz anderen Leitvorstellungen?

Angst als perverser Anreiz Nehmen wir beispielsweise das Phänomen der Angst: Angst vor Krankheit, Angst vor Konkurrenz, Angst vor Einsamkeit oder auch vor Bindung. Angst ist ein wichtiger Faktor in der Handlungswahl von Menschen. Mit Angst lassen sich Wahlen gewinnen. Die Angst vor dem Scheitern der eigenen Firma, «wenn wir diesen Auftrag nicht bekommen», hat manchen Unternehmer in ungewollte Korruptionszusammenhänge getrieben, die seinen Werthaltungen diametral entgegengesetzt sind. Mitunter reicht schon die verbreitete Angst, schlechtere Zahlen zu kommunizieren, als dies «oben» gewünscht wird, um dem Beschönigen Vorschub zu leisten und – kumuliert über grosse Bereiche – eine beträchtliche Bilanzverfälschung zu bewirken (Suchanek 2005). Wer in einer solchen Situation versucht, die Organisation mit einem Kommunikationsprogramm zu den Werten der Rechtstreue, der Aufrichtigkeit und Integrität zu überziehen, der ruft bei den Adressaten dieser moralischen Aufrüstung eher Kopfschütteln und zynische Reaktionen hervor und schadet eher diesen Werten, als der Organisation zu nutzen. Wenn es dagegen gelingt zu vermitteln, dass die Angst unbegründet ist, dass schlechtere Zahlen keinen automatischen Karriereknick bewirken, dass sich Zivilcourage lohnt, dann kann sich der wahrgenommene Handlungsraum in Richtung Aufrichtigkeit erweitern. Dann erst können entsprechende Werthaltungen wirksam werden.

> Ein Kommunikationsprogramm zu den Werten der Rechtstreue, der Aufrichtigkeit und Integrität ruft bei Menschen, die aus Angst fehlen, bloss Kopfschütteln hervor. Besser ist es, ihnen die Angst zu nehmen.

An den Anreizen ansetzen Scheinbar viel spricht also für die ökonomische Sicht der Dinge. Betrachtet man den Menschen als Eigennutzmaximierer unter Anreizbedingungen, so ist klar, wo der Ansatzpunkt der Verhaltensbeeinflussung liegt: in den Anreizen. Doch handlungsleitend sind nicht die faktischen, sondern die wahrgenommenen Handlungsräume und Anreize. Die Wahrnehmung der Welt aber liegt im Individuum und ist wiederum komplex verwoben mit dessen Welt- und Werthaltungen. Werthaltungen und wahrgenommene Umweltbedingungen bestimmen das Handeln. Bisher ist es nicht gelungen, den archimedischen Punkt zur Beeinflussung dieses komplexen Prozesses zu finden.

Mehr Prägung als Entscheidung

Auch die Werthaltungen selbst sind nicht einfach da, sondern sie entwickeln sich aus persönlichen oder gemeinschaftlichen Erfahrungen.

Die Rolle von Erfahrungen

Ein Beispiel wäre der Apostel Paulus: Er agierte im ersten Jahrhundert nach Christus als engagierter und aggressiver Pharisäer namens Saulus mit eindeutigen Werthaltungen. Vermutlich hing er dem für Fundamentalisten typischen Gut-und-Böse-Schema an. Klare Identität und Abgrenzung waren wichtig. Ein aggressives Verfolgen der als Wertvernichter wahrgenommenen, weil die kollektive Identität aufweichenden Christen gehörte zu seinem Handlungsrepertoire. Dies änderte sich von Grund auf in einer persönlichen Krise. Die Apostelgeschichte spricht von einem Licht und einer Stimme, einem Erschliessungserlebnis. Das ist keine Wertentscheidung, sondern eine Prägung. Saulus wird Paulus und damit zu demjenigen, welcher die Grenzen zwischen Juden und Nichtjuden einreisst. Verständlich aus dieser Erfahrung ist, dass es ihm – später – ein Greuel ist, dass in der Gemeinde zu Galatien wieder die Anpassung an traditionelle abgrenzende Riten propagiert wird. «Zur Freiheit hat uns Christus befreit. So steht nun fest und lasst euch nicht wieder das Joch der Knechtschaft aufhalsen» (Galaterbrief 5,1). Der Kampf um die gewonnene Freiheit hat eine lange Tradition. Werte wählt man nicht, sondern man ist ihnen verbunden, ist ergriffen von ihnen. Das gilt auch für den Wert der Freiheit. Vielleicht bei diesem zuallererst.

> Werte wählt man nicht, sondern man ist ihnen verbunden, ist ergriffen von ihnen. Das gilt auch für den Wert der Freiheit. Vielleicht bei diesem zuallererst.

Evolutionäre Entstehung

Doch Werte entstehen nicht nur aus plötzlichen Bekehrungen und Katastrophen. Sie können sich auch evolutionär entwickeln – weil sie sich bewähren. Wenn Menschen, zum Beispiel Kaufleute, die Erfahrung machen, dass es sich auszahlt, sich Tugenden wie Redlichkeit, Fleiss, Verantwortlichkeit, Sparsamkeit, Gesetzestreue, Weitblick, Mässigung, Verschwiegenheit, Entschlossenheit, Genügsamkeit und Aufrichtigkeit zu befleissigen, dann sind auch dies Erfahrungen, die der Wertbildung Vorschub leisten. Die Ökonomie kann dies spieltheoretisch als Mehrrundenspiele interpretieren (Horn 2009), was indes im Falle der Bekehrungserlebnisse schwerer gelingt. Werte kann man nicht dekretieren, man kann allenfalls über sie diskutieren. Falls es überhaupt möglich sein sollte, Werte zu vermitteln, dann dadurch, dass es gelingt, die mit diesen Werten verbundenen Erfahrungen – die Geschichten und die Emotionen – anderen Menschen nahezubringen.

Werte und Sprachgemeinschaften

Die *gedeuteten* Erfahrungen werden als Werthaltungen wirksam. Die Deutung liegt nicht alleine im Erleben, sondern in der Verarbeitung des Erlebten. Die Deutung ist ein konstruktiver Akt. Dieser geschieht unter Hinzuziehung früherer Erfahrungen, eingeübter Deutungsmuster, Sprachformen und Bilder, welche in Gemeinschaftszusammenhängen kommuniziert und erlernt werden.

Deutungsgemeinschaften

Ein Blick auf solche wertbildungsrelevanten Deutungsgemeinschaften lässt – neben Familie, *Peergroup* und Schule – zunächst an die Religionen denken. Religionen sind keine Wertelieferanten, sondern Bilderreservoirs, in denen sich Werte kommunizieren lassen und dadurch gemeinschaftsprägend werden. Wenn Religion zuerst ein Gefühl ist (Schleiermacher), dann sind Religionen keine Quelle für bestimmte Werte, sondern bieten die Sprache, die Bilder, die Erfahrungen, durch welche sich moralische Urteile mit Gefühl und Emotion verbinden lassen. Dieser gemeinschaftlich-emotionale Bezug gilt nicht nur für die – vor dem Tribunal des Verstandes vielleicht dubiosen – Religionen. Auch die Vertreter der bewusst anti-christlichen

> Religionen sind keine Quelle für bestimmte Werte, sondern bieten die Sprache, die Bilder, die Erfahrungen, durch welche sich moralische Urteile mit Gefühl und Emotion verbinden lassen.

Ein Plädoyer für Gelassenheit

Aufklärung sind Erzählgemeinschaften, in denen der kollektive und nicht selten persönliche «Hervorgang des Menschen aus der selbst verschuldeten Unmündigkeit» (Kant) zelebriert wird.

Staat und Geschichtsgemeinschaft Während der Zusammenhang von sozialer Gemeinschaft und wertebildendem Deutungsraum in Familie, Religions- und Weltanschauungsgemeinschaften oder fachlichen Professionen relativ deutlich ist, so ist er (zunehmend) fraglich oder brüchig in den grossen Vergemeinschaftungsformen, allen voran Staat und Unternehmen. Es ist nicht geklärt, ob ein Staatswesen als Verfassungs- und Diskursgemeinschaft allein existieren kann oder ob der Aspekt der Geschichtsgemeinschaft, der erlebten oder überlieferten prägenden Geschichte, eine wichtige soziale Ressource darstellt.

Familienunternehmen Auch die Vorstellung, dass es sich bei Unternehmen (ebenfalls) um Erzähl-, Deutungs- und Wertegemeinschaften handelt, erzeugt zunächst mehr Fragen als Antworten. Plausibel wird dies, wenn man sich die unter nur ökonomischen Gesichtspunkten kaum verständliche, aber weit verbreitete Hochschätzung der Familienunternehmen vergegenwärtigt. Diese bieten für Mitarbeiter, Kunden und Gesellschaft – oft durch die Verbindung mit einer Familiengeschichte – grosses Identifikationspotenzial, eine nicht nur vertragliche, sondern eine geschichtliche Identität.

Trittbrettfahrer Was Ernst-Wolfgang Böckenförde für den modernen Rechtsstaat feststellte, nämlich dass dieser von (kulturellen) Voraussetzungen lebe, die er selber nicht schaffen könne, gilt noch mehr für grosse funktionale Organisationen wie Unternehmen. Sie leben von Werttraditionen der umgebenden Gesellschaft, aber sie tragen wenig oder nichts zu deren weiterer Geltung bei. Man könnte sie als Trittbrettfahrer des Wertebewusstseins bezeichnen. Je mehr sich die regionalen Gesell-

> Je mehr sich die regionalen Gesellschaften pluralisieren und je globaler umgekehrt der Handlungsraum wird, desto problematischer ist es, wenn sich Unternehmen wie Trittbrettfahrer des Wertebewusstseins verhalten.

schaften pluralisieren und je globaler umgekehrt der Handlungsraum wird, desto problematischer wird diese passive Rolle. Allerdings hat die Zurückhaltung der Unternehmen in der Wertekommunikation auch gute Gründe: Die Unternehmen beschränken sich auf die in einer arbeitsteiligen Gesellschaft zugeordneten funktionalen Aufgaben und ermöglichen internen Pluralismus.

Ein gefühltes Defizit

Trotzdem bleibt ein gefühltes Defizit. Die Ratlosigkeit in der Politik, wie in einem modernen und pluralistischen Rechtsstaat mit weltanschaulicher Neutralität eine Rechtskultur und ein Rechtssinn der Rechtsordnung entsprechen können, beruht auf demselben Problem wie die Sprachlosigkeit in den Unternehmen gegenüber den vielfältigen Anforderungen an eine unspezifizierte oder selbstwidersprüchliche «soziale Verantwortung». Gemeinsame Werte basieren auf gemeinsamen Erfahrungen, genauer: auf gemeinsam gedeuteten Erfahrungen. Grossen Organisationen, welche sich auf wenige Funktionen beschränken, fehlen häufig hierfür die Sprachformen, die prägenden Bilder und Geschichten.

> Es gilt den Wertediskurs zu führen – aber nicht abstrakt als Werteforderung, sondern entlang konkreter Konfliktlinien.

Über Werte sprechen – aber wie?

Menschen wollen ihr Handeln deuten können, wollen eine Übereinstimmung zwischen eigenem Handeln und den oft nicht klar artikulierten Intuitionen bezüglich richtig und falsch. Daher muss der Wertediskurs geführt werden – nicht abstrakt als Werteforderung, sondern entlang konkreter Konfliktlinien. Auf ein besonderes Beispiel des Diskurses haben Blum et al. hingewiesen, nämlich auf die aus ihrer Sicht demagogische Funktion des Heuschrecken-Bildes von Franz Müntefering. «Durch die Heuschrecken-Metapher […] wurde mit eklatanter Langzeitwirkung die Akzeptanz wirtschaftlichen Eigentums und der dazugehörigen Verfügungsrechte untergraben» (Blum, Xiaohu, Pies 2011). Das Bild hat hohe Prägekraft. Niemand muss seine Kraft in Wertbegriffe übersetzen. Intuitiv ist klar, was gemeint ist, sind Gut und Böse aufgeteilt, sind die Rollen der Täter und der (unschuldigen) Opfer zugewiesen.

Wie reagieren diejenigen, welche mit dieser Deutung nicht einverstanden sind? Sie fordern zumeist – wenn überhaupt – eine rationalere Ausdrucksweise oder versuchen, die grundsätzlich sinnvolle Funktion von Private-Equity-Gesellschaften zu erklären. Doch kaum jemand lässt sich auf die moralische Dimension jenes Bildes ein. Nie wurde in der öffentlichen Debatte darauf hingewiesen, dass zumindest in der biblischen Tradition die Heuschrecken zwar Unheil anrichteten, dies aber als gerechte Strafe Gottes und mit einem guten Ziel: den Kindern Israels zur Freiheit zu verhelfen. Zumindest christlich geprägte Menschen sind damit potenziell in der Lage, die moralische Zuordnung anders vorzunehmen. Auch bei den modernen Heuschrecken könnte es so sein: Wenn über ein Unternehmen die Heuschrecken kommen, war dieses bzw. sein Management vielleicht nicht unschuldig, und es gilt über das Innovationspotenzial, die Effizienzreserven oder die Eigenkapitalquote nachzudenken. Ein rechtfertigender Verweis auf die bereinigende Aufgabe der Kapitalmärkte übrigens greift moralisch ins Leere. Er ist vielmehr eine Einladung für den Zynismusvorwurf. In einer solchen Sprache gewinnt man keine Wertediskurse.

Die Kraft von Bildern und Sprache

Menschen deuten Erfahrungen in Bildern und Geschichten, manchmal in Wertbegriffen, nur selten in Fachbegriffen. Um Bilder, Sprache und deren Bildung kommt man nicht herum, wenn man Wertekompetenz entwickeln will. Die Mathematisierung der ökonomischen Wissenschaft ist hier eine besonders grosse Herausforderung. Die Ausschaltung der historischen Dimension und der Sprache in den Wirtschaftswissenschaften ist ein Grund dafür (nicht mehr, aber auch nicht weniger), warum sich die ökonomische Vernunft im gesellschaftlichen Diskurs so schwertut. In der Finanzkrise ist es den liberalen und marktwirtschaftsfreundlichen Kräften nicht gelungen, die Deutungshoheit über Ursachen und Inhalte der Krise und dieses Konflikts zu erringen.

Wem es aber gelingt, die Deutungshoheit über eine Konflikterfahrung zu erringen, der beeinflusst die damit verbundene Wertebildung.

Lange Traditionslinien Noch länger sind die Traditionslinien bei zwei anderen in der Globalisierung relevant gewordenen Themen. So hat das Christentum seit seiner Gründungsgeschichte mit der Kirche eine Organisation entwickelt, die unabhängig von politischer Herrschaft und auch unabhängig von Familienbeziehungen existiert (Fetzer 2003). Die moderne Kapitalgesellschaft – jenseits familiärer oder politischer Herrschaft – ist wohl nicht zufällig in diesem Kontext entstanden, während dies für andere Kulturen eher ungewohnt ist. Ebenfalls hat das westliche Christentum viel Zeit (und Kriegserfahrungen) benötigt, um eine nicht religiös geprägte Staats- und Rechtsordnung nicht nur notgedrungen, sondern tatsächlich aus religiösen Motiven heraus zu akzeptieren. Für die protestantische Tradition ist hier die Zwei-Regimenten-Lehre und für die katholische Tradition das Zweite Vatikanische Konzil einschlägig. Mit einem Blick auf die lange und verschlungene Vorgeschichte dieser heutigen Selbstverständlichkeit wachsen die Geduld und die Hoffnung, dass auch andere Religionen, insbesondere der Islam, ihre eigenen Motive finden, um einem säkularen Staat und dessen Gesetzen aus religiösen Gründen zuzustimmen. Auf dem Weg dorthin darf man sich durchaus der eigenen Traditionen erinnern und diese hochschätzen – selbstbewusst und ohne Arroganz.

> Wer die Deutungshoheit über eine Konflikterfahrung erringt, der beeinflusst die damit verbundene Wertebildung. In der Finanzkrise ist es den liberalen und marktwirtschaftsfreundlichen Kräften nicht gelungen, die Deutungshoheit über Ursachen und Inhalte zu erringen.

Für ein Managerethos

Nicht nur auf kultureller und politischer Ebene, sondern auch auf individueller Ebene sind Wertedebatten zu führen. Möglicherweise ist es sinnvoll, ein Managerethos zu entwickeln – als Selbstverständigung eines Berufsstandes über die Art, das eigene Geschäft zu betreiben und dieses sich selbst und der Gesellschaft verständlich zu machen. Es geht dabei nicht um die Postulierung universaler Werte, sondern um die Pflege des eigenen Berufsethos – im besten Falle wieder als Wertegemeinschaft, in welche dann junge Menschen hineinsozialisiert werden. Es müssten die individuellen Verpflichtungen des Berufsstandes erörtert werden, auch an kritischen Punkten und Konfliktfeldern. Schnelle Wirkungen sind hiervon aber nicht zu erwarten.

Wertschöpfung erklären Die aktuellen Trends schliesslich rund um das Thema Corporate Social Responsibility (CSR) werden wohl keine dauerhafte Wirkung haben, solange sie als teilweise sogar vom Management ignorierte Begleitmusik in Randbereichen der Unternehmensaktivitäten erscheinen. CSR-Aktivitäten werden erst dann zu einem Mechanismus der Werteverständigung zwischen Unternehmen und Gesellschaft, wenn sie an dem entscheidenden Punkt ansetzen: Erkläre den Nutzen deines Geschäfts in für die Gesellschaft verständlichen Worten! Wo Wertschöpfung stattfindet – der Wertbegriff ist schliesslich aus der Ökonomie in die Ethik eingewandert und nicht umgekehrt –, da müsste es doch möglich sein, diese Werte nicht in Zahlen auszudrücken, sondern in Worten. Adam Smiths legendäre Bäcker und Brauer backen und brauen zwar aus ökonomischem Eigeninteresse – zu Recht. Und doch erklären sie dem Kunden und der Gesellschaft, was ihr Beitrag für die Ernährung der Gesellschaft bedeutet – sofern das nicht evident ist. Selbst ein Finanz-

> Adam Smiths Bäcker und Brauer backen und brauen aus ökonomischem Eigeninteresse. Und doch erklären sie dem Kunden und der Gesellschaft auch, was ihr Beitrag für die Ernährung der Gesellschaft bedeutet. Selbst ein Finanzinstitut kann versuchen zu erklären, was es eigentlich tut.

institut kann den Versuch unternehmen, zu erklären, was es tut. Nicht die Eigenkapitalrendite ist die gesellschaftliche Wertschöpfung, sondern die Vielzahl von Beratungsgesprächen, von Anlageentscheidungen im Auftrag von anderen, das Schnüren von Kreditpaketen und vieles mehr. Die Eigenkapitalrendite ist ein Erfolgsmassstab, aber nicht die Wertschöpfung im gesellschaftlichen Sinne.

Gemeinsame Werte oder Wertekompetenz?

Brauchen wir in Deutschland, in Europa, in einer zusammenwachsenden Welt gemeinsame Werte? Brauchen wir einen Moralkonsens? Ein hohes Mass an Skepsis ist hier angebracht. Gemeinsame Werte bis ins Detail, bis dorthin, wo sie vielleicht unmittelbar handlungsleitend werden, müssten auf gemeinsamen und gemeinsam gedeuteten Erfahrungen fussen. Die Vereinheitlichung von Werten führt daher schnell zu einer rigorosen Vereinheitlichung von Erfahrungsräumen und ist häufig mit einer Normierung und einem Totalitätsanspruch verbunden, die man zumindest in der liberalen Tradition nicht wollen kann. In manchen grundlegenden Fragen finden sich allerdings über Kulturgrenzen hinweg gemeinsame Erfahrungen und es lässt sich ein gewisses Mass an Konsens formulieren.

> Der Wunsch nach einer Vereinheitlichung von Werten droht in eine Normierung und einen Totalitätsanspruch zu münden. Zumindest in der liberalen Tradition kann man das nicht wollen.

Die Goldene Regel allerorten Vieles spricht dafür, dass es zumindest zwei Motive in allen grossen Kulturen und Religionen schon heute gibt, vielleicht weil Menschen doch einige Erfahrungen überall auf der Welt machen und aus diesen gedeuteten Erfahrungen vergleichbare Schlüsse gezogen haben. Eine dieser Schlussfolgerungen ist das Prinzip der Reziprozität bzw. der Goldenen Regel. Tue, was dir die anderen tun sollen. Davon gibt es zahlreiche Varianten, aber der Kern ist derselbe. Das zweite Motiv ist die Suche nach Glück und Wohlergehen. Zwar gibt es grosse

Unterschiede, was jeweils unter Glück und gutem Leben zu verstehen ist, wie individuell oder gemeinschaftsbezogen dies gefasst wird. Aber ein auch wirtschaftlich gutes Leben und eine positive Entwicklung sind überall ein hoher Wert. Bindet man beides zusammen, die Suche nach Wohlergehen und Wohlstand sowie die Akzeptanz der Forderung, dass andere (auch künftige Generationen) ebenfalls eine Chance dazu haben sollen, dann landen wir beim Begriff der «nachhaltigen Entwicklung».

Doch bei vielen Themen und Handlungsfeldern ist ein solcher Konsens nicht erreichbar und nicht für jedes Detail brauchen wir einen Konsens – und sollten ihn um der Freiheit willen auch gar nicht anstreben. Also: Ende der Wertedebatte? Nein, im Gegenteil: Wertedebatten müssen dort geführt werden, wo Konfliktlinien auftreten – nicht um einen Krieg der Werte und Kulturen auszufechten, sondern um Konfliktentschärfung zu ermöglichen durch Erzählen, Darstellen, Zuhören, Erklären. Kurz: im Diskurs. Wertediskurse dienen nicht primär der Missionierung, sondern dazu, Konflikte zu bearbeiten, die ohne Verständnis unterschiedlicher Werte nur im Machtkampf bearbeitet und dann eben nicht gelöst werden können. Wir brauchen daher nicht vollmundig tönende Apostel westlicher Werte, sondern Geduld und die Kompetenz, mit Wertfragen umzugehen. Daran müssen wir arbeiten.

> Wir brauchen nicht vollmundig tönende Apostel westlicher Werte, sondern Geduld und die Kompetenz, mit Wertfragen umzugehen.

Aufgaben gibt es genug: den eigenen Beruf verstehen und erklären; Wertschöpfung verstehen und erklären; die eigenen Wertetraditionen verstehen und erklären; nicht nur das Wettbewerbsrecht, sondern auch den Sinn einer Wettbewerbsordnung verstehen und Rechtsordnungen nicht nur als einschränkende Nebenbedingungen sehen. Auf Dauer kann kein Regelsystem, keine Rechtsordnung, kein Compliance-System funktionieren, wenn nicht zumindest ein hinreichender Teil der Betroffenen Sinn, Funktion und Legitimität dieser Regelungen anerkennt.

Die ökonomische Tradition ist – seit Adam Smith – eng mit den Traditionen des Liberalismus verbunden. Wenn die Ökonomenzunft für ihr eigenes Fachgebiet nicht (auch) die Sprache und den geschichtlichen Bezug wiederfindet, bleibt die Lufthoheit über den Stammtischen nicht der Freiheit zugewandt. Wertedebatten muss man auch führen *können*. Das Fach der Wirtschaftsethik vermittelt in diesem Sinne die Fähigkeit, ökonomische Fragen als historische, kulturelle, sprachlich und bildhaft verfasste Fragestellungen zu reformulieren und dadurch den Bezug zu den schon vorhandenen Werthaltungen herstellen zu können.

Werte – woher kommen sie?

06 _ Im Spiegel von Gott und der Welt _ 89
Karen Horn

07 _ Die Evolution von Werten und Normen _ 101
Dominik Enste und Inna Knelsen

08 _ Die Botschaft der Bibel _ 121
Peter Ruch

06 Im Spiegel von Gott und der Welt
Karen Horn

— Der Wertbegriff in Ökonomik und Ethik _90

— Die menschliche Interaktion _92

— Religiöse Praxis und Eingebung _95
Die Produktion von Moral 95
Das Streben nach Transzendenz 96
Selbstbildung als Voraussetzung 98

— Was kann der Einzelne tun? _99

Der Philosoph Hermann Lübbe hat einmal angemerkt, es sei schon ein wenig bizarr, den aus der Sphäre der Ökonomie entlehnten Begriff der *Werte* zu verwenden, wenn es um das *moralisch* Höchste geht. Der ökonomische Wert, und das ist wohl das vordergründig Anstössige an einer solchen gedanklichen Assoziation, drückt sich zumeist als Preis in pekuniären Einheiten aus. Pecunia non olet, oder etwa doch?

Der Wertbegriff in Ökonomik und Ethik

Der ökonomische Wert ist ein *subjektives* Ding, er zeigt sich im Preis als Symbol einer erwiesenen oder geforderten Zahlungsbereitschaft. Ein *objektiver* Wert hingegen ist nicht dingfest zu machen – auch nicht, wie einst die Vertreter der Arbeitswertlehre von David Ricardo über Adam Smith bis Karl Marx meinten, in den Produktionskosten. Die Perspektive stimmte zwar, da sie nach dem Opfer fragten, das für das Produzierte zu erbringen sei. Allerdings verorteten sie dieses Opfer auf der Inputseite des Produktionsprozesses, also bevor eine Transaktion stattgefunden hat. So konnte es theoretisch dazu kommen, dass ein Gegenstand, den eine Person mit, sagen wir, acht Stunden Arbeit hergestellt hatte, doppelt so viel wert sein sollte wie ein qualitativ identischer Gegenstand, den jemand anderes unter Einsatz von nur vier Arbeitsstunden hergestellt hatte. Und der Wert eines belegten Brotes war demnach für den Hungernden nicht grösser als für den Satten. Erst den Patres von Salamanca und später den Vertretern der österreichischen Schule der Nationalökonomie um Carl Menger fiel auf, dass allein mit einem subjektiven Wertbegriff solche Widersprüche zu beseitigen sind.

Angebot und Nachfrage Es sollte Demut lehren, dass Jahrtausende erforderlich waren, bis die Menschheit mit einem brauchbaren, konsistenten ökonomischen Wertbegriff aufwarten konnte. Heute aber verstehen die

> Es sollte Demut lehren, dass Jahrtausende erforderlich waren, bis die Menschheit mit einem brauchbaren ökonomischen Wertbegriff aufwarten konnte.

Ökonomen den Wert eines Gegenstandes oder einer Dienstleistung korrekt als etwas Subjektives, was sich als Preis erst in und aus dem Zusammenspiel von Angebot und Nachfrage ergibt. Allen betriebswirtschaftlichen Erfindungen wie Zeitwerten, Buchwerten und Fundamentalwerten zum Trotz – der Wert ist logisch in letzter Instanz immer ein Marktwert und damit ein transaktionsgebundener *Gegenwert*.

Eine zulässige Profanisierung Der Wert als etwas Schwankendes, Relatives, was sich im Markt intersubjektiv ergibt – wie aber soll ein solcher Begriff zugleich auch auf das Höchste passen, nach dem der Mensch strebt? Ist hier nicht eine verfehlte Ökonomisierung, eine imperialistische Profanisierung von Philosophie und Ethik zu beklagen? Zumindest Lübbe (2006: 58) sieht das entspannt und verweist auf die historische Tatsache, dass «die Subsumtion der grossen Tugenden, massgebenden Grundrechte und Lebensansprüche unter den Wertbegriff erst im Kontext der dynamisierten Wirtschaft der Industriegesellschaft üblich wurde». Der Rang der Ökonomie habe unter den modernen Lebensverhältnissen nun einmal zugenommen, auch und gerade deshalb, weil sich mit diesem Wandel individualethisch wie ordnungsethisch gänzlich neue Fragen stellten und sich rechtfertigungsbedürftige Handlungsoptionen böten.

Die Universalisierung eines Begriffs Lübbe spricht folglich von einer faktischen «modernisierungsabhängig fortschreitenden Interdependenz von Moral und Ökonomie» als Grund für die berechtigte Universalisierung des Werts in seiner Eigenschaft als ja zumindest primär ökonomische Kategorie. Und wie sollte man so schöne Dinge wie Freiheit, Frieden, Gleichheit und Gerechtigkeit sonst nennen, wenn nicht *Wert*? Freiheit etwa ist ja keine *Tugend*, keine *Maxime*, sondern ein erstrebenswerter *Zustand*, genauso wie Frieden. Man könnte allenfalls noch von einem *Gut* sprechen; dann wäre die sprachliche Usurpation zumindest umgedreht. Das *Gute* ist ein ursprünglich moralischer Begriff, der dann in der Ökonomie verkürzend für all das Einzug gehalten hat, was einen Nutzen stiftet und daher positive Zahlungsbereitschaft begründet.

Der Vorwurf der fehlenden Deckungsgleichheit der ökonomischen und der moralischen Kategorien wäre allerdings auch hiermit nicht zu vermeiden.

Eine ideengeschichtliche Revolution Das Ausgreifen des wirtschaftlichen Wertbegriffs in die Sphäre der Ethik lässt sich aber auch noch anders als bloss mit dem historischen Wandel der praktischen Relevanz alles Wirtschaftlichen begründen – und zwar ideengeschichtlich, auf der Basis der Fortschritte in der ökonomischen Theorie und insbesondere mit der schon erwähnten bahnbrechenden Entdeckung des subjektiven Wertbegriffs. Diese theoretische Innovation war keine blosse Fussnote in der Dogmengeschichte, sie war eine Revolution – und sie war von nicht nur ökonomischer, sondern auch philosophischer Tragweite.

Adam Smith weitergedacht Mit der Entdeckung des subjektiven Werts griffen die österreichischen Ökonomen die interaktive Systemlogik des schottischen Moralphilosophen und Aufklärers Adam Smith in einer viel umfassenderen Weise auf, als diesem selbst das noch möglich gewesen war – sie verstanden ihn besser als er sich selbst. Damit wurden sie auch der gemeinsamen theoretischen Wurzel von Philosophie und Ökonomik umfassend gerecht. Smith hingegen war eigentümlicherweise mit Blick auf den Wertbegriff nicht imstande, den von ihm mit seinem System logisch vorbereiteten nächsten Schritt schon selbst zu tun. Seine ökonomische Werttheorie blieb dem objektiven Ansatz verhaftet.

Die menschliche Interaktion

Smith ging von einer kommunikativen, interaktiven Disposition des Menschen aus, der mit praktischer Vernunft begabt und zu aufgeklärtem Eigennutz fähig ist. Auf den gedanklichen Spuren des Schotten und seiner «Theory of Moral Sentiments» (Smith 1759/1982) kann man sich vorstellen, dass sich letztlich die moralischen Werte aus und in der Interaktion ergeben. Interaktion geht stets damit einher, dass die Beteiligten einander einen Spiegel vorhalten. Was gut und tugendhaft ist, *fühlt*, erspürt, erfährt und erkennt der Mensch aus der Reaktion anderer, aus der zustande gekommenen oder verweigerten Gegenseitigkeit – und aus dem Zuspruch oder Tadel des eigenen Gewissens. An Adam Smith anknüpfend bestätigt Friedrich August von Hayek, der allerdings nicht hinreichend sauber zwischen Werten, Normen und Regeln unterscheidet: «Alle Moral beruht auf der unterschiedlichen Wertschätzung, die verschiedene Menschen von ihren Mitmenschen erfahren» (Hayek 1979/2003: 478).

> Was gut und tugendhaft ist, *fühlt*, erspürt, erfährt und erkennt der Mensch aus der Reaktion anderer, aus der zustande gekommenen oder verweigerten Gegenseitigkeit – und aus dem Zuspruch oder Tadel des eigenen Gewissens.

Adam Smith benutzt den Ausdruck der «moralischen Gefühle» mit gutem Grund. Es geht ihm – anders als Kant – nicht vorrangig um die Vernunft, sondern um Empfindungen, um Gefühle als Quelle des Wissens über moralische Angemessenheit. Entlang dieser Linie differenziert auch Hayek (1979/2003) – sogar drei – verschiedene Quellen der menschlichen Handlungsorientierungen: die Vererbung (Genetik), die bewusste Setzung (Vernunft) und die kulturelle Evolution. Zwischen allen diesen Strängen gibt es dabei Verbindungen. Am interessantesten ist die kulturelle Evolution, die ungeplant, unlenkbar und letztlich unbegreiflich im Hintergrund abläuft. Die Werte, die sie generiert, sind in der Tradition verkörpert. Die individuellen Lernprozesse, die der kulturellen Evolution zugrunde liegen, können als fortlaufende Problemlösungsprozesse verstanden werden (Mantzavinos 2007). Hayek hat freilich vielfach (z. B. in Hayek 1967 und 1979/2003) darauf verwiesen, dass die Evolution der moralischen Gefühle im ungünstigen Fall durchaus hinter dem zurückbleiben kann, was in der abstrakten modernen Grossgesellschaft an Normen zweckmässig ist (Horn 2011b).

Der moralische Wohlstand der Nationen Austauschprozesse gleich welchen Gegenstandes gelingen nur bei Gegenseitigkeit. *Reziprozität* ist Erfordernis und Ergebnis der Interaktion. Das gilt im Wirtschaftlichen wie im

Geistig-Moralischen. In den fortlaufenden Rückkopplungen zwischen den Mitgliedern der Gesellschaft entsteht sowohl der wirtschaftliche Wohlstand der Nationen als auch der moralische – das evolvierende Sozialkapital an Werten, Überzeugungen, Vorstellungen von Moral und Tugend, Sitten, Konventionen und Traditionen, das eine Gesellschaft trägt. Konsequenzen haben die Rückkopplungsprozesse indes nur, so lehrt die Spieltheorie, wenn es sich um wiederholte Interaktion handelt, nicht um Einrundenspiele *(one shot games)*. Ein Leben ohne Mehrrundenspiele *(multiple shot games)* ist indes nicht vorstellbar. Die *Werte* sind dabei, weil abstrakt, eher der intellektuellen, diskursiven Entwicklung und Weitergabe zugänglich; die an sie anknüpfenden und sie verkörpernden *Tugenden* hingegen sind konkret und werden lebenspraktisch eingeübt und ausgeübt.

Kein Wertrelativismus Bedeutet eine solche Erklärung der Entstehung von Werten, Tugenden und Regeln der Moral, in der auch der allfällige Wandel der Werte schon zwingend mit angelegt ist, nicht eigentlich einen Wertrelativismus? Nein, denn Wertrelativismus sagt nichts darüber aus, woher die Werte kommen, sondern nur darüber, wie jemand zu ihnen steht; ob er sie in Abhängigkeit von Lage und Person abstuft oder sogar ganz ausser Kraft setzt. Aber gibt es denn gar keine absoluten, festen, vorfindlichen Werte? Sind die Werte, die sich im Miteinander der Menschen durchsetzen, einzig abhängig davon, was interagierende Subjekte jeweils für opportun halten? Befänden wir uns nicht, wenn dem so wäre, auf dem Weg in den Verfall aller klassischen Werte? Braucht die Gesellschaft nicht den Kitt absoluter, unbestrittener Werte? Einen Kitt, der aus einer Sphäre «Jenseits von Angebot und Nachfrage» kommt, wie der Titel eines kritischen Werks von Wilhelm Röpke (1958) lautet? Das System von Adam Smith, in dem die Werte im Miteinander entdeckt, implizit definiert, konstituiert und weitergegeben werden, kann ohne solche zusätzlichen Quellen auskommen, schliesst sie aber auch keineswegs aus. Auch religiöse Praxis und göttliche Eingebung können mithin nicht nur praktisch, sondern auch im Rahmen des hier gewählten theoretischen Ansatzes als Quellen der Werte gelten.

Religiöse Praxis und Eingebung

Doch was hat es mit der Religion auf sich? Ist sie gesellschaftlich eine Notwendigkeit? Was ist das Besondere an ihr? Leistet sie etwas, was die pragmatische Herleitung von Werten aus dem praktizierten Miteinander der Menschen tatsächlich nicht vermag? Röpke vermutet, dass dem so ist, denn er teilte die Ansicht, dass der Mensch, wie es im Evangelium des Matthäus steht, nicht vom Brot allein lebt.

> Man kann davon ausgehen, dass religiöser Glaube die Werte tiefer verankert und am Ende die Wahrscheinlichkeit erhöht, dass ein Mensch über eine Klugheitsmoral hinauswächst.

Die Produktion von Moral

Mit William James (1948) kann man aber auch davon ausgehen, dass religiöser Glaube die Werte tiefer verankert und am Ende die Wahrscheinlichkeit erhöht, dass ein Mensch über eine Klugheitsmoral hinauswächst und sogar Kraft und Ausdauer für eine Veränderung der Welt – oder zumindest für politisches Tun – aufbringt (Joas 1997: 72). Und Paul Nolte betont die Rolle der Religion als Ressource der Bürgergesellschaft und das «Wesen von Religion als einer Alterität zur politischen und weltlichen Ordnung»; er meint, dass «gerade die Berufung auf Gesetze und Gebote ganz anderer, ausseralltäglicher, aussermarktlicher, nicht demokratisch legitimierter Art der Bürgergesellschaft Kräfte und Reflexionspotenziale zu[führt], die aus anderen Quellen kaum ersetzbar sind» (Nolte 2009: 103).

Kirche, Religion und Glaube Der grobe Verweis auf das «Jenseits von Angebot und Nachfrage», auf die Kirche, die Religion, das Göttliche und die Erfahrung der Transzendenz als weiterer Inspirationsquelle von Werten wie Tugenden bedarf nun noch einer Verfeinerung. Zunächst zum Verhältnis von Kirche, Religion und Glaube: Wer am kirchlichen Leben teilnimmt, ist Mitglied einer Gemeinschaft und interagiert dort mit anderen. Was die Mitglieder der Gemeinschaft eint, ist das Bekenntnis. Wie in allen anderen Gemeinschaften findet auch hier zwischen den Beteiligten eine Interaktion statt, ein praktischer wie ein intellektueller Austausch, im Wort wie in der Tat. Hier wird die göttliche Botschaft interpretiert, an Antworten auf moralische Herausforderungen gefeilt, hier wird Nächstenliebe eingeübt, der Glaube gelebt, die Tradition weitergereicht. Wie Nolte ausführt, öffnet die Religion auch «Räume nicht nur für den Gottesdienst, sondern auch für die Konstituierung und Kommunikation der Bürgergesellschaft» (Nolte 2009: 95).

Jeder wird jedem zum Korrektiv Wie in jeder Interaktion zwischen Menschen kommt hier das Prinzip der Rückkopplung zur Geltung, die systemimmanente Erziehung zur Gegenseitigkeit: Jeder wird jedem potenziell zum Korrektiv. Man mag an die Habermas'sche Diskursethik denken, deren Basis der Diskurs als Austausch von Argumenten oder guten Gründen mit dem Ziel der Verständigung ist. Indem hier Selbiges praktiziert wird, gerät das Gemeindeleben nebenbei zum Hort der Pflege und Fortentwicklung christlicher Werte, die über die Gemeinde hinaus ausstrahlen – und zwar in jenem Masse, wie sich die Mitglieder auch in anderen Gemeinschaften bewegen und ihre Werte dort hineintragen, bewusst oder unbewusst. Hiervon ist die Rede, wenn die Kirchen verkürzend als «Moralproduzenten» der Gesellschaft tituliert werden.

> Religionen sind nicht zwingend als Wertesysteme zu interpretieren, sondern nur als Versuche zur Auslegung menschlicher Erfahrungen.

Das Streben nach Transzendenz

Für den, der glaubt, ist sein Glaube mehr als bloss eingeübte und gelebte Moral – aber das heisst nicht, dass diese durch eine Religion heute nicht auch vermittelt wird. Kardinal Reinhard Marx jedenfalls weist ein wenig spöttisch darauf hin, dass es kaum Jesu Hauptsorge gewesen sein dürfte, die moderne Gesellschaft mit moralischem Kitt zu versehen, sondern etwas anderes: «Menschen einen Zugang zu Gott zu eröffnen, die befreiende Erfahrung zu machen von einer Wirklichkeit, die grösser ist als der Mensch und sich trotzdem seiner annimmt» (Marx 2008: 62).

Menschliche Erfahrungen Es geht also um Transzendenz; darum, dass der Mensch über sich hinausstrebt. Dass er überhaupt nach dem Höheren strebt und es darin auch erfährt. Der Sozialphilosoph Hans Joas, der rät, Religionen gar nicht als Verkörperung von Moral, als Wertesysteme, sondern nur als Versuche zur Auslegung menschlicher Erfahrungen zu interpretieren, erklärt auf dieser Grundlage: «Säkulare und religiöse Umgangsweisen unterscheiden sich dadurch, dass die einen auch das in der menschlichen Erfahrung Begegnende für eine rein innerweltliche Entität halten, während die anderen eine echte Begegnung mit dem Göttlichen für möglich erklären – in den Erfahrungen der Selbsttranszendenz also die Chance zur Begegnung mit der Transzendenz unterstellen» (Joas 2006: 22).

Indes ist auch das Streben nach Transzendenz nichts, was der Mensch als Monade entwickeln muss: Den Impuls, das über uns Hinausweisende überhaupt zu suchen und uns dafür zu öffnen, schöpfen wir nicht nur aus uns selbst, wir lernen es ebenfalls in der Gemeinschaft. Joas fasst das wie folgt: «Der Glaube beruht auf intensiven Erfahrungen; er ermöglicht die Teilhabe an Ritualen, die selbst wieder Quellen von Erfahrungen sind; er bietet Vorbilder an, die uns zur Nachfolge einladen, und er enthält Geschichten und Mythen, die uns bei der Deutung unseres eigenen Lebens und der Geschichte anleiten und uns helfen, Fragen nach dem Sinn unserer Existenz zu beantworten» (Joas 2006: 20).

Jenseits des Begründens In seiner Erkundung wertbildender Handlungszusammenhänge und Erfahrungstypen ist Joas zudem darauf gestossen, dass die Verankerung von Werten im menschlichen Selbst nicht zwangsläufig ein kognitiver, der Vernunft zugänglicher Prozess ist. Werte erwachsen auch aus Gefühlsempfindungen, ganz nach Adam Smith und entgegen der Kant'schen Dichotomie. Damit ist noch nichts gesagt über den genauen Zusammenhang zwischen Sinneseindrücken, Emotionen und kognitiven Akten – das ist noch einmal ein komplexes philosophisches Thema, an dem sich nicht zuletzt Denker wie Thomas von Aquin, Duns Scotus, William Ockham, Michel Montaigne und René Descartes abgearbeitet haben (Perler 2011). Ob Gefühle nun aber bloss auf Sinneseindrücke zurückgehen oder auch einen kognitiven Aspekt haben, ändert nichts daran, dass an ihnen die Religion ansetzen kann. «Zwar mögen wir durchaus der Meinung sein, dass wir unsere Wertorientierungen begründen können sollen, und das Begründen und Diskutieren mag für uns selbst ein hoher Wert sein – aber dies heisst nicht, dass wir unsere Werte tatsächlich aus Begründungen und Diskussionen gewonnen hätten und sie aufgäben, wenn uns ihre Begründung schwerfällt» (Joas 1997: 23).

Selbstbildung als Voraussetzung

Joas setzt dabei zunächst einen gänzlich anderen, sehr spannenden Schwerpunkt als jenen der Interaktion; diese kann logisch erst in einem späteren Schritt folgen. Werte setzen erst einmal Erfahrungen der Selbstbildung und der Selbsttranszendenz voraus und keimen dann in ihnen. In der Beschäftigung mit dem Selbst, das sich erst konstituieren und begreifen muss, steckt damit eine wesentliche individuelle psychologische Vorbedingung für das Ablaufen des gesellschaftlichen Interaktionsprozesses. Als theoretischen Wegbereiter zitiert Joas hier William James, der das Gebet als Kommunikation mit dem Göttlichen beschrieben hat: «Das Gebet ist eine Selbstöffnung zu dieser ausserhalb des Individuums liegenden Kraftquelle hin» (James 1902/1997: 578).

> Durch die Kommunikation verschwimmen am Ende die Grenzen zwischen der Genese der Werte in der Interaktion von Menschen und ihrer Genese aus dem Göttlichen.

Öffnung der Identitätsgrenzen Joas greift auch auf Emile Durckheim zurück, der Werte in ekstatischen Zuständen von Kollektiven und in der

Erfahrung des Selbstverlusts entstehen sieht, eine eher beängstigende Vorstellung. Besonders wichtig aber ist für ihn John Dewey, der intersubjektive Erfahrungen als Öffnung der Identitätsgrenzen des Selbst im Verhältnis zu anderen denkt, zu sich selbst, zur Natur und zu Gott. Welche Erfahrungen sind das? «Erfahrungen der Verschmelzung mit der Natur, ästhetische Erfahrungen und mystische Intuitionen gehören ebenso dazu wie Erschütterungen in Mitleid und Liebe oder Einheitsgefühle in glücklicher Gemeinschaft» (Joas 1997: 183).

Letztlich zählt für Dewey die Kommunikation – womit die Rückbindung an Adam Smith stattfindet, sodass die Grenzen zwischen der Genese der Werte in der Interaktion von Menschen und der Genese von Werten aus dem Göttlichen am Ende verschwimmen. So schwärmt er: «Kommunikation ist die wunderbarste Sache der Welt. Dass Dinge von der Ebene äusserlichen Stossens und Ziehens auf eine Ebene übergehen können, auf der sie sich dem Menschen und dadurch sich selbst enthüllen; und dass die Frucht der Kommunikation Teilnahme, Teilhabe ist, ist ein Wunder, neben dem das Wunder der Transsubstantiation verblasst» (Dewey 1929/1995: 167). So kann man in der Tat die «*invisible hand*» auch fassen, und damit schliesst sich der Kreis. Selbst Charles Taylor spricht wie Smith von «moralischen Gefühlen» der Menschen, womit wieder deren «zugleich affektueller wie kognitiver Charakter» angesprochen ist (Taylor 1989/1994). «In unseren moralischen Gefühlen erleben wir, dass jenseits unserer blossen Wünsche und Interessen etwas liegt, das wir erst durch eine Reflexion auf die Gründe unserer moralischen Gefühle erkennen können» (Joas 1997: 203).

Was kann der Einzelne tun?

Wenn sich Werte in der Interaktion, im Austausch, in Erfahrungen und im Streben nach Transzendenz ergeben, dann gibt es auch mindestens zwei Möglichkeiten, als Individuum, «von unten», den Wertekonsens in der Gesellschaft aktiv zu beeinflussen – ganz ohne sich irgendeinen Konstruktivismus anzumassen. Erstens: Man erklärt anderen, was einem wichtig ist; in der Publizistik, in der Familie, in der Kneipe. Man betätigt sich also gleichsam als Anbieter auf dem Markt für moralische Inhalte. Man kann so einen Wertediskurs pflegen und antreiben, der die kognitiven Kapazitäten anderer anspricht, und dabei auch das Bewusstsein von den theoretischen Begründungen und diese Begründungen selbst fördern. Zweitens: Man lebt konsistent die Werte, von denen man sich nach Kant Allgemeingültigkeit wünschen würde. Als Vorbild leistet der Einzelne einen Beitrag zum Sozialkapital einer Gesellschaft, der sich auszahlen kann – nicht nur für ihn selbst.

Werte werden intuitiv als solche empfunden und intellektuell als solche begriffen; nur dann und deshalb lassen sie im persönlichen Verhalten der Menschen die Tugenden entstehen.

Werte vorleben, nicht verordnen Werte lassen sich nicht «von oben» verordnen. Werte werden intuitiv als solche empfunden und intellektuell als solche begriffen; nur dann und deshalb lassen sie im persönlichen Verhalten der Menschen die Tugenden entstehen. All das setzt Freiwilligkeit voraus. Diese Tatsache muss für einen Beobachter, der sorgenvoll die gegenwärtige Gesellschaft betrachtet und um den Bestand der tradierten Werte bangt, kein weiterer Grund zur Beunruhigung sein. Denn die Hoffnung auf ein gelingendes, geglücktes Leben scheint dem menschlichen Naturell eingepflanzt. Diese persönliche Hoffnung bedingt die Wertorientierung. Das Streben der Menschen nach dem an und für sich Guten wird nicht vergehen.

07 Die Evolution von Werten und Normen

Dominik Enste und Inna Knelsen

— **Moral und Motivation** _102
    Die Entstehung von Gut und Böse 104
    Die Bedeutung des Gehirns 105
    Von Jäger- und Sammlergesellschaften ... 105
    ... über Stammesgesellschaften ... 107
    ... zu erster staatlicher Gewalt 109

— **Wie Werte heute noch wirken** _110

— **Werte und institutioneller Wandel** _114
    Ein Markt der Tugend 116
    Wettbewerb der Wertesysteme 119

Die Folgen der Wirtschaftskrise scheinen Deutschland und die Schweiz vergleichsweise gut gemeistert zu haben. Dennoch kann man nicht einfach zur Tagesordnung übergehen. Um eine ähnliche Krise in Zukunft zu verhindern, bedarf es des Blicks auf wesentliche Ursachen der Krise. Als Hauptursache werden von den meisten Menschen Geldgier und Eigennutz von Finanzmanagern angesehen, die bewusst Handlungen ausführten, die zu dem grossen Schaden im Finanz- und Wirtschaftssektor geführt haben. Doch warum haben sich Menschen über eigentlich selbstverständliche Werte hinweggesetzt? Wie konnte das Moralkapital so weit erodieren? Diese Fragen sind zentral für unser Zusammenleben, denn die Nichtbeachtung von Werten gerade bei den Eliten kann dazu führen, dass trotz erfolgreichen Wirtschaftens bei einem Grossteil der Bevölkerung die Akzeptanz des Systems der Marktwirtschaft weiter sinkt.

> Das Einhalten grundlegender Werte und Prinzipien, zum Beispiel der Goldenen Regel, und die Beachtung der demokratischen Grundwerte Freiheit, Gerechtigkeit und Solidarität sind für ein friedliches Zusammenleben unumgänglich.

Moral und Motivation

Das Einhalten grundlegender Werte und Prinzipien, zum Beispiel der Goldenen Regel, und die Beachtung der demokratischen Grundwerte Freiheit, Gerechtigkeit und Solidarität sind für ein friedliches Zusammenleben unumgänglich. Abweichendes Verhalten wird in der Regel bestraft. Das war über Jahrtausende in den verschiedensten Kulturkreisen so. Bei der Finanzkrise war dies nicht so. Viele Schuldige wurden nicht in dem Masse bestraft, wie es das Prinzip von Kompetenz und Haftung verlangte. Ein grosser Teil der negativen Konsequenzen wurde vielmehr sozialisiert und auf die Steuerzahler überwälzt. Allein in Deutschland wurden vom Staat Hunderte von Milliarden Euro an Garantien für Banken und an Beteiligungen für notleidende Finanzinstitute aufgebracht, und der europäische «Rettungsschirm», der den Euro vor den Folgen der Schuldenkrisen in einigen Euro-Staaten schützen soll, sowie die spezifischen Hilfen für Griechenland bewegen sich eher in der Gegend von einer Billion Euro.

Damit systemische Risiken künftig vermieden werden können, stellt sich die Frage, wie Werte besser (oder überhaupt) in Gesellschaft, Unternehmen und Individuum verankert werden können, denn der Mensch ist bei all seinen Entscheidungen von Werten und Normen beeinflusst. Er misst sein Verhalten intuitiv an moralischen Massstäben. Er ist ein «moralisches Tier» (Wuketits 2006: 39; Hösle 1997: 250). Der mögliche Konflikt zwischen Gewinnerzielung und moralischem Handeln kann daher zwar durch die richtigen Anreize und Institutionen auf der Makro-, Meso- und Mikroebene zumindest vermindert werden. Insofern ist eine entsprechend gestaltete Rahmenordnung sehr wohl Ort der Moral (Homann, Enste, Koppel 2009: 18ff.). Hier soll aber gefragt werden, woher unsere Werte kommen, welchen Einfluss sie auf unser Verhalten haben und welche Motivationen heutzutage eine Rolle spielen.

Wir lassen uns oft durch die *extrinsische* Motivation leiten, also von den von der Aussenwelt bestimmten Faktoren (Belohnung und Bestrafung). Dazu zählen finanzielle Anreize wie Gehaltssteigerungen, aber auch die viel diskutierten Prämien und Boni. Auch nicht finanzielle Anreize wie die Übertragung von mehr Verantwortung oder die Anerkennung durch Vorgesetzte sind wichtig. Daneben beeinflussen Freunde, Bekannte, Arbeitskollegen oder Nachbarn (Peergroups) das Verhalten stark. Ob jemand selber Schwarzarbeit ausführt oder nicht, kann mit einer 77-prozentigen Wahrscheinlichkeit richtig vorhergesagt werden, wenn bekannt ist, wie das Verhalten der Nachbarn gesehen wird (Enste 2010: 11f.). Schliesslich wirkt das Vorbild der Eliten einer Gesellschaft, die aufgrund ihrer Stellung und Macht besondere

> Im Prozess der Sozialisation werden Werte verinnerlicht, und es entsteht ein Wertesystem, das die Menschen sich gesellschaftlich «richtig» verhalten lässt. Im Idealfall wird daraus die *intrinsische* Motivation.

Verantwortung tragen, ebenfalls prägend. Der – über Peers und Eliten vermittelte – Moralkonsens ist insofern wichtig, als der Mensch Halt in Institutionen, Normen, und Regelsystemen sucht (Homann 1999: 52). Im Prozess der Sozialisation werden Werte verinnerlicht, und es entsteht ein Wertesystem, das die Menschen sich gesellschaftlich «richtig» verhalten lässt. Im Idealfall wird daraus die *intrinsische* Motivation.

Einen besonders wichtigen Einfluss auf die Entstehung der Werte und Normen haben die Religionen, die seit Jahrtausenden die ethischen Grundsätze der Menschheit prägen (Müller-Beck 2001: 18). Daneben sind, zum Teil von der Religion unabhängig, auch Kultur und Traditionen, die Philosophie oder eigene Überlegungen des Individuums aus praktischer Vernunft heraus Quellen moralischer Normen. Alle Normen unterliegen aber der gesellschaftlichen Entwicklung und passen sich somit veränderten Bedingungen flexibel an.

Die Entstehung von Gut und Böse

Zum Verständnis der heutigen Wert- und Normvorstellungen ist die Analyse ihrer Ursprünge hilfreich. Zunächst können wir feststellen, dass der Mensch den Tieren bezüglich seiner Schutzinstinkte weit unterlegen ist. Wegen ihrer körperlichen Konstitution hätten Menschen kaum Chancen gehabt, lange zu überleben (Gehlen 2003). Trotzdem haben sie es geschafft. Dies gelang durch intellektuelle, kognitive Fähigkeiten und die Entwicklung einer Kultur, die durch Normen, Werte und Ethik geprägt ist. Sie bestimmen, was «richtig» oder «falsch», «gut oder «böse» ist, geben Richtlinien für das Verhalten und dienen somit als Sicherheit und Entlastung bezüglich des Handelns in der Gruppe. Nur durch das Anerkennen gemeinsamer Leitbilder wurde ein Zusammenleben immer grösserer Gesellschaften möglich (Budäus, Steenbock 1999: 576). Erkenntnisse von Diszi-

> Nur durch das Anerkennen gemeinsamer Leitbilder wurde ein Zusammenleben immer grösserer Gesellschaften möglich.

plinen wie Anthropologie, Archäologie oder Ethnologie liefern wichtige Informationen bezüglich des Zusammenlebens der sogenannten Urvölker (Noll 2010: 29ff.).

Die Bedeutung des Gehirns

Es gibt aber auch eine genetische Veranlagung zu Geiz und Gier. Traurige Berühmtheit erlangte der 1860 verstorbene Phineas Gage, der durch einen Unfall mit einer Eisenstange, die seinen präfrontalen Kortex durchstiess, seinen Charakter änderte. Erstmals wurde so die Bedeutung des Gehirns für moralisches Verhalten deutlich (Macmillan 2000). Auch neuere Untersuchungen zeigen, dass Fairness und Moral zu einem Teil genetisch bedingt sind. Ernst Fehr und Kollegen zeigten, dass unter dem Einfluss des Hormons Oxytocin das Vertrauen in andere Menschen steigt (Baumgartner et al. 2008) und dass es einen Zusammenhang gibt zwischen dem präfrontalen Kortex und der Abwägung zwischen kurzfristigem Gewinn und langfristiger Reputationserzielung. Simulationen des Phineas-Gage-Unfalls in Experimenten mit Magnetströmen führten zu kurzzeitigem rücksichtslosen Gewinnmaximieren der Probanden ohne Rücksicht auf die Reputation. Im Laufe der Evolution haben sich somit offensichtlich Veränderungen herausgebildet, die Fairness und Moral förderten.

> Ohne die Entwicklung einer *Horden- und Stammesmoral* wäre das Überleben sehr schwierig geworden.

Von Jäger- und Sammlergesellschaften ...

Schon in der *Jäger- und Sammlergesellschaft* (zehn Millionen bis zwei Millionen Jahre vor Christus) reflektieren die biologischen und kulturellen Fortschritte die Anfänge moralischen Handelns, denn die Herstellung und Weiterentwicklung von Werkzeugen zeigt die Fähigkeit zu abstraktem Denken und zielorientiertem Handeln. Die Lebensbedingungen in der Steinzeit waren so, dass ohne die Entwicklung einer *Horden- und*

Stammesmoral das Überleben sehr schwierig geworden wäre: Die Bevölkerungsdichte war angesichts einer Weltbevölkerung von fünf bis zehn Millionen Menschen extrem gering. Das Zusammenleben war durch die Herausbildung von Familienverbänden und kleineren Horden geprägt, in denen die Zahl der Mitglieder überschaubar und der Informationsaustausch einfach waren. Diese Sympathie- und Primärgruppen hatten eine Grösse von 30 bis 50 Mitgliedern, die durch enge Bande verbunden waren (Voland 2006: Teil 1). Der Verbund diente vorrangig dem Sammeln von Nahrung, der gemeinsamen Jagd und der gegenseitigen Hilfe. Da die durchschnittliche Lebenserwartung nur etwa 20 Jahre betrug, war die Zeit, in der eine Kulturbildung möglich war, ziemlich knapp.

Deshalb erfolgte die Moralentwicklung zum Ende der Eiszeit hin nur sehr langsam. Trotzdem kristallisierten sich grundlegende Verhaltensweisen heraus, die ähnlich noch heute in unseren modernen Gesellschaften beobachtet werden können. So entstand durch die Jagd die Notwendigkeit der Arbeitsteilung zwischen Frauen und Männern (North 1988: 97), aber auch zwischen den einzelnen Männern der Jagdgruppe. Nur im Kollektiv konnte das Tier erlegt und für die Gemeinschaft als Nahrung verarbeitet werden. Jedes Mitglied der Gruppe leistete nach seinen Möglichkeiten einen Beitrag zur Bewältigung der Aufgabe und wurde dafür belohnt (Wuketits 2002: 83; Wuketits 2006: 33). So entstanden Gerechtigkeitsvorstellungen, wenn das Wild zu gleichen Teilen in der Horde verteilt wurde. Ein Streben nach «Mehrbesitz», Vorratshaltung oder einer übergeordneten Position gab es praktisch nicht. Abgesehen von Werkzeugen oder Waffen als Privateigentum war alles Gemeinschaftseigentum (Henning 1991: 7). Diese Urform egalitärer Gerechtigkeit erklärt, warum der Mensch ein Grundbedürfnis nach Gerechtigkeit in sich trägt. Die «Ursehnsucht» nach Gleichverteilung ist noch heute stark in uns verankert (Fetchenhauer, Enste, Köneke 2010). Das gemeinsame Jagen und Verzehren stärkte

> Die «Ursehnsucht» nach Gleichverteilung ist noch heute stark in uns verankert.

auch die kommunikativen Eigenschaften und die Sprachentwicklung. Das Leben in einer Gemeinschaft verlangt aber auch Anpassung des Einzelnen an seine Mitmenschen, um Konflikte zu vermeiden. Mit steigender Zahl von Gruppenmitgliedern nimmt die Notwendigkeit von Werten, die von allen akzeptiert werden und ein friedliches Miteinander ermöglichen, zu.

... über Stammesgesellschaften ...

Ab 8000 vor Christus entwickelten sich aus den Jäger- und Sammlergesellschaften die ersten *segmentären Stammesgesellschaften* (Noll 2010: 33f.). Zum Überleben wurden Ackerbau und Viehzucht betrieben, die Menschen wurden sesshaft und mussten nicht mehr ständig der Nahrung hinterherziehen. Anspruch auf Landesteile wurde erhoben, neue Arbeitsstrukturen veränderten die Lebensformen, die Eigentumsvorstellungen und die Ansatzpunkte für «richtiges» und «falsches» Verhalten. Exklusive Eigentumsrechte entstanden – und dadurch erste soziale Differenzierungen (Röpke 1983: 124). War die Bezugsgruppe vorher die ganze Horde gewesen, lag der Fokus nun auf verwandtschaftlichen Beziehungen, die klarere Strukturen aufwiesen (Wesel 2006: 33). Das Patriarchat setzte sich wegen der zentralen Stellung des Mannes für strenge körperliche Arbeit und für die Familienversorgung durch.

In der Prähistorie herrschte in beiden Arten von Kleingruppen eine starke Gemeinschaftsbezogenheit, die durch ein kollektivistisches Moralsystem gekennzeichnet war (Radnitzky 1984: 2). Traditionen und vorgegebene Regeln wurden fraglos übernommen und akzeptiert. Die Treue zur Gruppe war die Norm mit höchster Priorität. Andere, bis heute erhaltene Verhaltensregeln waren das Inzestverbot und das Heiraten ausserhalb des eigenen Segments zur langfristigen Sicherung der Gesellschaft (Hayek 1979/2003: 462).

Die Einhaltung der Normen wurde frühzeitig durch ausgeprägte soziale Kontrolle gesichert. Eine Sanktion war der Ausschluss aus der

Gruppe. Da ein Überleben ohne die Horde kaum möglich war, kann man von einem grösstenteils konformen Verhalten der Mitglieder ausgehen (Kliemt 1988: 5). Zwischen den einzelnen Sippen oder Clans gab es jedoch sehr wohl Unterschiede, meist abhängig von der Religion oder der regionalen Lage (Hofstede 2001).

Überall bestimmte der Reziprozitätsgedanke das soziale Miteinander (Vanberg 1975: 55ff.). Gegenseitige Erwartungen und Verpflichtungen waren festgelegt und gaben Richtlinien für «gutes» Verhalten vor. Die Horden- und Stammesmoral war eine *Kleingruppenmoral,* die auf freiwilliger Nächstenliebe basierte und so in starkem Gegensatz zu unserer heutigen *Moral der grossen Gruppe* (der anonymen Marktgesellschaft) steht. Die selbstverständliche Hilfs- und Aufopferungsbereitschaft wurde mit der Zeit zunehmend durch das Durchsetzen der Eigeninteressen der jeweiligen Individuen ersetzt, selbst innerhalb der Familie (Miegel 2004: 195, 199). Der vorherrschende Individualismus veranlasst immer mehr Kinder, nicht das Geschäft der Eltern zu übernehmen oder sich nicht selbst um die kranken Eltern zu kümmern. Heute übernehmen oft staatliche Institutionen Aufgaben, die damals die Mitglieder der Gesellschaft selbst ausführten. Besonders die Versorgung von Alten und Kranken wird seit je als selbstverständliche Pflicht der Gesellschaft angesehen. Damit lässt sich wohl die hohe Akzeptanz der Beitragszahlungen zur gesetzlichen Kranken- und Rentenversicherung in Deutschland erklären.

Auch die Unterscheidung zwischen «Binnen-» und «Aussenmoral» hat in den Jäger- und Sammlergesellschaften ihren Ursprung (Weber 1981: 303). Dort herrschte eine abgestufte Moralität, gemäss der sich das Ausmass der Normen von der Familie über den Clan bis hin zum Fremden reduzierte. Unsere heutigen westlichen Gesellschaften basieren zwar in der

> Die Horden- und Stammesmoral war eine *Kleingruppenmoral,* die auf freiwilliger Nächstenliebe basierte und so in starkem Gegensatz zu unserer heutigen *Moral der grossen Gruppe* (der anonymen Marktgesellschaft) steht.

Theorie auf einer universellen Moral mit allgemeingültigen Prinzipien, noch heute kann aber das Hervorheben der eigenen Gruppe beziehungsweise der Nationalzugehörigkeit zu Auseinandersetzungen und Kriegen führen (Harris 1989).

... zu erster staatlicher Gewalt

Nach den Horden- und den Stammesgesellschaften folgten ab dem dritten Jahrtausend vor Christus die «Protostaaten». So entstanden in Ägypten, China oder Mexiko Staatsformen, die durch Struktur und organisierte Führung gekennzeichnet waren (Hösle 1997: 688). Diese neue Staatlichkeit bedeutete die Anerkennung einer zentralen Gewalt, der man sich als Einzelner unterwarf (Wesel 2006: 48, 53). Horde und Stamm schrieben nicht mehr alle Normen und Werte vor und verloren als Bezugsgruppe an Bedeutung. Aufgrund des enormen Bevölkerungszuwachses entstanden städtische Siedlungen, die Arbeitsteilung wurde differenzierter und wichtiger. Grossherrscher spielten mit ihrer Macht über das Volk, es entstanden soziale Schichten und es kam zu einer Pluralisierung von Werten und Normen. Die starke soziale Ungleichheit liess die Bevölkerung komplexer werden, die Erwartungen anderer an den Einzelnen stiegen und beim Einzelnen vergrösserten sich die Verhaltensunsicherheiten bezüglich des «Richtigen». Das Bedürfnis nach egalitärer Gerechtigkeit wurde zu dieser Zeit eindeutig nicht befriedigt, der Grossteil der Bevölkerung lebte unter extrem ärmlichen Bedingungen und in Abhängigkeit von anderen, während die Herrscher ihre Vorrechte ausnutzten. Bis ins Mittelalter dominierte eine mythisch-magische Weltansicht, wonach Gottheiten, Dämonen und Hexen auf falsches oder böses Handeln der Menschen mit Strafe, Unwetter und Krankheiten reagierten (Mirrow 1996: 104f.). Der Glaube und die Erhaltung von Traditionen hatten zentrale Bedeutung, Neues war suspekt.

Wie Werte heute noch wirken

Es gibt einige verhaltensökonomische Beobachtungen, die zeigen, dass die Menschen emotional und kognitiv weitaus mehr in der Urzeit verankert sind, als man im Zuge der Aufklärung annahm. Ein stark ausgeprägtes Bedürfnis nach egalitärer Gerechtigkeit gehört dazu. Gleichzeitig gewann aber im Laufe der Zeit auch das Streben nach dem materiellen Vorteil an Bedeutung. Die Moral der kleinen Gruppe hat sich zwar zu einer Moral der Grossgruppe und des Eigeninteresses gewandelt, aber sich nicht an die veränderten Rahmenbedingungen angepasst. Wir beurteilen wirtschaftspolitische Massnahmen immer noch mithilfe von einfachen, «urzeitlichen» Daumenregeln, obwohl wir heute über weitaus mehr spezifisches Wissen verfügen und diese Regeln nicht mehr in eine globalisierte Welt passen. Vier solche Verzerrungen und ihre Auswirkungen auf die heutige Gesellschaft sollen hier analysiert werden:

> Der Mensch scheint seit je über soziale Züge zu verfügen, die auch seine Bewertung von moralisch richtigen und falschen Handlungen beeinflussen.

Füge niemandem Schaden zu In den Jäger- und Sammlergesellschaften war das gegenseitige Helfen und Aufopfern selbstverständlich. Der Mensch scheint seit je über soziale Züge zu verfügen, die auch seine Bewertung von moralisch richtigen und falschen Handlungen beeinflussen. Einem anderen Mitglied der Gruppe bewusst zu schaden, entspricht nicht dem, was wir unter «gutem» Verhalten verstehen (Baron 1995). Die Abneigung der Menschen, einer konkreten Person Schaden zuzufügen, nennen Kognitionspsychologen die «Do-no-harm-Heuristik». Ein Beispiel ist die seit Jahren anhaltende Diskussion um Arbeitsplatzverlagerungen ins Ausland. Gemäss einer Befragung lehnt die Mehrheit der Bevölkerung (60 Prozent) den Verlust *eines* Arbeitsplatzes ab, selbst wenn dafür ein neuer im Inland entstehen würde. Erst wenn der Verlust *eines* Arbeitsplatzes zur Schaffung von *fünf neuen* führen würde, würde dies mehrheitlich (70 Prozent) akzeptiert (Fetchenhauer, Enste, Köneke 2010).

Abb. 1_ Historische Entwicklung des weltweiten Wohlstands

Bruttoinlandsprodukt je Einwohner, in US-Dollar
(Kaufkraft des Jahres 1990)

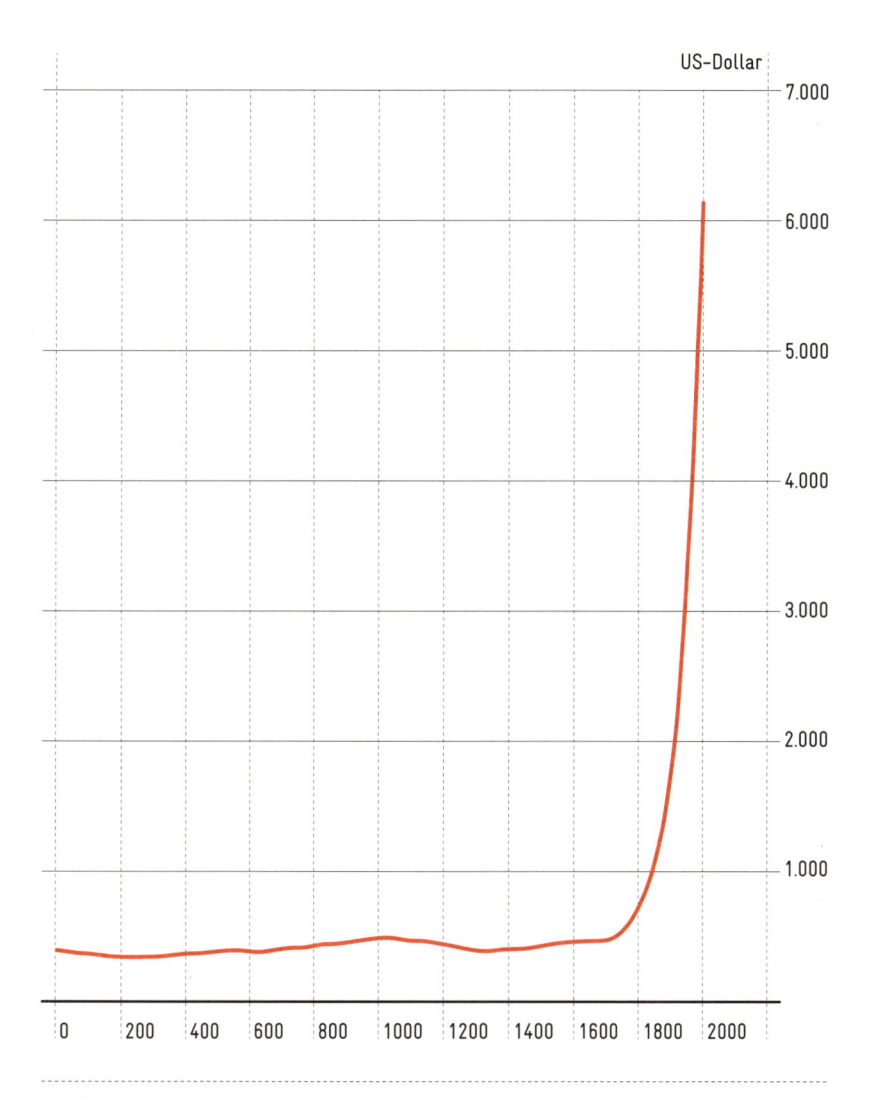

Quelle: Fetchenhauer, 2010

Die Evolution von Werten und Normen

Der Kuchen wächst nicht Der Grossteil der ökonomischen Laien beurteilt eine wirtschaftspolitische Massnahme nach Gerechtigkeits- und nicht nach Effizienzmassstäben. «Gerecht» bedeutet hierbei oft «gleich verteilt». Da die Menschheit bis zum 19. Jahrhundert kaum nennenswertes Wirtschaftswachstum verzeichnen konnte, war der Wohlstand des Durchschnittsbürgers über die meiste Zeit hinweg gering Abbildung 1 (Seite 111).

> Der Grossteil der ökonomischen Laien beurteilt eine wirtschaftspolitische Massnahme nach Gerechtigkeits- und nicht nach Effizienzmassstäben.

Trotz der grossen Wohlstandssteigerung der letzten 100 Jahre gehen viele Menschen unterbewusst davon aus, dass in einer Wirtschaft kein wirkliches Wachstum stattfindet (Baron et al. 2006). Es gäbe somit nur ein fixes Volumen («Fixed-Pie-Annahme»), das in der Bevölkerung so gerecht wie möglich verteilt werden sollte. Explizit bedeutete dies, dass einer immer nur auf Kosten eines anderen gewinnen könnte. Ein Beispiel für diese Fehleinschätzung ist die starke Zustimmung der Bevölkerung zu einer Beschränkung von Spitzengehältern (65 Prozent) und die gleichzeitige Forderung nach Mindestlöhnen (76 Prozent) Abbildungen 2 (Seite 113) und 3 (Seite 115). Ausgangspunkt ist dabei die Annahme, die Lohnsumme eines Landes sei konstant. Das hiesse: Steigt bei einem Manager das Gehalt, erhält ein Geringverdiener noch weniger. Würde jedoch ein Geringverdiener durch einen Mindestlohn mehr erhalten, würde dies den Lohnzuwachs eines Managergehaltes beschränken. Am «gerechtesten» verteilt wären die Löhne dann, wenn es weder Spitzen- noch Mindestlöhne gäbe. Dies würde eine Annäherung an eine Gleichverteilung bedeuten. Dass diese Systemform nicht funktioniert, hat die Menschheit in den gescheiterten Versuchen des Kommunismus gesehen – doch bleibt das Grundbedürfnis nach Verteilungsgerechtigkeit weiterhin in uns verankert.

Wie es ist, ist es gerecht Ein weiteres Phänomen ist der sogenannte Status-Quo-Bias. Gemeint ist damit die verbreitete Angst vor Neuem, die man in der Urzeit ebenfalls nachweisen kann. Die Menschen haben einen

Abb. 2_ Höchstlohn und die erwarteten Konsequenzen

Antworten in Prozent
Befragung von 480 ökonomischen Laien und 80 Ökonomen

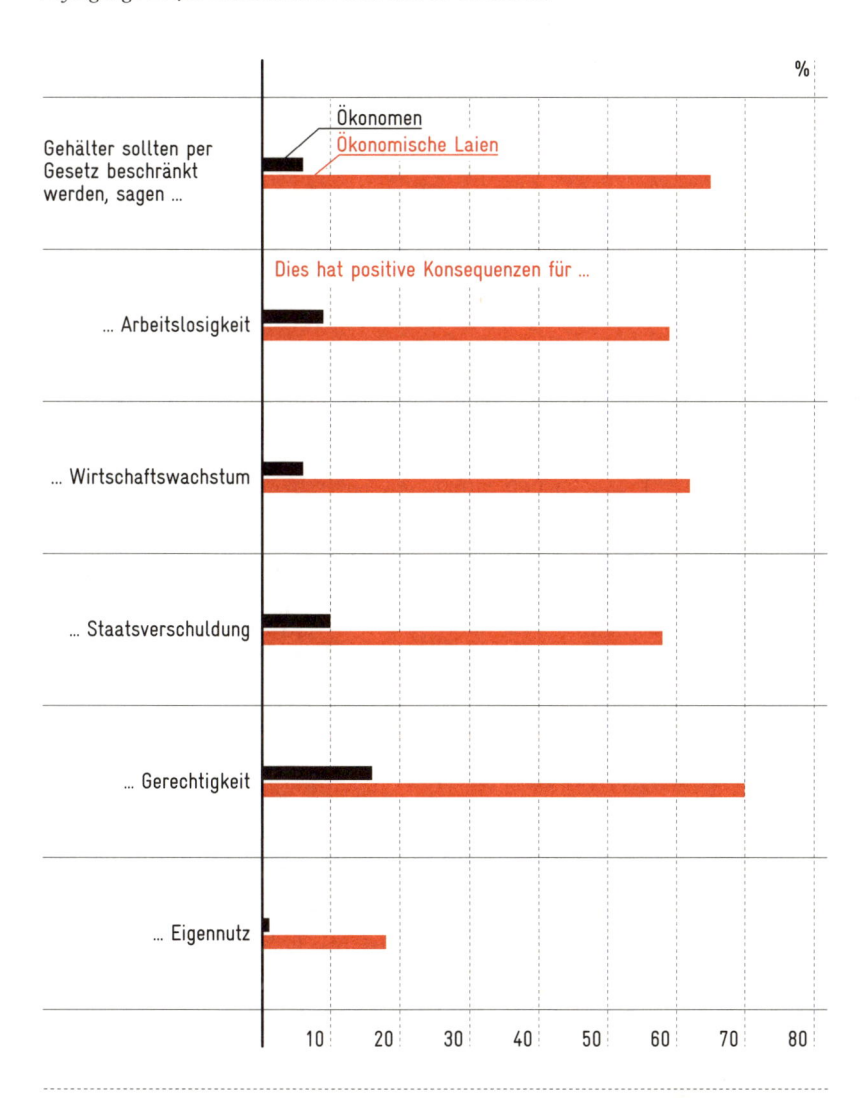

Gehälter sollten per Gesetz beschränkt werden, sagen …
- Ökonomen
- Ökonomische Laien

Dies hat positive Konsequenzen für …
- … Arbeitslosigkeit
- … Wirtschaftswachstum
- … Staatsverschuldung
- … Gerechtigkeit
- … Eigennutz

Quelle: eigene Berechnungen

Die Evolution von Werten und Normen

grundsätzlichen Drang, den Ist-Zustand (Status quo) zu erhalten, obwohl eine Veränderung Fortschritt und Wachstum bedeuten könnte. Ein Wechsel vom Ist-Zustand weg zu einer neuen Situation hin könnte eine unsichere und womöglich ungerechtere Verteilung bedeuten, sodass diesem von vornherein sehr kritisch gegenübergestanden wird.

> Die Menschen haben einen grundsätzlichen Drang, den Ist-Zustand (Status quo) zu erhalten, obwohl eine Veränderung Fortschritt und Wachstum bedeuten könnte.

Sich selbst am nächsten Mit dem Status-Quo-Bias und der Fixed-Pie-Annahme kann zusätzlich der «Anti-Foreign-Bias» in enger Verbindung stehen (Caplan 2007). Dieser zeigt eindeutige Züge der urzeitlichen Unterscheidung zwischen «Binnenmoral» und «Aussenmoral». Zieht man nämlich bei der oben beschriebenen Befragung zur Arbeitsplatzverlagerung das Ausland hinzu, verändern sich die Ergebnisse enorm. So würden 92 Prozent der Bevölkerung es ablehnen, einen Platz im Inland gegen einen neu entstehenden Arbeitsplatz im Ausland zu tauschen. Sogar wenn dieser Tausch fünf neue Arbeitsstellen im Ausland bedeuten würde, wären über 80 Prozent immer noch dagegen. Die Ingroup wird also stark bevorzugt, da angenommen wird, dass die eigene Gruppe einen Schaden davonträgt, wenn die Aussengruppe profitiert Abbildung 4 (Seite 117).

Werte und institutioneller Wandel

Wie bilden sich Werte und Institutionen und wie können wiederum formelle Institutionen durch neue informelle Normen ersetzt werden? In einer Welt, die vom persönlichen Tausch geprägt ist, gibt es wenige (im Extremfall keine) formellen Regeln und damit hohe Kosten der Durchsetzung von Property Rights jenseits des persönlichen Tausches. Der Ausgangszustand einer Volkswirtschaft oder ein sehr primitiver informeller Sektor zu Beginn einer wirtschaftlichen Entwicklung könnte so aussehen. Durch die Etablierung von formellen Regeln wird mehr Arbeitsteilung

Abb. 3_ Mindestlohn und die erwarteten Konsequenzen

Antworten in Prozent
Befragung von 480 ökonomischen Laien und 80 Ökonomen

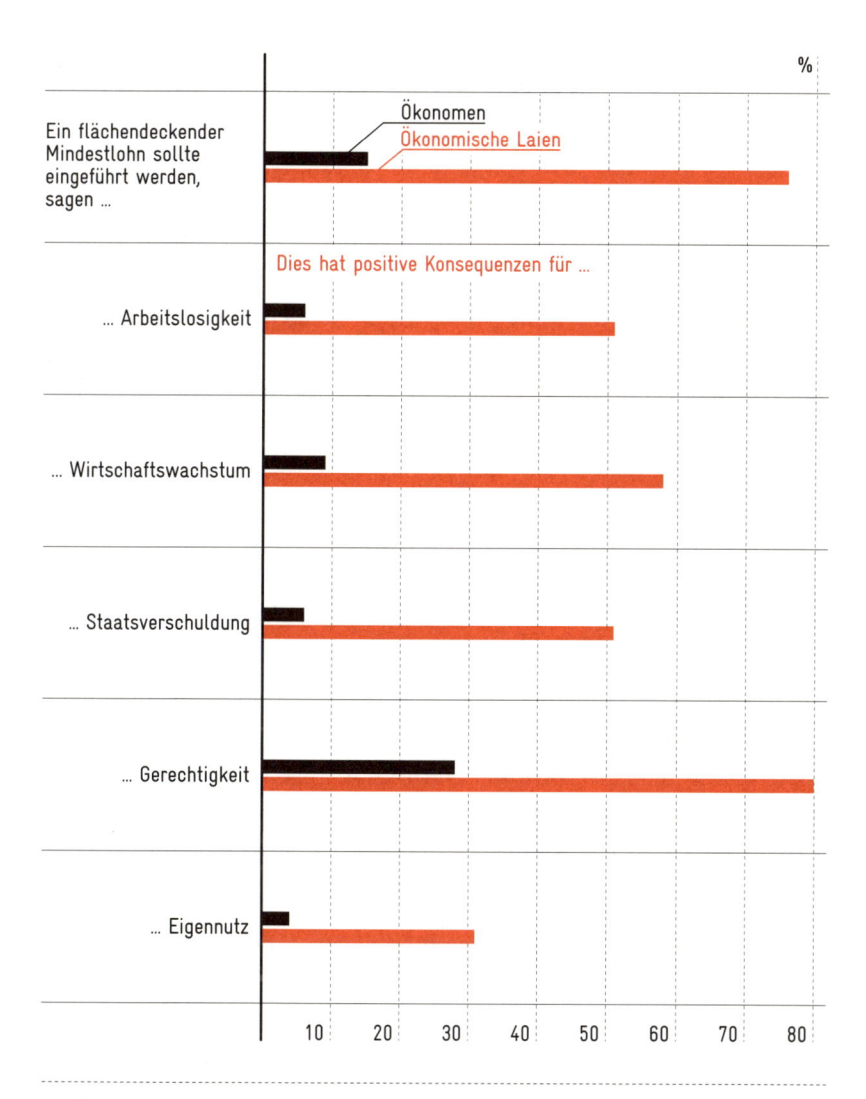

Ein flächendeckender Mindestlohn sollte eingeführt werden, sagen ...
- Ökonomen
- Ökonomische Laien

Dies hat positive Konsequenzen für ...
- ... Arbeitslosigkeit
- ... Wirtschaftswachstum
- ... Staatsverschuldung
- ... Gerechtigkeit
- ... Eigennutz

Quelle: eigene Berechnungen

Die Evolution von Werten und Normen

und Spezialisierung und damit unpersönlicher Tausch möglich. In einem weiter fortgeschrittenen Entwicklungsstadium einer Volkswirtschaft kommt es zur Übertragung von Rechten auf den Staat (z. B. Gerichtsbarkeit). Dadurch wird eine zusätzliche wirtschaftliche Dynamik in der offiziellen Wirtschaft erreicht, da die formellen Institutionen verlässliche Interaktionen bieten und Transaktionskosten sparen helfen. Kommt es dann jedoch zu «institutioneller Sklerose» (Olson 1985), kann es zu einer Zunahme des Trittbrettfahrerverhaltens und zu Opportunismus kommen, da die Gesellschaft immer anonymisierter wird und sich grundlegende Werthaltungen verändern. Die Kontrolle der formellen Institutionen ist zunehmend mit höheren Transaktionskosten verbunden. Die herrschenden Moralvorstellungen werden infrage gestellt.

> Kommt es zu «institutioneller Sklerose», kann es zu einer Zunahme des Trittbrettfahrerverhaltens und zu Opportunismus kommen.

Ein Markt der Tugend

Baurmann (1996) sieht die Marktbeziehungen gefährdet, sofern nicht eine gewisse Tugend, (Minimal-)Moral und Fairness in der Gesellschaft vorhanden bleiben. Im Gegensatz zu Hirsch (1980), aber auch Schumpeter (1950), die die Zerstörung der Basis des Kapitalismus durch den Kapitalismus selber befürchten, skizziert Baurmann einen «Markt der Tugend», auf dem es auch durch Marktbeziehungen zu Tugend kommt. Geschieht dies nicht, kommt es in einem weiteren Schritt vermehrt zu Normübertretungen und sozialer Abweichung (Devianz), da die formellen Institutionen nicht mehr akzeptiert werden und die informellen Institutionen aus subjektiver Perspektive kostengünstiger genutzt werden können. Die informellen Regeln bilden sich dann durch die zunehmende Konvergenz individuellen Verhaltens und zum Teil durch kollektive Aktionen.

Der informelle Transmissionsweg kann wie folgt beschrieben werden: Die Abschaffung einer Norm kann durch zunehmende individuelle Ab-

Abb. 4_ Akzeptanz des Verlusts eines Arbeitsplatzes

So viel Prozent der Befragten stimmten dem Verlust eines Arbeitsplatzes in Deutschland im Tausch gegen neue Arbeitsplätze im eigenen oder in einem anderen Land zu.
Befragung von 190 ökonomischen Laien

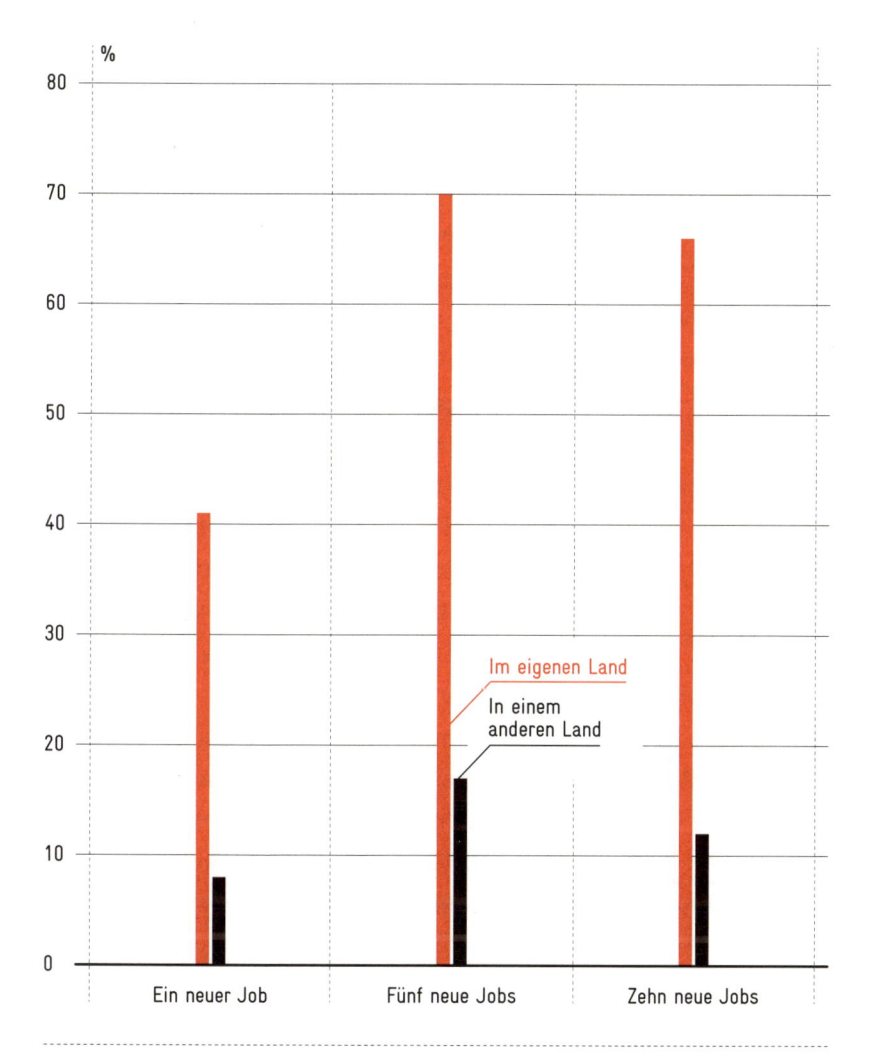

Quelle: eigene Berechnungen

Die Evolution von Werten und Normen

weichung erfolgen. Voraussetzung dafür ist ein abnehmendes Interesse an der Normbefolgung und damit an der gesellschaftlichen Sanktionierung von Abweichungen: Der Nutzen normgerechten Verhaltens kann abnehmen, die Kosten der Bestrafung von Abweichlern (z. B. die Kosten der Kontrolle) können sich erhöhen oder der Nutzen aus normwidrigem Verhalten für die Übertreter kann zunehmen. Der Grad der Internalisierung der Norm verringert sich in Abhängigkeit vom Bewusstsein, dass immer weniger Menschen sich normkonform verhalten, wodurch der Prozess noch verstärkt wird, bis die Norm schliesslich ihre Bedeutung verliert. Der formale Akt der Gesetzesänderung ist dabei nicht entscheidend. Der Wandel ist in dem Moment eingetreten, in dem Abweichungen nicht mehr oder kaum noch negativ sanktioniert werden.

Das Gegenteil zunehmender Devianz ist die zunehmende Verhaltenskonvergenz, mit der das Entstehen einer Norm erklärt werden und die dann die bestehende Institution ersetzen kann: Ein Verhalten wird immer häufiger und von immer mehr Personen ausgeführt, sodass es zur Gewohnheit wird. Über informelle Regelungen werden diese Verhaltensnormen schliesslich formalisiert und in Gesetzen festgelegt. Die neue Norm ist allerdings bereits etabliert, wenn Abweichungen von dieser Norm «Strafen» nach sich ziehen, auch wenn es sich nicht um gesetzlich festgelegte Sanktionen handelt.

> Die Dynamik des Wandels liegt somit zu einem wesentlichen Teil im Vorteilsstreben der Einzelnen begründet, die in systematischer Weise auf Veränderungen ihrer Handlungsrestriktionen reagieren.

Die Dynamik des Wandels liegt somit zu einem wesentlichen Teil im Vorteilsstreben der Einzelnen begründet, die in systematischer Weise auf Veränderungen ihrer Handlungsrestriktionen reagieren. Die zentrale Hypothese der Ökonomie besagt, dass Änderungen der Institutionen dann initiiert werden, wenn die diskontierten erwarteten Gewinne die erwarteten Kosten des Unterfangens übersteigen. Hintergrund veränderter Nutzenerwartungen können Änderungen der Handlungsrestriktionen durch veränderte Knappheiten und damit neue Preisrelationen sein, die alternative Besteuerungsmassnahmen oder die Festlegung von Eigentumsrechten (als staatlich geplante, institutionelle Reformen) notwendig machen, wenn es sich bis dahin z. B. (vermeintlich) um ein öffentliches Gut gehandelt hat.

Wettbewerb der Wertesysteme
Der institutionelle Wandel lässt sich also teilweise auf der Basis der «formlosen» Regeln, die in einem evolutorischen Prozess generiert werden, erklären. Durch die häufigeren Interaktionen, die bessere, wechselseitige Kenntnis von Präferenzen und Verhaltensstrategien sowie die grössere Unmittelbarkeit der Tauschaktivitäten können sich neue Regeln eher und kostengünstiger etablieren. Die mit abweichendem Verhalten verbundene grössere Informations- und Interaktionsunsicherheit kann durch die Häufigkeit der Interaktion und durch «emotionale» Verpflichtungen (Vertrauen) vermindert werden, sodass dennoch (verlässliche) Kooperation möglich ist. Wenn dann die formellen institutionellen Arrangements nicht mehr den Anforderungen genügen oder zu teuer sind, bewirkt der Wettbewerb verschiedener Wertesysteme institutionellen Wandel, in dem sich neue Werte und Institutionen etablieren können. Ausgangspunkt für institutionellen Wandel ist demnach vielfach – ganz im Sinne einer spontanen Ordnung – abweichendes Verhalten. Ob und unter welchen Bedingungen daraus neue Werte entstehen oder ob sich die alten Werte bewähren, entscheidet sich im Laufe der Entwicklung von Gesellschaft und Gemeinschaften.

> Es gilt den Teufelskreis zu durchbrechen, der zur Verminderung des Sozial- und Vertrauenskapitals beiträgt.

Bleibt also zu hoffen, dass die Finanz- und Wirtschaftskrise nicht zur dauerhaften Erosion von Werten aufgrund des Verhaltens in der Finanzwirtschaft führt. Fehlende oder falsche Werthaltungen können offensichtlich drastische Auswirkungen haben – wie nicht zuletzt die Staatskrise in Griechenland dokumentiert. Es gilt den Teufelskreis zu durchbrechen, der zur Verminderung des Sozial- und Vertrauenskapitals beiträgt. Eine entsprechende institutionelle Massnahme auf der Makroebene könnte die verfassungsmässige Verankerung der Schuldenbremse sein. Auf der Mesoebene ist die systematische Übernahme von gesellschaftlicher Verantwortung besonders durch Unternehmen zu nennen (freiwillige Corporate Social Responsibility). Auf der Mikroebene ist jeder Einzelne gefordert, seine Moralvorstellungen zu prüfen und sich seines Einflusses als Konsument und Anleger bewusst zu werden. Die Macht der Verbraucher auf Unternehmensentscheidungen ist grösser als vielfach wahrgenommen, wie nicht zuletzt die Diskussion um die Verabschiedung der ISO 26000-Norm gezeigt hat. Diese wurde massgeblich von den Verbraucherschutzverbänden vorangetrieben. So lassen sich auf verschiedenen Ebenen Werte etablieren.

08 Die Botschaft der Bibel
Peter Ruch

— Unterwerfung unter die Bewertung _122
— Eine Minimalinterpretation _124
  Die Offenbarung Gottes 125
  Worte statt Formalitäten 125
  Geist und Fleisch 127
  Werte als Begrenzungen 128
— Ein Katalog christlicher Werte _129
— Die Resistenz der Werte _132

In manchen meiner theologischen Bücher habe ich nach dem Stichwort *Wert* vergeblich gesucht. Die Wertediskussion, auch wenn sie im 19. Jahrhundert begann, war bis vor wenigen Jahren noch nicht bekannt oder nicht etabliert. Ich möchte deshalb mit einem kurzen Blick auf die Etymologie des Begriffs beginnen. Fast sicher hängt das Wort mit dem Verb *werden* zusammen. Dieses geht auf eine Grundbedeutung zurück, die so viel wie drehen bedeutet. In diese Verwandtschaft gehört auch das Wort «Vers», der eine Reihe von Wörtern bezeichnet und deshalb der Furche gleicht. Die Furche ist ihrerseits umgedrehte Erde. «Vers» oder «ver» heisst französisch *Wurm*, also einer, der sich dreht und wendet. Eine solche Drehbewegung würde ich auch dem Begriff Wert zubilligen. Ihm wohnt das Potenzial inne, dass er zu etwas wird. Das entspricht auch dem Wert im ökonomischen Sinne, von wo die Ethik den Begriff entliehen hat. Wenn es mir gelungen ist, im richtigen Moment Dinge zu stapeln, zum Beispiel Rohstoffe oder Kunstgegenstände, die plötzlich gesucht sind, dann verzeichne ich einen Wertzuwachs. Aber nur dann, wenn ich mit dem Verkauf nicht zu lange warte. Und selbst wenn ich optimal verkaufe, steckt der Wert im Geld, ist also immer noch potenziell.

> Dem Wert wohnt das Potenzial inne, dass er zu etwas wird.

Unterwerfung unter die Bewertung

Es gibt Werte, die man als grotesk bezeichnen könnte. Berühmt ist das Beispiel der Tulpenzwiebel um 1640. Jeder wollte mit der Pflanze Geld verdienen. Die Preise stiegen in abenteuerliche Höhen, auf umgerechnet 80 000 Euro pro Stück – bis die Blase platzte. Das Beispiel zeigt, dass Bewertungen fluktuieren, gewiss in Jahren und Jahrzehnten, aber manchmal auch viel schneller, von einer Stunde auf die andere. Stürzt die Bewertung ab, liegt das entweder daran, dass plötzlich niemand mehr dieses Gut will oder dass es im Überfluss zur Verfügung steht. Die Bewertung hat gleichsam eine Schutzfunktion. Wie eine Mauer umfasst der

Wert die Güter, und bei manchen Gütern kommt es nicht darauf an, wenn die Mauer tief ist und ein Teil der Güter verloren geht oder verschwendet wird.

Es gibt Bewertungen, die ausschliesslich ich setze. Sie stehen und fallen mit mir. Man sieht das gelegentlich bei Hausräumungen. Nach dem Hinschied eines Hausbewohners gelangen seine Schätze in die Hände der Angehörigen, darunter vielleicht irgendeine Sammlung, die ihm unendlich kostbar war. Aber seine Angehörigen interessieren sich nicht dafür. Dann werden diese Schätze billig verramscht oder – noch schlimmer – fallen in die Mulde.

In aller Regel sind jedoch Bewertungen darauf angelegt, dass sie weitherum Anerkennung finden. Und die allgemein anerkannten Bewertungen und Wertschätzungen, die mich überdauern, haben die Eigenschaft, dass sie sich meinem Willen entziehen. Unter Umständen kann ich den Wert ein wenig beeinflussen, aber mehr nicht. Ich muss mich letztlich der Bewertung fügen, ich muss gegebene Preise anerkennen, wenn ich in Interaktion mit anderen treten will.

> Es gibt eine Magnetkraft des verbreiteten Verhaltens, auch des verbreiteten Denkens, die vordergründig eine Werteordnung zu dokumentieren scheint, aber möglicherweise gar keine ist.

Werte fluktuieren Mit diesen Ausführungen zu ökonomischen Werten ist implizit einiges gesagt zu den ethischen Werten. Sie fluktuieren. Schauen Sie ein Foto aus den dreissiger Jahren an und suchen Sie einen Mann ohne Hut. Barhäuptige Männer im öffentlichen Raum waren im Promillebereich. Das Huttragen hatte einen Wert. Ich glaube nicht, dass alle Männer gerne Hüte trugen, aber es gehörte zum Comment. Wer keinen trug, musste unter Umständen Nachteile in Kauf nehmen.

Es gibt eine Magnetkraft des verbreiteten Verhaltens, auch des verbreiteten Denkens, die vordergründig eine Werteordnung zu dokumentieren scheint, aber möglicherweise gar keine ist. Kurt Tucholsky prägte den lapidaren und entwaffnenden Satz: Die meisten Leute feiern Weihnachten, weil die meisten Leute Weihnachten feiern. Ich variiere: Niemand verlässt nackt das Haus, weil niemand nackt das Haus verlässt. Die Bekleidung ist ein Wert, den ich ganz und gar befürworte. Aber ich weiss nicht, wie ich mich in einem anderen Klima, wenn alle nackt rumlaufen würden, verhalten würde. Deshalb finde ich es erfrischend, Wittgenstein zu hören:

«In der Welt ist alles wie es ist und geschieht alles wie es geschieht; es gibt in ihr keinen Wert. Wenn es einen Wert gibt, der Wert hat, so muss er ausserhalb alles Geschehens und So-Seins liegen. Denn alles Geschehen und So-Sein ist zufällig. Was es nicht-zufällig macht, kann nicht in der Welt liegen; denn sonst wäre dies wieder zufällig. Es muss ausserhalb der Welt liegen» (Wittgenstein 1921: 6.41).

«Darum kann es auch keine Sätze der Ethik geben. Sätze können nichts Höheres ausdrücken» (Wittgenstein 1921: 6.24).

«Es ist klar, dass sich die Ethik nicht aussprechen lässt. Die Ethik ist transzendental» (Wittgenstein 1921: 6.421).

Eine Minimalinterpretation

Sie wissen ja: Wovon man nicht sprechen kann, darüber muss man schweigen (Wittgenstein 1921: 7). Als Christusgläubiger kann ich allerdings über Dinge sprechen, über die Wittgenstein nicht sprechen konnte oder nicht wollte. Ich bin ja der Ansicht, dass es Botschaften von «ausserhalb der Welt» gibt. Sie sind uns in den Schriften der Bibel |[2] überliefert. Dass diese Schriften Wahrheit enthalten, kann ich nicht beweisen. Es gibt sogar einleuchtende Gründe, die biblischen Schriften als überholt, verfehlt und als Irrtümer abzulehnen. Ich plädiere nun dafür, ihnen im Sinne eines Vorurteils Wahrheit zuzubilligen. Nicht fundamentalistisch natürlich, sondern unter Einbezug hermeneutischer Prozesse. Texte müssen übersetzt und aus-

---

[2] Der Autor dieses Beitrags nimmt Bezug auf folgende Ausgabe der Bibel: Zürcher Bibel (2007). Zürich: Theologischer Verlag.

gelegt werden. Wir müssen interpretieren. Das tun wir ohnehin dauernd: Wir interpretieren Informationen, Geschichten, Begegnungen, aber auch Bilder, Gesichter und Eindrücke.

Die Offenbarung Gottes

Ich versuche nun eine Minimalinterpretation alttestamentlicher Stücke. Erstens: Gott schuf Himmel und Erde (Genesis 1). Lasse ich mich darauf ein, so ist, anders als bei Wittgenstein, nicht alles Geschehen und So-Sein zufällig. Vielmehr steckt etwas oder jemand – Gott – dahinter. Zumindest am Anfang. Zweitens: Gott redet zu Noah, Abraham, Jakob, Mose, auch zu Frauen wie Sara, und gibt ihnen Aufträge. Das heisst, es gibt so etwas wie ein Magnetfeld, in welchem sich die Ereignisse abspielen. Mehr noch: Gott, obwohl ganz anders als ein Mensch, gibt etwas über sich bekannt. Er offenbart sich, nicht restlos, aber partiell. Zu dieser Offenbarung gehört die Kundgebung seines Willens in den Zehn Geboten, einem der berühmtesten und grundlegenden Kodices der Kulturgeschichte. Die Zehn Gebote sehe ich als Werteordnung, in welcher der Mensch einerseits in eine Relation zu Gott, andererseits in eine Relation zu den Mitmenschen gestellt wird. Diese Relation hängt unmittelbar zusammen mit dem Auszug aus Ägypten, also mit der Befreiung aus der orientalischen Despotie, wo das Individuum keine Wertschätzung und keine Rechte hatte.

> Die Zehn Gebote sind eine Werteordnung, in welcher der Mensch einerseits in eine Relation zu Gott, andererseits in eine Relation zu den Mitmenschen gestellt wird.

Worte statt Formalitäten

Zwischen der gesetzlichen Kurzformel, die den göttlichen Willen zum Ausdruck bringt, und der Relationalität besteht freilich keine Übereinstimmung. Zwar mündet die Relation zwischen Mensch und Gott in die Beachtung der Gebote, aber die Beachtung der Gebote ist kein sicheres

Indiz für eine gelungene Relation. Hier setzt die Kritik der Propheten an. Das ist die dritte Minimalinterpretation: Die Propheten kritisieren die Einhaltung der Gebote, zum Beispiel den Opferbetrieb am Tempel, der zwar vorschriftsgemäss abläuft, aber gleichwohl Gott missfällt, weil er nicht mit den Werten gefüllt ist, auf die es ankommt.

«Was soll ich mit euren vielen Schlachtopfern?, spricht der Herr. Die Brandopfer von Widdern und das Fett der Mastkälber habe ich satt, und am Blut der Stiere, der Lämmer und der Böcke habe ich kein Gefallen. [...] Bringt nicht länger nutzlose Gaben – mir ein abscheulicher Gestank! Neumond und Sabbat, Versammlungen einberufen – Unrecht und Festtag ertrage ich nicht! [...] Und wenn ihr eure Hände ausbreitet, schliesse ich meine Augen vor euch. Auch wenn ihr noch so viel betet, ich höre nicht hin! Eure Hände triefen von Blut. Wascht euch, reinigt euch! Schafft mir eure bösen Taten aus den Augen! Hört auf, Böses zu tun! Lernt Gutes tun, sucht das Recht, weist den, der unterdrückt, in seine Schranken!» (Jesaja 1, 11–17).

Prägnant bringen es die Sprüche auf den Punkt: «Gerechtigkeit und Recht zu üben gefällt dem Herrn besser als Opfer» (Sprüche 21, 3). Der Opferbetrieb war offensichtlich formalistisch. Er erfüllte die Formalitäten und verkannte, dass Gesetze, Dogmen und religiöse Handlungen bloss Hinweise sind auf einen Inhalt, der weit über sie hinausreicht. Wenn Werte erodieren, besteht die Tendenz zu dichteren Regulierungen und Formalismen. Das gilt für Religionen wie für säkulare Gesellschaften, und es lässt sich an der Lage, in der wir uns heute befinden, studieren. Der Fundamentalismus als weltweites – nicht flächendeckendes, aber in aller Welt anzutreffendes – Phänomen ist ein Symptom dafür, dass viele Menschen sich nicht mehr auf ihren Wertekompass verlassen können und deshalb Zuflucht suchen bei Regeln, Riten und Abgrenzungen. Diese

> Der Fundamentalismus als weltweites Phänomen ist ein Symptom dafür, dass viele Menschen sich nicht mehr auf ihren Wertekompass verlassen können und deshalb Zuflucht suchen bei Regeln, Riten und Abgrenzungen.

wirken zugleich auf die Werteordnung zurück, indem sie den Blick auf Äusserlichkeiten lenken und die Inhalte weiter zersetzen oder verdecken.

Geist und Fleisch

Ich komme nun – viertens – zum Neuen Testament und versuche auch hier eine Minimalinterpretation. «Wenn wir im Geist leben, wollen wir uns auch am Geist ausrichten», schreibt Paulus im Brief an die Galater (5, 25). Diesen Satz könnte man geradezu als Grundlage einer christlichen Werteordnung ansehen. Allerdings schrieb Paulus keine systematische Abhandlung über christliche Werte. Das ist gerade bezeichnend: Er war so nahe beim Herrn Jesus Christus, er war so nahe bei der Sache, dass eine Systematisierung gar nicht notwendig war. Systematisierungen erfolgen zumeist erst, wenn die Inhalte nicht mehr klar sind oder wenn die Identifikation mit den Inhalten geschmälert und gefährdet ist. Deshalb will ich den Satz des Apostels Paulus keineswegs zu einem System ausbauen, sondern zu verstehen versuchen, wie ich im Geiste wandeln kann und was dieser Geist ist.

Paulus beschreibt ihn als Gegensatz zum Fleisch. Vor dem zitierten Vers lesen wir: «Es ist ja offensichtlich, was die Werke des Fleisches sind: Unzucht, Unreinheit, Ausschweifung, Götzendienst, Zauberei, Feindschaft, Streit, Eifersucht, Zorn, Eigennutz, Zwietracht, Parteiung, Missgunst, Trunkenheit, Übermut und dergleichen mehr – ich sage es euch voraus, wie ich es schon einmal gesagt habe: Die solches tun, werden das Reich Gottes nicht erben. Die Frucht des Geistes aber ist Liebe, Freude, Frieden, Geduld, Güte, Rechtschaffenheit, Treue, Sanftmut, Selbstbeherrschung. Gegen all dies kann kein Gesetz etwas haben. Die aber zu Christus Jesus gehören, haben das Fleisch samt seinen Leidenschaften und Begierden gekreuzigt. Wenn wir im Geist leben, wol-

> Aus dem Tod und der Auferstehung Christi heraus entsteht christlicher Glaube. Und aus der gleichen Quelle heraus entstehen christliche Werte.

Die Botschaft der Bibel

len wir uns auch am Geist ausrichten» (Galater 5, 19–25). Das ist auch eine Werteordnung, und man kann fragen, weshalb sie nicht die richtige sei. Es gibt ja Individuen, Gesellschaften und Gruppen, die durchaus «nach dem Fleisch leben», und man könnte sogar den Begriff «Freiheit» für ein solches Leben in Anspruch nehmen. Aber der Geist, von dem Paulus schreibt, ist der Geist Jesu Christi. Und Christus ist derjenige, der nicht für sich, sondern für andere einsteht – bis zum Tod. Aus seinem Tod und der Auferstehung heraus entsteht christlicher Glaube. Und aus der gleichen Quelle heraus entstehen christliche Werte.

Werte als Begrenzungen
Christen können also nicht bei sich selber beginnen. Anders als Wittgenstein wissen sie etwas über ihren Gott. Wittgenstein treibt seinen Agnostizismus auf die Spitze, indem er schreibt: «Wie die Welt ist, ist für das Höhere vollkommen gleichgültig. Gott offenbart sich nicht in der Welt» (Wittgenstein 1921: 6.432). Dem möchte und muss ich widersprechen: Gott offenbart sich in der Welt. So konkret, dass es örtlich und zeitlich definierbar, wenn auch nicht beweisbar ist. Von dieser Offenbarung nährt sich die christliche Werteordnung. Und weil der Kreuzestod Jesu darin entscheidend ist, hat die christliche Werteordnung einen unaufhaltsamen Zug nach unten. Sie hat den gleichen Zug nach unten, wie Gott selber ihn hat. Dieser Zug nach unten prägt die Werteordnung. Das Hohelied der Liebe (1. Korinther 13) besingt ihn. Und diesem Zug nach unten zu folgen ist das, was wir tun sollen.

Grenzen respektieren Damit ist keineswegs gesagt, dass die christliche Werteordnung bei ihren Anhängern ein kniefälliges oder serviles oder gar kriechendes Verhalten auslösen müsste. Solches gab es zwar reichlich in der Kirche, aber allzu oft war es doch bloss die Kehrseite von Triumph, Anmassung und Selbstzufriedenheit. Nein, der Zug nach unten meint etwas viel Einfacheres: Es geht darum, die Grenzen zu respektieren. Zuerst meine Grenzen. Damit auch die anderen Raum haben. Dann die

Grenzen unserer Möglichkeiten. «Uns» als Ausdruck für die Familie oder die Gemeinschaft bis hin zum Staat. Damit wir nicht auf Kosten anderer leben, zum Beispiel als Griechen auf Kosten der Deutschen oder als Nachkriegsgeneration auf Kosten der Enkel. Die Zehn Gebote sind die beispielhafte Formel für solche Begrenzungen. Sie sind kein Repressionssystem, kein formaler Autoritätsanspruch, sondern ein abgesteckter Raum, in dem Freiheit möglich ist. Sie sind relational, auf Gott und die Mitmenschen bezogen. Das Wichtigste: Sie sind nachhaltig. Werte sind kein Selbstzweck, und die Ethik ist nicht Gottes Freizeitbeschäftigung. Werte enthalten ein Potenzial. Sie werden zu etwas, nämlich zu einer guten Zukunft.

> Die Zehn Gebote sind die beispielhafte Formel für solche Begrenzungen. Sie sind kein Repressionssystem, kein formaler Autoritätsanspruch, sondern ein abgesteckter Raum, in dem Freiheit möglich ist.

Deshalb braucht man nicht unbedingt dem christlichen Bekenntnis anzugehören, um diesen Werten etwas abgewinnen zu können. Es ist durchaus möglich, die Bibel ohne Bekenntnis, also historisch oder literarisch oder religionskundlich zu lesen. Sie können zum Beispiel die These vertreten, die Zehn Gebote seien aus anderen Kulturen ins Judentum eingeflossen und sie seien Gott zugeschrieben worden, um ihnen Autorität zu verschaffen. Mit solchen Thesen setzt sich die alttestamentliche Wissenschaft dauernd auseinander. Schreibe ich jedoch die Werteordnung Gott zu, so hat das den Vorzug, dass ich auch Werte respektiere, die meinen Horizont übersteigen. Halte ich mich nur an das, was ich verstehe, so wird die Werteordnung dünn, und kulturelle Erfahrungsschätze drohen verloren zu gehen.

Ein Katalog christlicher Werte

Gemeinschaft Ein Wert ist die menschliche Gemeinschaft. Ihre Urzelle ist die Gemeinschaft von Mann und Frau. Mann und Frau sind unterschiedlich veranlagt, und das macht die Qualität jeder Gemeinschaft aus: dass unterschiedliche Menschen sich miteinander verbünden und trotz allem miteinander kutschieren. Ich würde nicht einmal so weit gehen zu sagen, die Kleinfamilie sei ein christlicher Wert. Sie ist die zeitgenössische Umsetzung – oder vielleicht auch schon nicht mehr. Es gab und gibt andere Formen, wobei die Zuordnung von Mann und Frau stets den zentralen Pfeiler bildet.

Verantwortung Ein weiterer Wert ist die Verantwortung der Eltern für ihre Kinder. Der Mensch ist eine physiologische Frühgeburt, und das Kind geniesst im Evangelium eine Aufmerksamkeit, die ihm im hellenistischen und römischen Umfeld nicht zukam. «Wer das Reich Gottes nicht annimmt wie ein Kind, wird nicht hineinkommen» (Markus 10, 15). Komplementär zur Verantwortung der Eltern für ihre Kinder ist die Achtung der Kinder gegenüber den Eltern. Dieser Wert gilt besonders auch, wenn die Kinder erwachsen geworden sind. Sie entfernen sich von den Eltern, vielleicht interkontinental, sehen sich selten, und doch bleiben sie Eltern beziehungsweise Söhne und Töchter.

Achtung vor Gottes Kindern Das weist auf den nächsten Kreis, wo ein Wert feststeht, nämlich auf Menschen, die nicht verwandt sind, die ich nicht kenne und die mir vielleicht auch ihrem Wesen nach fernstehen. Dass ich jeden von ihnen als Menschen, als Kind Gottes, respektiere und ihm entsprechend begegne, ist ein jüdisch-christliches Kernpostulat. Menschliches Dasein ist zu achten und zu schützen, weil es eine Leihgabe Gottes ist.

Ehrfurcht vor dem Leben Wie sieht es mit dem tierischen und pflanzlichen Leben aus? In der Schöpfungsgeschichte ist davon die Rede, dass der Mensch über die Tiere herrschen soll. Und dass er die Pflanzen als Nahrung in Anspruch nehmen soll. Die Tiere sind dem Menschen nicht gleichgestellt. Aber sie wurden – die Landtiere – am gleichen Tag wie der Mensch geschaffen, stehen ihm also nahe, sind Gottes Geschöpfe und fordern als solche die Ehrfurcht des Menschen. Auch dann, wenn der Mensch ein Tier tötet.

Tat und Arbeit Zu den Werten gehört auch die Tätigkeit des Menschen. Leben erfordert Arbeit. «Im Schweisse deines Angesichts wirst du dein Brot essen» (Genesis 3, 19). Zwar lebt man nicht, um zu arbeiten, aber man arbeitet, um zu leben. Und man arbeitet auf seinem Beruf. Das ist der Ort, wohin man sich berufen weiss oder fühlt. Schon Kain und Abel hatten Berufe. Aber man muss sich hüten, die Arbeit ausserhalb der Berufstätigkeit zu übersehen oder gering zu schätzen. Auch Tätigkeiten, die sich nicht auszahlen, haben einen Wert. Unsere Zeit ist hier von Missverständnissen gefährdet.

Wahrheit Christlich-jüdische Werte sind auch die Achtung der Wahrheit und die Förderung dessen, was wir als Wahrheit erkennen sowie der Respekt vor dem Eigentum. Dieser gehört zur Achtung des Mitmenschen. Es ist kein Zufall, dass zerfallende Gesellschaften hier die grössten Defizite aufweisen: beim Ringen um die Wahrheit und bei der Respektierung des Eigentums. Dazu gehört auch die Währung. Geld ist im Prinzip eine Ware und taugt nur dann als Währung, wenn es der privaten und staatlichen Falschmünzerei entzogen ist.

> Das Gewissen ist der Kompass, und der Gottesglaube ist das Magnetfeld.

Gottesgewissheit In der Vertikalen gehört zu den Werten die Gewissheit, dass über mir ein Gott ist, dem ich verantwortlich bin. Das ist ein Wert an sich, er stärkt aber zugleich die horizontalen Werte. Im täglichen Leben bewege ich mich dauernd im Magnetfeld dieser Werte und muss Entscheidungen fällen. Die Reformatoren, vor allem Martin Luther, haben herausgearbeitet, dass Werte nicht normativ festgelegt werden können, sondern durch das Gewissen zu erkennen und hochzuhalten sind. Das Gewissen ist der Kompass, und der Gottesglaube ist das Magnetfeld. Das Gewissen, griechisch Syneidäsis, ist ein Mit-Wissen und Mit-Sehen.

Die Botschaft der Bibel

Die Resistenz der Werte

Soweit ich sehe, gelangen auch Religionen mit einem anderen Ansatz als das Christentum zu ähnlichen Werteordnungen. In Asien ist ausserdem das Wahren des Gesichts ein hoher Wert, was mit der Bevölkerungsdichte zusammenhängen dürfte, die bereits in der Antike viel höher war als in Europa. Was mich besonders fasziniert, ist die Resistenz der Werte in Asien. Die chinesische Kulturrevolution in den sechziger Jahren war ein breit angelegtes und radikales Projekt, den Konfuzianismus auszutilgen. 30 Jahre später taucht er wieder auf, weil der Kommunismus keine Werte zu generieren vermochte. Werte werden nicht positivistisch gesetzt, sondern entstehen wie Sprachen, Tauschmittel und andere Kulturgüter. Ein anderes, wohl eher problematisches Beispiel für die Resistenz der Werte in Asien ist die Kastenordnung in Indien. Vor mehr als 60 Jahren wurde sie abgeschafft – und ist immer noch da. Viele Heiratsinserate in den Zeitungen sind nach Kasten geordnet. Auch die Kinderheirat, bereits seit 1928 verboten, wird immer noch in traditionellen Formen praktiziert.

> Unsere Kultur befindet sich im Niedergang. Konventionen, Verlässlichkeiten und Werte sind einer heftigen Erosion ausgesetzt. Die schädlichen Wirkungen werden nicht ausbleiben.

Neue Wertordnungen entdecken Unsere Kultur befindet sich im Niedergang. Konventionen, Verlässlichkeiten und Werte sind einer heftigen Erosion ausgesetzt. Die schädlichen Wirkungen werden nicht ausbleiben, sodass die westlichen Gesellschaften neue Werteordnungen, die zum Teil die alten sein dürften, werden entdecken müssen. Das geht nicht ohne Schmerzen und Verluste ab. Aus christlich-theologischer Sicht liegt viel daran, das Wort Jesu im Zusammenhang mit seiner Leidensankündigung zu beachten: «Wenn einer mir auf meinem Weg folgen will, verleugne er sich und nehme sein Kreuz auf sich, Tag für Tag, und so folge er mir! Denn wer sein Leben retten will, wird es verlieren; wer aber sein Leben verliert um meinetwillen, wird es retten. Denn was hilft es dem Menschen, wenn er die ganze Welt gewinnt, dabei aber sich selbst verliert oder Schaden nimmt?» (Lukas 9, 23–25).

Werte – wie steht es um sie?

09 _ Muster des Wertewandels _137
Thomas Petersen

10 _ Freiheit schätzen und Sicherheit suchen _153
Thomas Volkmann

11 _ Zerfall oder Wucherung _167
Guy Kirsch

12 _ Naturrecht als Korrektiv _183
Harold James

09 Muster des Wertewandels
Thomas Petersen

— Nachschauen statt Nachdenken   _138

— Die gefühlte Ungerechtigkeit   _140

— Die Linksverschiebung der Gesellschaft und ihre Folgen   _142

— Die Freiheitsorientierung der jungen Generation   _146

Das Thema war so verlockend wie der Ort: «Was ist deutsch?», lautete die Frage, über die in der Evangelischen Akademie in Tutzing am Starnberger See zwei Tage lang diskutiert werden sollte. Für einen Sozialwissenschafter ist es eine reizvolle Aufgabe, dieser Frage nachzugehen. Gibt es etwas, was die Deutschen von anderen Völkern unterscheidet, etwas, was für sie wirklich charakteristisch ist und was sich mit den Methoden der Sozialforschung nachweisen lässt? So sagte ich sofort zu, als ich gebeten wurde, auf der Tagung einen Vortrag zu diesem Thema zu halten. In Tutzing stellte sich dann heraus, dass mein Beitrag aus Sicht der Teilnehmenden eigentlich überflüssig war, denn sie wussten alle ganz genau, was typisch deutsch sei. Die einen wussten, dass typisch deutsch die Identifizierung mit der Region sei. Andere waren ebenso sicher, dass die nationale Identifikation wichtiger sei. Ein etwas vergeistigt wirkender Teilnehmer meldete sich leise zu Wort und verkündete, dass er sich als Weltbürger fühle, und nahm selbstverständlich an, dass es allen anderen Deutschen auch so gehen müsse. Seltsamerweise schienen alle zu glauben, dass am Ende derjenige recht haben müsse, der die eindrucksvollsten Argumente ins Feld führen kann. Der Gedanke, dass es sich bei der Frage nach möglichen typisch deutschen Merkmalen nicht um eine Meinungsfrage, sondern um eine Sachfrage handelt, die der Prüfung bedarf, kam nicht auf. Die Wortbeiträge wurden meist eingeleitet mit «Ich denke mir mal ...», und alle schienen damit zufrieden zu sein.

Nachschauen statt Nachdenken

Doch der Ansatz «Ich denke mir mal ...» reicht bei solchen Themen nicht aus, er ist vielmehr eines der grössten Hindernisse auf dem Weg zur Erkenntnis. Der vielleicht entscheidende Durchbruch in der Geschichte der modernen Wissenschaften bestand darin, dass es ab dem 15. Jahrhundert nach und nach gelang, ebendiese Haltung zu überwinden und der Beobachtung mehr zu vertrauen als den eigenen Vorstellungen (Petersen 2002: 20ff.). Der Mensch, hat Konrad Lorenz einmal geschrieben, habe zuerst das Nachdenken und erst sehr viel später das Nachschauen gelernt (Lorenz 1992: 43). Auch beim Thema Werte besteht die Gefahr, dass man über das Nachdenken das Nachschauen vergisst. Jeder hat mehr oder weniger konkrete Vorstellungen davon, welche moralischen Normen und Ideale es wert sind, verteidigt zu werden, und jeder glaubt aus Beobachtungen des eigenen Umfelds oder aus den Medien zu wissen, welche Werte zu- und welche abnehmen. Das Thema Werte lässt nahezu niemanden kalt, jeder hat etwas dazu zu sagen, meist etwas sehr Persönliches und emotional Gefärbtes. Das sind keine guten Voraussetzungen für jene nüchterne Betrachtung, die notwendig ist, wenn man abseits der eigenen Weltanschauung die Entwicklung der Werte in einer Gesellschaft beobachten will.

> Das Thema Werte lässt nahezu niemanden kalt, jeder hat etwas dazu zu sagen, meist etwas sehr Persönliches und emotional Gefärbtes.

Eine Methode, sich dem Thema Werte sine ira et studio zu nähern, bietet die Methode der Repräsentativumfrage. Die Demoskopie ermöglicht es, wie Elisabeth Noelle-Neumann oft betonte, Ideologiefragen in Sachfragen zu verwandeln (Noelle-Neumann 1977: 208ff.; Noelle-Neumann, Petersen 2002: 22). Die Zahlen, die die Umfragen produzieren, lassen sich nicht so leicht wegdiskutieren. Besonders aufschlussreich sind sie immer dann, wenn sie den vorgefassten Meinungen widersprechen. Wenn wir überrascht sind, so beschrieb es bereits Paul Valéry, stehen wir der Wirklichkeit gegenüber (Bürger 1964).

Das Institut für Demoskopie Allensbach (IfD) hat seit seiner Gründung 1947 die Entwicklung zunächst der westdeutschen, ab 1990 der gesamtdeutschen Gesellschaft begleitet und dabei stets auch die verschiedensten Aspekte der Werteorientierung der Bevölkerung mit erfasst, sei es mit Fragen zu den Erziehungszielen, zur politischen Orientierung oder zum Verhältnis der Generationen zueinander. Das Institutsarchiv bietet damit eine einzigartige Quelle der Zeitgeschichte. So ist es kein Zufall, dass es

Allensbacher Daten waren, anhand derer Anfang der siebziger Jahre die zwischenzeitliche Abwendung der Bevölkerung von einer Vielzahl bis dahin tradierter bürgerlicher Tugenden entdeckt wurde, die wenig später unter dem Stichwort des «Wertewandels» intensiv diskutiert wurde (Noelle-Neumann, Petersen 2001). Heute zeigt ein Blick ins Allensbacher Archiv, dass sich die deutsche Gesellschaft erneut in einer Umbruchsituation befindet. Einige langfristige Trendentwicklungen der Werteorientierung, die sich seit den siebziger Jahren kontinuierlich fortgesetzt hatten, brachen in jüngerer Vergangenheit ab. Die Hierarchie der Werte sortiert sich teilweise neu (Petersen, Mayer 2005: 22ff., 113ff.). Einige wenige Aspekte dieser Entwicklung sollen hier nachgezeichnet werden.

Die gefühlte Ungerechtigkeit

Eine der prägnantesten Entwicklungen der letzten Jahre auf dem Gebiet der weltanschaulichen Orientierung ist, dass sich die deutsche Bevölkerung seit einigen Jahren immer unzufriedener mit dem Wirtschaftssystem des Landes zeigt, und dies unabhängig von der konkreten wirtschaftlichen Lage. Besonders im vergangenen Jahrzehnt hat sich bei den Deutschen die Überzeugung durchgesetzt, das Land gerate mehr und mehr in eine soziale Schieflage. Beispielhaft zeigen dies die Antworten auf die Frage, ob die wirtschaftlichen Verhältnisse in Deutschland im Grossen und Ganzen gerecht oder ungerecht seien. Von den sechziger Jahren bis in die neunziger Jahre zeigte sich die Bevölkerung in dieser Frage gespalten. Meist antwortete eine knappe relative Mehrheit zwischen 40 und 50 Prozent, ihrer Ansicht nach seien die wirtschaftlichen Verhältnisse im Land alles in allem gerecht, etwas weniger, meist zwischen 35 und 40 Prozent, meinten, sie seien nicht gerecht. Seit Anfang des neuen Jahrhunderts aber veränderten sich die Antworten auffällig: Nun sagten deutliche absolute Mehrheiten der Deutschen, phasenweise sogar mehr als zwei Drittel, die Verhältnisse seien nicht gerecht, während nur noch jeder fünfte ausdrücklich widersprach. Im Jahr 2010, als die Frage zum bisher letzten Mal gestellt wurde, betrug das Verhältnis 58 zu 21 Prozent Abbildung 5 (Seite 143).

Andere Umfrageergebnisse deuten in die gleiche Richtung: 71 Prozent der Deutschen meinten im Januar 2010, ihrer Ansicht nach habe die soziale Gerechtigkeit «in den letzten drei, vier Jahren» in Deutschland abgenommen (IfD-Umfrage Nr. 10 049). Folgerichtig ist auch eine sehr deutliche Mehrheit davon überzeugt, dass es immer mehr Arme im Land gebe (IfD-Umfrage Nr. 7088). Für diese angenommene Entwicklung macht die Bevölkerung die Politik verantwortlich. Auf die Frage «Wie ist Ihr Eindruck: Sorgt die Politik für mehr Gleichheit zwischen Ärmeren und Reicheren oder trägt die Politik dazu bei, dass die Unterschiede zwischen Ärmeren und Reicheren grösser werden?» wurde im November 2010 von 72 Prozent die Ansicht vertreten, die Politik vergrössere die sozialen Unterschiede (IfD-Umfrage Nr. 10 065).

Kontrast zur Realität Diese Bevölkerungsreaktionen sind vor allem deswegen bemerkenswert, weil sie in einem auffallenden Kontrast zur tatsächlichen sozialen Entwicklung in Deutschland stehen. Anders als oft behauptet wird, zeigen die Daten – wenn überhaupt – nur eine ausserordentlich geringe Zunahme der sozialen Ungleichheit im Land. Während einige Forscher eine leichte Zunahme der Einkommensspreizung im vergangenen Jahrzehnt registrieren (Miegel, Wahl, Schulte 2008), zeigen die amtlichen Daten des Statistischen Bundesamtes keinerlei Hinweise darauf (z. B. Statistisches Bundesamt 1997; Statistisches Bundesamt 2006). So haben sich etwa die Einkommensanteile der jeweils ärmsten und reichsten 20 Prozent der Bevölkerung am Gesamteinkommen seit Anfang der neunziger Jahre praktisch nicht verändert (Statistisches Bundesamt 2006). Von einer wirklich substanziellen Zunahme sozialer Ungleichheit kann in keinem Fall die Rede sein. Noch problematischer ist es, die Politik als Ursache eines Auseinanderklaffens von Reich und

> Anders als oft behauptet wird, ist die Zunahme der sozialen Ungleichheit in Deutschland ausserordentlich gering.

Arm zu bezeichnen: Seit den siebziger Jahren haben sich die Sozialausgaben in Deutschland – inflationsbereinigt – etwa verdoppelt (Statistisches Bundesamt 1997; Statistisches Bundesamt 2006).

Solche statistischen Daten werden durch die Beobachtungen der Menschen in ihrem persönlichen Umfeld auch durchaus bestätigt. Die Antworten auf die Frage «Kennen Sie jemanden in Ihrem Bekanntenkreis, den Sie als arm bezeichnen würden, der wirklich arm ist?» fielen im Jahr 2007 fast auf das Prozent genauso aus wie Mitte der achziger Jahre: 64 Prozent der Westdeutschen sagten 2007, ihnen sei niemand bekannt, der wirklich arm sei, 15 Prozent meinten, sie kennten eine arme Person, ebenfalls 15 Prozent kannten mehrere (IfD-Umfrage Nr. 7088). Die Vergleichswerte aus dem Jahr 1985 betragen 65, 14 und 14 Prozent (IfD-Umfrage Nr. 4056).

Die Linksverschiebung der Gesellschaft und ihre Folgen

Wenn sich aber die soziale Lage im Land nicht oder nur sehr wenig ändert, sich gleichzeitig aber die Einschätzung der sozialen Lage verschiebt, kann das letztlich nur bedeuten, dass es die Bewertungsmassstäbe der Bevölkerung sind, die sich verschoben haben. Tatsächlich hat sich in der politischen Grundorientierung der Deutschen in den letzten drei Jahrzehnten eine charakteristische Veränderung vollzogen. Spätestens seit Mitte der siebziger Jahre – es fehlen verlässliche Daten aus der Zeit davor – hat sich die deutsche Bevölkerung in ihrer politischen Orientierung langsam, aber beharrlich nach links bewegt. Dies zeigt sich an den Antworten auf eine Allensbacher Frage, bei der die Befragten gebeten werden, auf einer Skala von 0 bis 100 ihre politische Position anzugeben, wobei 0 für den linken, 100 für den rechten Rand des politischen Spektrums steht. Im Jahr 1976, als die Frage zum ersten Mal gestellt wurde, ordneten sich die Deutschen im Durchschnitt bei 54,7, also etwas rechts von der politischen Mitte ein, im Jahr 2008 lag der Durchschnittswert bei 49,8, also minimal links vom Mittelpunkt (IfD-Umfragen Nr. 2178; Nr. 10 016). Diese Ver-

Abb. 5_ Gerechte wirtschaftliche Verhältnisse?

Frage: «Wie sehen Sie das: Sind die wirtschaftlichen Verhältnisse bei uns in Deutschland – ich meine, was die Menschen besitzen und was sie verdienen – im Grossen und Ganzen gerecht oder nicht gerecht?»

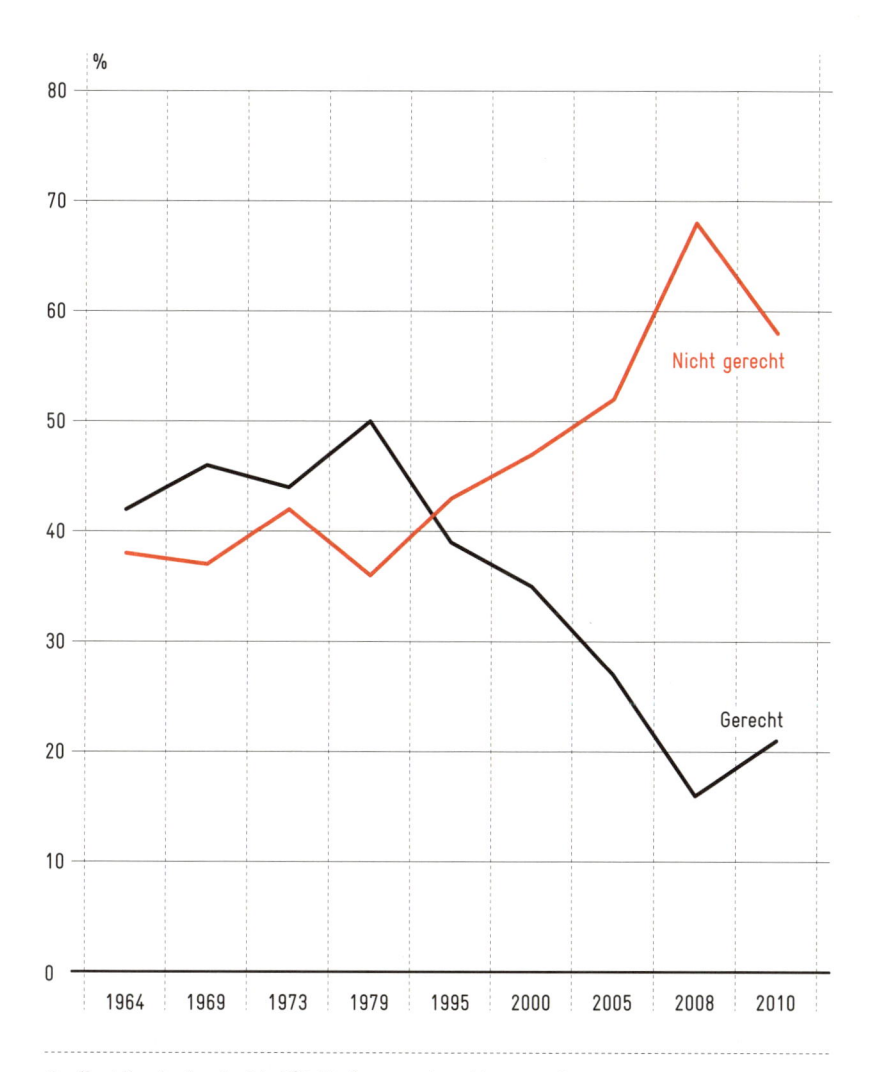

Quelle: Allensbacher Archiv, IfD-Umfragen, zuletzt Nr. 10049, Januar 2010

Muster des Wertewandels

schiebung mag auf den ersten Blick geringfügig erscheinen, doch tatsächlich ist dies substanziell, denn solche Mittelwerte, bei denen sich die meisten extremen Einstufungen gegenseitig ausgleichen, sind normalerweise ausserordentlich robust. Anders als bei einzelnen Prozentwerten können hier schon Veränderungen hinter dem Komma von Bedeutung sein.

Die allmähliche Linksverschiebung der Gesellschaft ist folgenreich, weil sich hinter den Kategorien links und rechts sehr unterschiedliche Werteorientierungen verbergen. Es gehört zu den wiederkehrenden Modeerscheinungen der politischen Diskussion, das Links-Rechts-Schema für überholt zu erklären (z. B. Adam 1993). Dazu bemerkte der italienische Philosoph Norberto Bobbio einmal trocken, die Unterscheidung zwischen links und rechts werde immer von der Seite des politischen Spektrums für überholt erklärt, die sich gerade in der Defensive befinde (Bobbio 1993:9). Tatsächlich sind diese Kategorien keineswegs überholt. Sie sind für die Bevölkerung nach wie vor wichtige Orientierungsmarken und sie stehen für gegensätzliche Positionen in einem zentralen gesellschaftlichen Konflikt, der Entscheidung zwischen Freiheit und Gleichheit.

Welche Einstellungen bei der Bevölkerung in dieser Grundfrage vorherrschen, lässt sich in der Demoskopie mit einer Dialogfrage testen. Dazu wird den Befragten ein Bildblatt überreicht, in dem zwei Personen wie in einem Comic eine Sprechblase zugeordnet ist. In der einen Sprechblase steht: «Ich finde Freiheit und möglichst grosse Gleichheit, soziale Gerechtigkeit, eigentlich beide wichtig. Aber wenn ich mich für eines davon entscheiden müsste, wäre mir die persönliche Freiheit am liebsten, dass also jeder in Freiheit leben und sich ungehindert entfalten kann.» Das zweite zur Wahl gestellte Argument lautet: «Sicher sind Freiheit und Gleichheit, soziale Gerechtigkeit, wichtig. Aber wenn ich mich für eines davon entscheiden müsste, fände ich eine möglichst grosse Gleichheit

Der Wert der Werte
Über die moralischen Grundlagen der westlichen Zivilisation

Kurz und bündig:

01_ Werte haben Konjunktur. Spätestens seit der globalen Finanzkrise stellt sich die Frage nach Werten, Idealen, Normen und Moral wieder dringlicher. Sowohl individuelle Tugend als auch ein angemessener Ordnungsrahmen sind gefragt.

02_ Werte sind das, was Menschen absolut setzen und um seiner selbst willen anstreben. Der akzeptierte gemeinsame Wertekanon einer Gesellschaft macht in grossen Teilen zugleich deren Kultur aus.

03_ Gemeinsame Werte ergeben sich in der Interaktion der Menschen, aus gemeinsamer Erfahrung – aber auch aus religiöser Prägung und göttlicher Eingebung. Wer den Wertekanon der Gesellschaft beeinflussen will, muss mit tugendhaftem Beispiel vorangehen.

04_ Ein gemeinsamer Wertekanon ist für eine gedeihlich funktionierende Wirtschaft und Gesellschaft von Nutzen – im Sinne eines elementaren Grundverständnisses, nicht im Sinne einer unverrückbaren Normenhierarchie.

05_ Es ist gar nicht gesagt, dass die modernen Gesellschaften tatsächlich einen Wertezerfall erleben. Was die Moderne vielmehr auszeichnet, ist das Nebeneinander einer Vielzahl von Werten, die mitunter miteinander kollidieren und zwischen denen zu wählen nicht immer leicht ist.

06_ Eine Art moderner Dekalog – unter vielen – könnte so aussehen: Gerechtigkeit; gesittete Menschlichkeit; Vergebung; Verlässlichkeit; Hingabe; Freiheit und Verantwortung; Nächstenliebe; Demut; Dienstbereitschaft; Reflexion, Nachdenklichkeit und Besinnung.

07_ Allzu verbissen darf das Ziel eines Wertekanons jedoch nicht verfolgt werden, sonst bleibt die Freiheitlichkeit auf der Strecke. Aber der offene Diskurs über Werte ist wichtig.

08_ Obwohl der Ausdruck «Werte» aus ihrem Vokabular stammt, hat sich die Wirtschaftswissenschaft für die höchsten Güter der Menschen lange nicht interessiert. Das hat ihr Ansehen beschädigt und die Popularität des Marktes geschwächt.

09_ Freiheit, Verantwortung, Leistungs- und Tauschgerechtigkeit sind das Wertefundament der Marktwirtschaft. Diesen ordoliberalen Kanon gilt es mit den realen Bedingungen der Wirtschaftspolitik zu verbinden.

10_ Auch der Liberalismus leidet darunter, dass er sich auf Verfahrensregeln konzentriert, statt Inhalte zu bieten. Auch er sollte sich explizit mit Werten befassen – aus Gründen der Taktik, der Moral und der Freiheitssicherung.

11_ Freiheit steht in der Werteskala der Menschen nicht an erster Stelle. Sicherheit und Gleichheit zählen mehr. Für den Markt gibt es wenig Sympathie. Die Menschen fürchten sich vor Freiheit.

12_ Eine wirksame Verteidigung der moralischen Grundlagen der westlichen Zivilisation und der Freiheit verlangt, dass man sich dieser Grundlagen bewusst ist und dass man sich mit Rückgrat für sie einsetzt.

avenir suisse

Der 1999 von 14 internationalen Firmen ins Leben gerufene Think-Tank Avenir Suisse wird heute von über 100 Förderern aus allen Regionen der Schweiz, und zwar von Firmen unterschiedlichster Grössen aus allen Branchen, aber auch von Privatpersonen unterstützt. Er befasst sich mit der Zukunft des Standorts Schweiz und entscheidet völlig unabhängig über Themen und Projekte. Avenir Suisse will frühzeitig reformpolitischen Handlungsbedarf erkennen und mit Denkanstössen und Vorschlägen zur Lösung von Problemen beitragen. Zu diesem Zweck erarbeitet der Think-Tank selbst oder in Zusammenarbeit mit wissenschaftlichen Fachleuten aus dem In- und Ausland längere und kürzere Analysen, er organisiert aber auch Tagungen und Foren aller Art. Besonders hohe Bedeutung misst er der möglichst verständlichen und praxisnahen Aufbereitung der Studienergebnisse sowie deren Bekanntmachung bei. Avenir Suisse ist nicht neutral. Die Werthaltung ist konsequent liberal und marktwirtschaftlich. Dies verpflichtet zu klaren – auch unbequemen – Positionsbezügen.

Institut der deutschen Wirtschaft Köln

Das 1951 gegründete Institut der deutschen Wirtschaft (IW) Köln ist das führende private Wirtschaftsforschungsinstitut in Deutschland. Das Institut vertritt eine klare marktwirtschaftliche Position. Es ist seine Aufgabe, das Verständnis wirtschaftlicher und gesellschaftlicher Prozesse in Politik und Öffentlichkeit zu festigen und zu verbessern. Dazu analysieren die Mitarbeiter des Instituts Fakten, zeigen Trends, ergründen Zusammenhänge – über die sie dann auf vielfältige Weise informieren. Das IW Köln ist ein eingetragener Verein. Ordentliche Mitglieder sind deutsche Arbeitgeber- und Wirtschaftsverbände, hinzu kommen Fach- und Regionalverbände sowie Unternehmen aus Industrie, Handel und Dienstleistungsgewerbe als außerordentliche Mitglieder. Die rund 300 Mitarbeiter des IW und seiner Tochtergesellschaften arbeiten an den Standorten Köln (Zentrale), Berlin (Hauptstadtbüro) und in der Verbindungsstelle am Sitz der Europäischen Kommission in Brüssel.

Abb. 6_ **Im Zweifelsfall entscheiden sich Linke für Gleichheit, Rechte für Freiheit**

Frage: «Hier unterhalten sich zwei, was letzten Endes wohl wichtiger ist, Freiheit oder möglichst grosse Gleichheit – wenn Sie das bitte einmal lesen. Welcher von beiden sagt eher das, was auch Sie denken?»

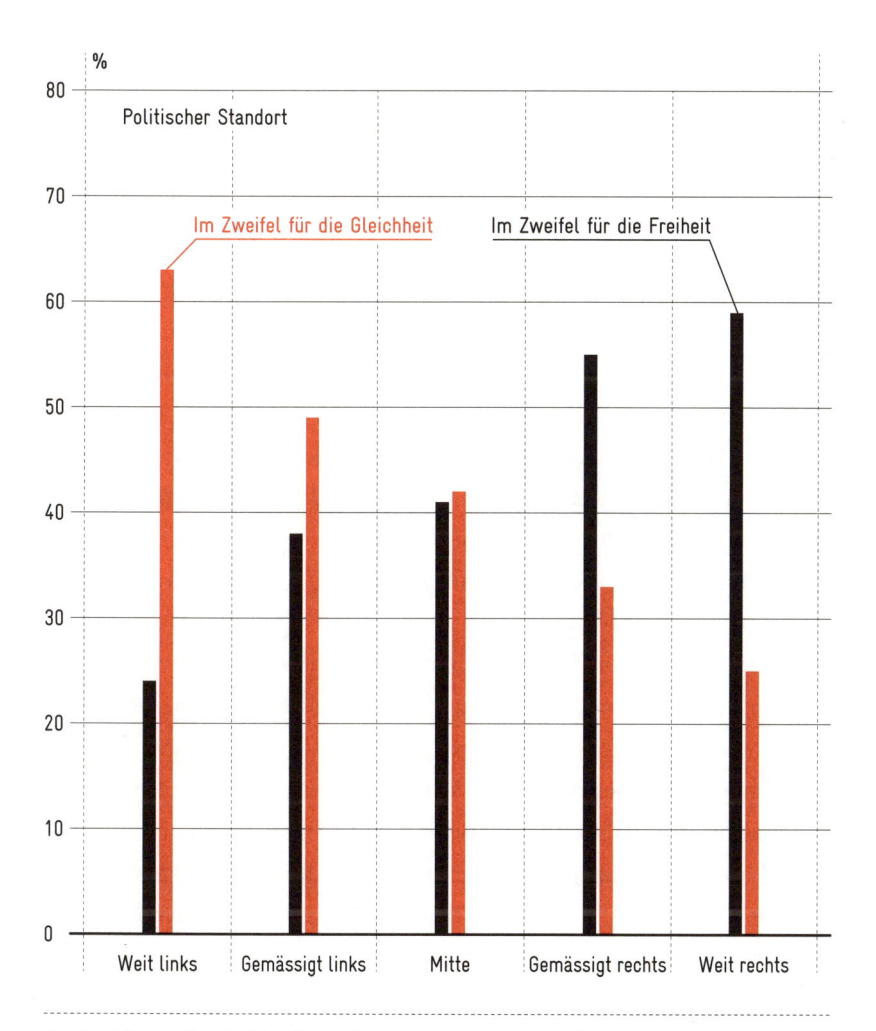

Politischer Standort	Im Zweifel für die Gleichheit	Im Zweifel für die Freiheit
Weit links	24	63
Gemässigt links	38	49
Mitte	41	42
Gemässigt rechts	55	33
Weit rechts	59	25

Quelle: Allensbacher Archiv, IfD-Umfragen, zuletzt Nr. 10023, Juli 2008

am wichtigsten, dass also niemand benachteiligt ist und die sozialen Unterschiede nicht so gross sind.» Die Frage dazu lautet: «Welcher von beiden sagt eher das, was auch Sie denken?» Wie Abbildung 6 (Seite 145) zeigt, ist die Antwort auf diese Frage eng verknüpft mit der politischen Position der Befragten: Je weiter links sich jemand im politischen Spektrum einordnet, desto eher wird er sich im Zweifel für die Gleichheit entscheiden.

Das bedeutet, dass eine Gesellschaft, die allmählich politisch nach links rückt, immer weniger Wert auf Freiheit und immer mehr Wert auf Gleichheit legt.

> Eine Gesellschaft, die allmählich politisch nach links rückt, legt immer weniger Wert auf Freiheit und immer mehr Wert auf Gleichheit.

Die Freiheitsorientierung der jungen Generation

Bedeutet dies nun, dass der Wert der Freiheit in Deutschland auf dem Rückzug ist? Kurzfristig ja. Es gibt eine Reihe von Anzeichen dafür, dass die deutsche Gesellschaft dem Ziel der sozialen Gleichheit mehr und mehr Priorität einräumt. Die erwähnte wachsende Unzufriedenheit mit dem Wirtschaftssystem trotz unveränderter sozialer Lage im Land ist ein Beispiel, ein anderes ist, dass selbst der Begriff «Sozialismus» für die Bevölkerung nicht mehr abschreckend ist. Auf die Frage «Halten Sie den Sozialismus für eine gute Idee, die schlecht ausgeführt wurde?» antwortete im Jahr 2007 nicht nur die ostdeutsche, sondern auch die westdeutsche Bevölkerung mehrheitlich mit «Ja» (Petersen 2007). Erst in jüngster Zeit, vermutlich als Folge der intensiven Medienberichterstattung zum 20. Jahrestag von Mauerfall und Wiedervereinigung, ist die Zahl derer, die sich grundsätzlich zum Sozialismus bekennen, wieder zurückgegangen (IfD-Umfrage Nr. 10 039). Es lässt sich noch nicht sagen, ob es sich dabei um eine Trendwende oder nur einen kurzfristigen Effekt handelt. Angesichts der Entwicklung der vorangegangenen Jahre erscheint Letzteres wahrscheinlicher.

Abb. 7_ Das Leben ist nicht einfach Schicksal

Frage: Welche der folgenden Ansichten scheint Ihnen richtiger:
«Jeder ist seines Glückes Schmied» oder
«Wenn man unten ist, kommt man nicht hoch, sosehr man sich auch anstrengt»?

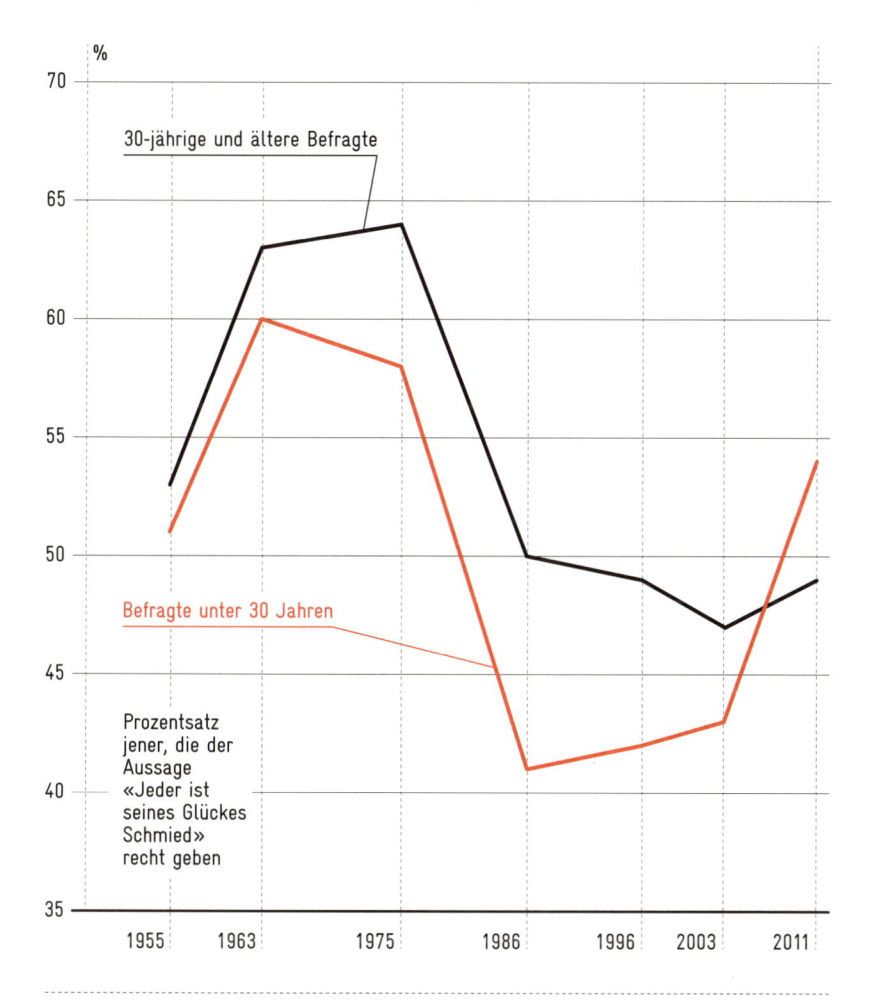

%
- 70
- 65   30-jährige und ältere Befragte
- 60
- 55
- 50   Befragte unter 30 Jahren
- 45   Prozentsatz jener, die der Aussage «Jeder ist seines Glückes Schmied» recht geben
- 40
- 35

1955 1963 1975 1986 1996 2003 2011

Quelle: Allensbacher Archiv, IfD-Umfragen, zuletzt Nr. 10069, März 2011. Daten nur für Westdeutschland. Details zur genauen Fragestellung und zu den Details der Zahlen für 2011 finden sich in Tabelle 1 (Seite 149).

Muster des Wertewandels

Die Wiederentdeckung der Freiheit Dennoch gibt es Anzeichen dafür, dass der Wert der Freiheit auf längere Sicht wieder an Bedeutung gewinnen könnte. Seit der zweiten Hälfte der neunziger Jahre häufen sich die Indizien dafür, dass der eingangs erwähnte Wertewandel, der in den sechziger Jahren begonnen und sich seitdem ununterbrochen, wenn auch mit unterschiedlicher Intensität fortgesetzt hat, seinen Höhepunkt überschritten hat. Zuerst zeigte sich der Trendwechsel an den Ergebnissen zu der Frage, die in den siebziger Jahren zur Entdeckung des Wertewandels geführt hatte, nämlich der Frage, zu welchen Tugenden man seine Kinder erziehen sollte (Noelle-Neumann, Petersen 2001). Über mehr als 20 Jahre hinweg sank von Umfrage zu Umfrage der Anteil derjenigen, die sagten, man müsse seine Kinder zu Höflichkeit und gutem Benehmen erziehen, zum Arbeitseifer oder zur Sparsamkeit. Doch Mitte der neunziger Jahre war der Tiefpunkt dieser Entwicklung erreicht. Von nun an stiegen die traditionellen Werte der Höflichkeit, der Arbeitsethik und der Sparsamkeit rasch wieder an. Selbst der Anteil derjenigen, die sagten, man müsse seinen Kindern beibringen, sich anzupassen, sich in eine Ordnung einzufügen, nahm wieder etwas zu. Heute geniessen viele traditionelle bürgerliche Tugenden in der Gesellschaft wieder die gleiche Wertschätzung wie zuletzt in den sechziger Jahren.

Es spricht einiges dafür, dass langfristig auch der Wert der Freiheit von der Renaissance eines Teils des bürgerlichen Wertekanons profitieren könnte. Ein deutliches Indiz hierfür ist eine sich öffnende Generationenkluft vor allem in den neuen Bundesländern.

Wenn die junge und die ältere Generation in gesellschaftlichen und moralischen Grundfragen unterschiedlicher Auffassung sind, ist das ein sicheres Zeichen für gesellschaftlichen Wandel, wobei die junge Generation die Richtung zeigt, in die sich die Gesellschaft auf lange Sicht bewe-

> Es gibt eine Reihe von Anzeichen dafür, dass die deutsche Gesellschaft dem Ziel der sozialen Gleichheit mehr und mehr Priorität einräumt.

Tabelle 1_ **Starke Freiheitsorientierung der jungen Ostdeutschen**

Frage: «Zwei Männer/Frauen unterhalten sich über das Leben [...] Was würden Sie persönlich sagen: Wer von beiden hat eher recht?»

	Westdeutschland		Ostdeutschland	
	Befragte unter 30 Jahren	Befragte ab 30 Jahren	Befragte unter 30 Jahren	Befragte ab 30 Jahren
	%	%	%	%
«Jeder ist seines Glückes Schmied. Wer sich heute wirklich anstrengt, der kann es auch zu etwas bringen.»	54	49	69	38
«Tatsächlich ist es so, dass die einen oben sind, und die anderen sind unten und kommen bei den heutigen Verhältnissen auch nicht hoch, sosehr sie sich auch anstrengen.»	31	36	22	43
Unentschieden / keine Angabe	15	15	9	19
	100	100	100	100

Quelle: Allensbacher Archiv, IfD-Umfragen, zuletzt Nr. 10069, März 2011

gen wird. Ebendies ist beim Thema Freiheit der Fall. Dies wird in Abbildung 7 (Seite 147) und Tabelle 1 (Seite 149) in den Antworten auf folgende Frage deutlich: «Zwei Männer unterhalten sich über das Leben. Der eine sagt: ‚Jeder ist seines Glückes Schmied. Wer sich heute wirklich anstrengt, der kann es auch zu etwas bringen.' Der andere sagt: ‚Tatsächlich ist es so, dass die einen oben sind, und die anderen sind unten und kommen bei den heutigen Verhältnissen auch nicht hoch, sosehr sie sich auch anstrengen.' Was würden Sie persönlich sagen: Wer von beiden hat eher recht?» Diese Frage ist deswegen von grosser Bedeutung, weil sie das grundlegende Menschenbild erfasst, auf dem die Einstellung zum Grundwert der Freiheit beruht. Nur wer der Ansicht ist, dass die meisten Menschen bereit und in der Lage sind, ihr Leben selbst in die Hand zu nehmen, kann die Freiheit – verstanden als Handlungs- und Entscheidungsfreiheit des Einzelnen – als gesellschaftliches Leitprinzip befürworten. Wer dagegen der Ansicht ist, die Menschen seien ihren äusseren Lebensumständen unentrinnbar ausgeliefert, wird der Handlungsfreiheit wenig Gewicht beimessen und sich stattdessen für ein Höchstmass an staatlicher Sozialfürsorge und materieller Umverteilung einsetzen.

> Nur wer der Ansicht ist, dass die meisten Menschen bereit und in der Lage sind, ihr Leben selbst in die Hand zu nehmen, kann die Freiheit – verstanden als Handlungs- und Entscheidungsfreiheit des Einzelnen – als gesellschaftliches Leitprinzip befürworten.

Die junge Generation der unter 30-Jährigen vertritt häufiger als die ältere die Ansicht, jeder sei seines Glückes Schmied, während in den siebziger und achtziger Jahren noch das Gegenteil der Fall war. Besonders auffällig ist in diesem Zusammenhang der Unterschied zwischen den Generationen in den neuen Bundesländern. Während sich die 30-jährigen und älteren Befragten, von denen die meisten ihre weltanschauliche Prägung noch in der DDR erfahren haben, mit einer knappen Mehrheit für die zweite Position entscheiden und damit zu Protokoll geben, dass sie die Menschen als passive Opfer ihrer Lebensumstände betrachten, sagen die unter 30-Jährigen in Ostdeutschland nicht nur häufiger als ihre Eltern und Grosseltern, sondern auch deutlich häufiger als ihre westdeutschen Altersgenossen, ihrer Meinung nach sei jeder seines eigenen Glückes Schmied. In einem Land, in dem die junge Generation eine solche Grundeinstellung entwickelt, ist die Freiheit noch lange nicht verloren.

10 Freiheit schätzen und Sicherheit suchen

Thomas Volkmann

— Wie fragt man nach Werten? _154

— Was die Menschen für wichtig halten _156

— Die Werthaltungen im Detail _161
  Einschätzungen zur Demokratie 161
  Einschätzungen zur Gerechtigkeit 162
  Einschätzungen zur Marktwirtschaft 162

— Eine gefährliche Entwicklung _163

Was von den einen als Wert bezeichnet wird, muss durchaus nicht für alle Menschen jederzeit und allgemeingültig ein solcher sein. Und auch diejenigen Werte, die aktuell gesellschaftlich allgemein anerkannt sind, unterliegen Gefährdungen und Bedrohungen sowie allmählichen Veränderungen. Die Friedrich-Naumann-Stiftung für die Freiheit hat den «Deutschen Wertemonitor» als empirische Studie über die Bedeutung von Werten in unserer Gesellschaft initiiert; die erste Erhebung erfolgte 2006. Die Kernfrage war dabei, ob es zutrifft, dass in der Gesellschaft der Wert der Freiheit immer mehr an Bedeutung verliert und, falls dies so sein sollte, in welche Richtung sich dann die Gesellschaft entwickelt – und weiterhin, ob es tatsächlich einen allgemeinen Werteverfall gibt, wie immer wieder behauptet wird.

Wie fragt man nach Werten?

Die Ergebnisse der ersten Studie von 2006 machten einerseits deutlich, dass der Wert der Freiheit in der deutschen Bevölkerung durchaus einen hohen Stellenwert hat. In der Studie wurden die Befragten gebeten, 13 Werte nach ihrer persönlichen Wichtigkeit zu beurteilen. Unter diesen 13 abgefragten Werten nahm der Wert der Freiheit den ersten Rang ein, 76 Prozent hielten ihn für sehr wichtig – in allen Bevölkerungsgruppen. Allerdings offenbarten die Antworten auf die Frage nach der am engsten mit der Freiheit verbundenen Partei, wie unterschiedlich dabei die Freiheit definiert und verortet war. Die parteipolitisch gebundenen Bürger bezeichneten jeweils mehrheitlich die Partei ihrer Wahl als diejenige, die die eigenen Vorstellungen von Freiheit am besten verkörpert.

Andererseits zeigte sich ein Dilemma, das sich in der nachfolgenden Befragung 2008 bestätigte und dem wir mit einer Änderung des Forschungsdesigns Rechnung getragen haben: Bis auf drei Ausnahmen erachtete eine deutliche Mehrheit der Befragten alle 13 genannten Werthaltungen für «sehr wichtig». Rechnete man noch die sich mehr oder minder davon unterscheidende Gruppe derjenigen dazu, die die jeweiligen Werte als «eher wichtig» betrachteten, so kam man für neun der 13 abgefragten Werte auf eine Quote von deutlich mehr als 90 Prozent.

Über die reine Frage, für wie wichtig die Menschen bestimmte Werte halten, liessen sich also aussagekräftige Erkenntnisse nicht ausreichend präzise gewinnen. Stattdessen muss das zentrale Erkenntnisinteresse darin liegen, zu definieren, welche Art von Freiheit wie stark gewünscht wird, mit welchen anderen Werten diese Auffassungen von Freiheit korrelieren und mit welchen sie kollidieren. So haben wir uns mit Beginn der zweiten Befragung entschlossen, unsere Fragen anders zu stellen. Dafür haben wir das Werteempfinden der Menschen in einen sozialen Zusammenhang gesetzt. Für die zweite Studie fragten wir also: Wie stark sind liberale Grundsätze in der Gesellschaft verankert? Wie hoch werden sie gewertet? Welchen Veränderungen unterliegen sie? Wie frei ist die Gesellschaft tatsächlich? Welche die Freiheit definierenden Werte werden geschätzt oder nicht geschätzt? Welche sind gefährdet?

Das Dilemma widersprüchlicher Werte Unter welchen Bedingungen «funktioniert» eine Gesellschaft? Das ist für Liberale eine wesentliche Frage, denn nach der Philosophie des politischen Liberalismus steht eben nicht die Gesellschaft im Vordergrund und der Einzelne hat sich in sie einzuordnen. Im Vordergrund steht vielmehr das jedem Menschen zustehende Anrecht, frei zu sein. Für Liberale geht es mithin um die unvermeidlichen Begrenzungen der Freiheit in der menschlichen Gesellschaft. Auch Liberale erkennen an, dass die Freiheit nicht der einzige gesellschaftliche Wert ist. Teil des menschlichen Dilemmas ist, so hat es Ralf Dahrendorf (2007: 45 f.) dargestellt, «dass wir gezwungen sind, mit einer Vielzahl von oft widersprüchlichen Werten zu leben. Wir müssen akzep-

> Nach der Philosophie des politischen Liberalismus steht eben nicht die Gesellschaft im Vordergrund und der Einzelne hat sich in sie einzuordnen. Im Vordergrund steht vielmehr das jedem Menschen zustehende Anrecht, frei zu sein.

Freiheit schätzen und Sicherheit suchen

tieren, dass es mehr als nur einen Wert gibt und dass Werte in Widerspruch zueinander stehen können».

Unser Ziel war es somit, über die generelle, pauschal abgefragte Haltung der Menschen zur Freiheit und zu einigen gesellschaftlichen Werten hinaus speziell auch die Akzeptanz grundsätzlicher Vorbedingungen freiheitlicher Gesellschaften abzufragen. Indem sich die Menschen unter anderem auch zwischen mehreren Antwortvorgaben entscheiden oder verschiedene Entscheidungsmöglichkeiten abwägen mussten, versuchten wir ausserdem erkennbar zu machen, ob «Freiheit» ein reiner Bekenntniswert oder eine konsequent verfolgte Verhaltensmaxime ist.

Der zweijährige Abfragerhythmus bietet die Möglichkeit, die Werthaltungen der Befragten mit aktuellen Entwicklungen in Beziehung zu setzen. Wie haben die Menschen im Lande auf die Wirtschafts- und Finanzkrise reagiert, wie haben sie sie verarbeitet? Haben die Geschehnisse auf den Finanzmärkten die Einstellungen der Menschen zu Demokratie und Marktwirtschaft, zu Fragen der Gerechtigkeit und zur Freiheit allgemein verändert? Die Antworten bieten interessante Einblicke in die Gemütslage der Deutschen.

Was die Menschen für wichtig halten

In der Studie zum «Deutschen Wertemonitor 2008» hatten wir festgestellt, dass «die Gesellschaft in Deutschland auf der Wegstrecke zur Freiheit zwischen Lebensgefühl und Lebenswirklichkeit auf halbem Wege stecken bleibt» (Deutscher Wertemonitor 2008: 15). Wenn es konkret wird, wählen die Menschen nicht die Freiheit, sondern Absicherung, Gleichheit und Risikominimierung. Die Studie aus dem Jahr 2010 hat diese Einschätzung bestätigt.

Wenn es konkret wird, wählen die Menschen nicht die Freiheit, sondern Absicherung, Gleichheit und Risikominimierung.

Die Wirtschafts- und Finanzkrise hat ihre Spuren hinterlassen. Die Menschen schätzen die Freiheit, aber sie suchen die Sicherheit. Für eine funk-

Abb. 8_ Merkmale einer funktionierenden Gesellschaft

Wertschätzung der Befragten im Jahr 2010

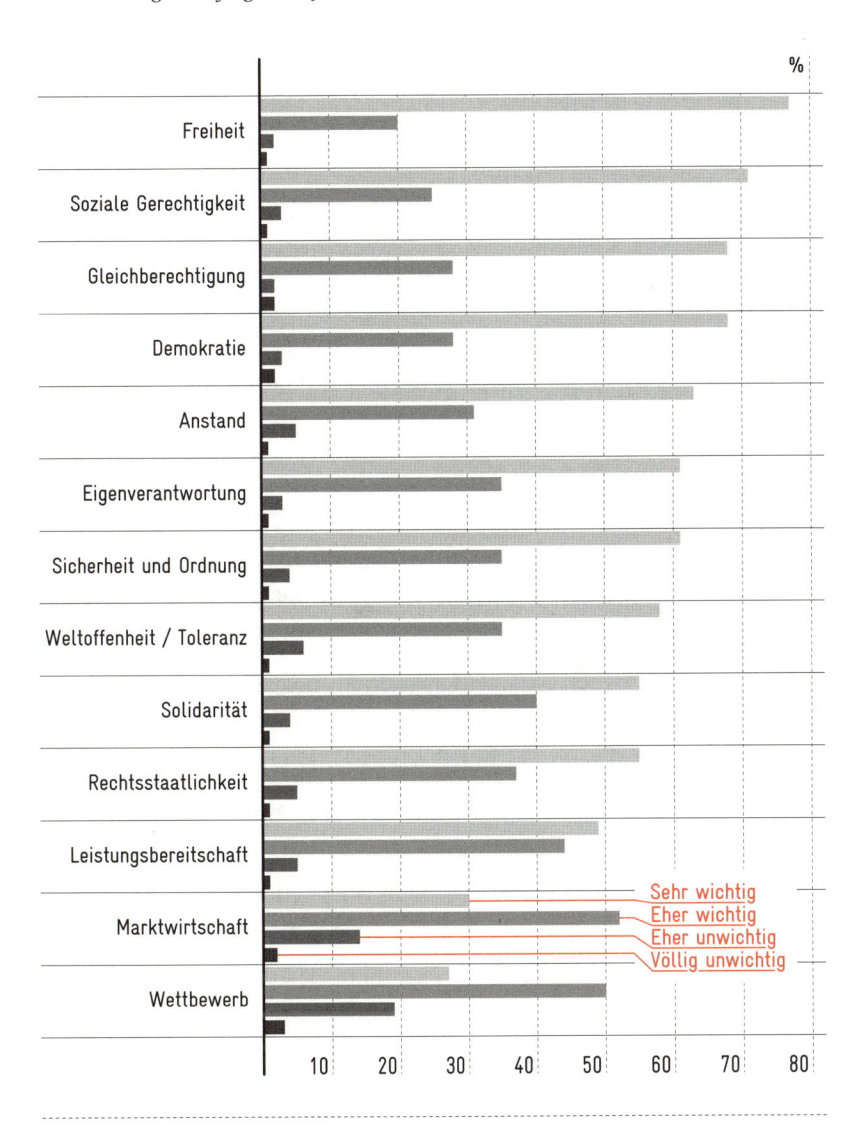

%

Freiheit
Soziale Gerechtigkeit
Gleichberechtigung
Demokratie
Anstand
Eigenverantwortung
Sicherheit und Ordnung
Weltoffenheit / Toleranz
Solidarität
Rechtsstaatlichkeit
Leistungsbereitschaft
Marktwirtschaft
Wettbewerb

Sehr wichtig
Eher wichtig
Eher unwichtig
Völlig unwichtig

10 20 30 40 50 60 70 80

Quelle: Deutscher Wertemonitor 2010: 7

Freiheit schätzen und Sicherheit suchen

tionierende Gesellschaft sind nach Meinung einer grossen Mehrheit der Befragten viele Voraussetzungen notwendig. Lediglich drei der 13 genannten Aspekte werden nicht von einer absoluten Mehrheit als «sehr wichtig» erachtet. Es zeigen sich folgende Strukturen Abbildung 8 (Seite 157):
- Freiheit als zentraler Wert wird eindrucksvoll bestätigt und erfährt eine gestiegene Bedeutung.
- Freiheit muss aber für die Befragten einhergehen mit sozialer Gerechtigkeit und Gleichberechtigung.
- Zwei Drittel halten die Demokratie für einen Kernbestandteil einer funktionierenden Gesellschaft. Fast ebenso wichtig erscheint Anstand als tragendes Element.
- Auf den mittleren Rängen der Wertehierarchie finden sich Eigenverantwortung, der Wunsch nach Sicherheit und Ordnung, Toleranz, Solidarität und Rechtsstaatlichkeit.
- Die drei letzten Plätze werden von Leistungsbereitschaft, Marktwirtschaft und Wettbewerb eingenommen – dabei halten 22 Prozent Wettbewerb für «eher unwichtig» oder «völlig unwichtig» für das Funktionieren der Gesellschaft; 2008 waren nur 10 Prozent dieser Auffassungen.

Im Zeitvergleich haben sich zwischen 2008 und 2010 bei einigen Themen deutliche Verschiebungen in der Zuweisung der Prioritäten ergeben Abbildung 9 (Seite 159). Besonders auffällig ist, dass die Wertschätzung sowohl der Freiheit auf der einen Seite als auch die der sozialen Gerechtigkeit auf der anderen Seite deutlich um 6 bzw. 8 Punkte zugenommen hat. Auch zwei andere Bereiche, die in einem gewissen Wettbewerb zueinander stehen, haben an Wichtigkeit zugelegt: der Wunsch nach Sicherheit und Ordnung um 7 und die Rechtsstaatlichkeit um 5 Punkte. Von weit geringerer Relevanz als noch vor zwei Jahren erscheinen hingegen die Leistungsbereitschaft und der Wettbewerb.

Gestiegene Wertschätzung für die Freiheit Bei insgesamt wieder gestiegener Wertschätzung für die Freiheit gibt es Zugewinne vor allem für gesell-

Abb. 9_ Funktionierende Gesellschaft – Wertschätzung im Zeitvergleich

So viel Prozent der Befragten war im Jahr ...
der jeweilige Wert sehr wichtig.

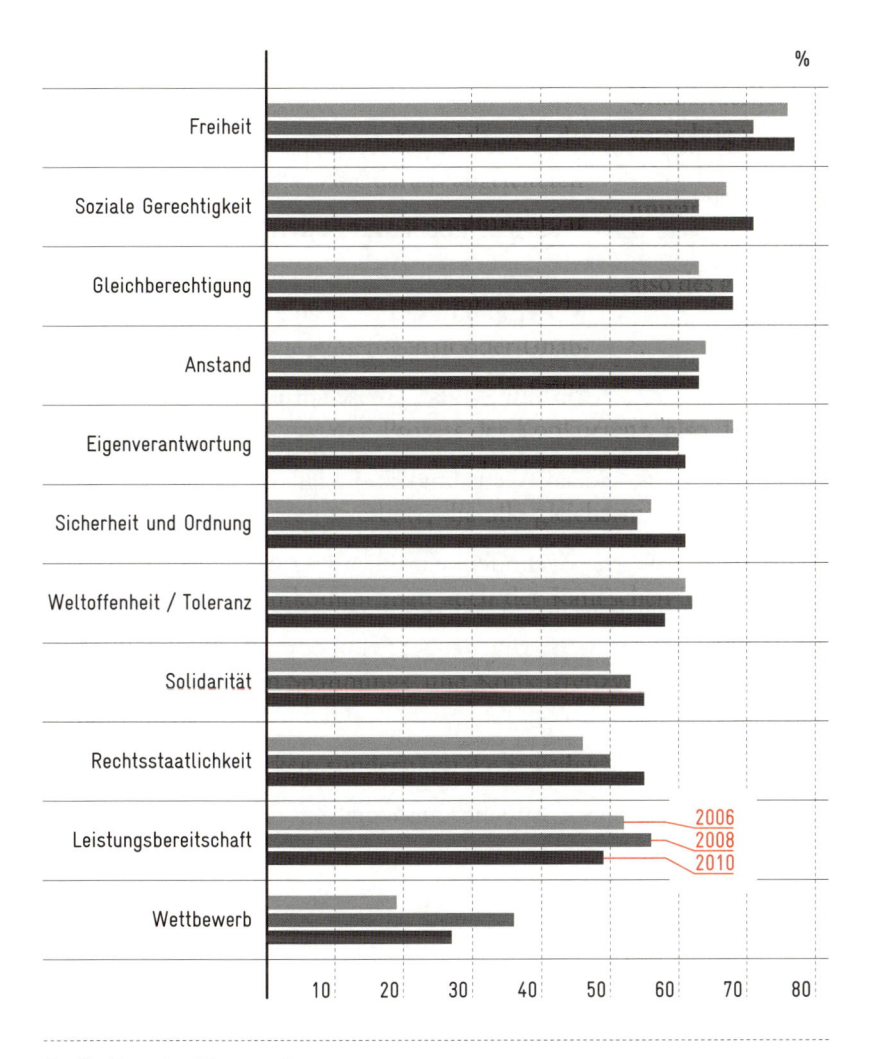

Wert	2006	2008	2010
Freiheit	77	72	78
Soziale Gerechtigkeit	68	63	73
Gleichberechtigung	65	66	69
Anstand	66	64	64
Eigenverantwortung	69	61	63
Sicherheit und Ordnung	58	56	63
Weltoffenheit / Toleranz	62	64	60
Solidarität	52	55	57
Rechtsstaatlichkeit	47	51	57
Leistungsbereitschaft	53	58	51
Wettbewerb	21	37	28

Quelle: Deutscher Wertemonitor 2010: 8

Freiheit schätzen und Sicherheit suchen

schaftliche Werte, die geeignet scheinen, die Auswirkungen grösstmöglicher Freiheit abzufedern, abzusichern oder auszugleichen. Freiheit scheint dabei eher als «Freiheit von etwas» verstanden zu werden, aber nicht im klassischen Sinne, zum Beispiel als Freiheit von Zwang und Unterdrückung, sondern vielmehr als Freiheit von Ungerechtigkeit, von Ungleichbehandlung, von Auf-Sich-Gestellt-Sein, von Unsicherheit und Rechtsverlust. Dagegen sind diejenigen Werte den Befragten weniger wichtig als in den vorherigen Umfragen, die auf «Freiheit zu etwas» zielen, also Eigenverantwortung, Leistungsbereitschaft oder Wettbewerb.

Neben der Freiheit werden Sicherheit und Ordnung, Solidarität und soziale Gerechtigkeit höher gewertet; Toleranz, Leistung, Wettbewerb und Markt verlieren an Popularität.

Tendenz zu kollektivistischen Werten Im «Deutschen Wertemonitor 2010» ist eine Tendenz zu kollektivistischen Werten zu beobachten: «Sicherheit und Ordnung» als gesellschaftlicher Wert steigt seit 2008 von 54 auf 61 Prozent, «Solidarität» steigt seit 2006 von 50 über 53 auf 55 Prozent, «Soziale Gerechtigkeit» steigt von 63 auf 71 Prozent (Vergleich 2008–2010). Darüber hinaus gibt es einen Rückgang der individualistischen Werte: «Weltoffenheit/Toleranz» sinkt von 62 auf 58 Prozent, «Leistungsbereitschaft» sinkt von 56 auf 49 Prozent, «Wettbewerb» fällt von 36 auf 27 Prozent. Und der 2010 zum ersten Mal abgefragte liberale Wert «Marktwirtschaft» wird gerade einmal von 30 Prozent für «sehr wichtig» erklärt.

Die Spannung zwischen der Betonung der Wichtigkeit von Freiheit und dem Wunsch nach Absicherung, zum Teil auch Bevormundung, muss erstaunlich erscheinen. Wie der genaue Blick zeigt, liegt sie nicht einmal in einem mangelnden Vertrauen zum Freiheitsgebrauch schlechthin oder in einem negativen persönlichen Freiheitsgefühl der Befragten begründet. Denn die Menschen zeigen sich – konfrontiert mit zwei grundsätzlichen Aussagen zur Freiheit – in allen drei Befragungen konstant zu zwei Dritteln sehr freiheitsfreundlich: Dass Menschen zum Missbrauch von Freiheit neigen und der Staat vorsorglich Vorschriften erlassen muss, bejahen (in den Befragungen 2006/2008/2010) nur 29 bzw. 30 bzw. 28 Prozent. Dass Menschen ihre Freiheit im Wesentlichen konstruktiv nutzen und der Staat nur die Rahmenbedingungen gestalten soll, bejahen 66 bzw. 67 bzw. wieder 67 Prozent.

Das persönliche Freiheitsgefühl hat sich sogar leicht positiv entwickelt: Die Selbsteinschätzung «Ich fühle mich frei und unbeschwert» steigert sich bei allen Befragten von 50 auf 53 Prozent, bleibt im Westen Deutschlands nahezu unverändert und steigt im Osten von 41 auf 45 Prozent. Allerdings bleibt die Summe aus «Ich fühle mich frei» und «Ich habe meine Schwierigkeiten, aber ich werde selbst damit fertig» fast gleich.

Die Werthaltungen im Detail

Um die Werthaltungen der Befragten besser greifbar zu machen, haben wir bei der Konzeption des Fragebogens drei zentrale, für die freiheitliche, offene Gesellschaft nachgerade konstitutive Bereiche definiert, die wir gesondert abgefragt haben: die Einschätzungen zur Demokratie, zur Gerechtigkeit und zur Marktwirtschaft.

Einschätzungen zur Demokratie

Im Rahmen der allgemeinen Werthaltungen erklären 66 Prozent der Befragten die Demokratie zu einem «sehr wichtigen» Faktor für eine gut funktionierende Gesellschaft; für 28 Prozent ist sie «eher wichtig». Fragt man weiter, wie die Menschen mit dem alltäglichen Erleben der Demokratie zufrieden sind, so äussern sich 10 Prozent «sehr zufrieden», 56 Prozent sind «überwiegend zufrieden», 27 Prozent sind «überwiegend unzufrieden» und 7 Prozent sind «sehr unzufrieden». Dies bedeutet gegenüber der gleichlautenden Umfrage von 2008 eine leichte Verbesserung. Versucht man, die Frage der Zufriedenheit anhand einer Abwägung zu beleuchten, so neigt sich in der Abwägung zwischen Ordnung/Sicherheit und Bürgerrechten die Waage in Richtung Sicherheit. War 2008 bundesweit noch eine hauchdünne Mehrheit (47:46) für Bürgerrechte, so bevorzugen nun 47:45 Ordnung und Sicherheit. Das ist ein weiterer Indikator für eine stärkere Betonung persönlicher Sicherheitsbedürfnisse.

Einschätzungen zur Gerechtigkeit

Für das Feld «Gerechtigkeit» gibt es Ähnliches zu beobachten. Die Quote derer, die mit der Gerechtigkeit in der Gesellschaft, wie sie sie im Alltag erleben, «sehr zufrieden» oder «überwiegend zufrieden» sind, sinkt im Vergleich zu 2008 von 51 auf 48 Prozent; die Unzufriedenheit steigt von 48 auf 51 Prozent. Im Westen Deutschlands sind statt 52 nur noch 49 Prozent «insgesamt zufrieden», im Osten gibt es starkes Minus bei «überwiegend zufrieden», wo sich nach 43 Prozent 2008 nur noch 36 Prozent einordnen, und fast jeder Fünfte (19 Prozent) ist «sehr unzufrieden». Bei der Abwägung zwischen «Individueller Freiheit und Eigenverantwortung» oder «Gesellschaftlicher Solidarität und Gleichheit» liegt die Quote gegenüber 2008 unverändert bei 50:43 zugunsten von Solidarität und Gleichheit. Insgesamt gibt es zwischen West und Ost eine Angleichung der Zahlen.

> Nur 30 Prozent der Befragten erachten Marktwirtschaft für sehr wichtig mit Blick auf das Funktionieren der Gesellschaft.

Einschätzungen zur Marktwirtschaft

Auf dem Feld der Marktwirtschaft zeigt sich der Trend noch deutlicher: Nur 30 Prozent der Befragten erachten Marktwirtschaft für «sehr wichtig» mit Blick auf das Funktionieren der Gesellschaft, dabei nur jeder Vierte im Osten des Landes. Die Quote der Zufriedenheit sinkt im Vergleich zu 2008 in ganz Deutschland von 58 auf 55 Prozent, wobei 5 Prozent «sehr zufrieden» und 50 Prozent «eher zufrieden» sind. Im Lager der Unzufriedenen sinkt die Bewertung «sehr unzufrieden» von 10 auf 8 Prozent, dafür steigt die etwas moderatere negative Einschätzung «überwiegend unzufrieden» von 30 auf 35 Prozent.

Aber kann eine leicht zurückgehende Unzufriedenheit, eine leichte Aufhellung in den finsteren Mienen der Menschen, wenn sie zur Marktwirtschaft gefragt werden, wirklich ausreichen? Wohl nicht, gerade angesichts der relativ geringen Akzeptanz für zentrale freiheitliche, liberale Werte wie Wettbewerb und Marktwirtschaft, wenn es um die – eigentlich nicht zu leugnende – Wichtigkeit für eine funktionierende Gesellschaft geht: Nur 30 Prozent halten die Marktwirtschaft für wichtig, 55 Prozent sind mit ihr zufrieden.

Bei der Abwägungsfrage wird auch hier das intensivere Sicherheitsdenken deutlich: In der Abwägung zwischen «mehr freiem Wettbewerb» und «mehr Absicherung» sinken im Vergleich zu 2008 beide Bewertungen zugunsten von «beides gleich». Aber insgesamt spricht sich nur knapp weniger als ein Viertel der Befragten insgesamt für «mehr Wettbewerb» aus, nahezu jeder Zweite ist für «mehr Absicherung», 27 Prozent wollen beides in gleichem Masse. Hierbei sind Unterschiede zwischen West und Ost deutlich erkennbar: Im Westen sinkt «mehr Absicherung» von 47 auf 44 Prozent, im Osten steigt es von 47 auf 51 Prozent. Im Westen steigt «beides gleich» von 24 auf 27 Prozent, im Osten sinkt es von 28 auf 23 Prozent.

> Der erkennbare wirtschaftliche Aufschwung hat die Stimmung der Bürger augenscheinlich noch nicht ausreichend aufgeheitert und den Menschen noch nicht die Ängste vor Unsicherheit und Unwägbarkeiten genommen.

Eine gefährliche Entwicklung

Was bedeutet all dies für die Frage, wie es um die Werte aktuell bestellt ist? Es fällt auf, dass trotz hoher Wertschätzung für die Freiheit und einem durchaus freiheitlichen Lebensgefühl Steigerungen und Zuwächse vor allem bei *nicht* zuvorderst vom Freiheitsgedanken getragenen Werten und Befindlichkeiten zu beobachten sind – für Ordnung und Sicherheit, für mehr soziale Absicherung, für Solidarität und Gleichheit.

Insgesamt zeigt sich, dass wohl die Wirtschafts- und Finanzkrise ihre Spuren in der Gemütslage der Menschen hinterlassen hat: Einem verbreiteten Freiheitsgefühl der Menschen steht eine stärkere Betonung die Freiheit einschränkender oder kollektivistischer Werte und ein Wunsch nach Sicherheit, Absicherung und Solidarität gegenüber. Der erkennbare wirtschaftliche Aufschwung hat die Stimmung der Bürger augenscheinlich noch nicht ausreichend aufgeheitert und den Menschen noch nicht die Ängste vor Unsicherheit und Unwägbarkeiten genommen.

Schädliche Fehlinterpretationen An unserem Wertegefüge wird viel Schaden angerichtet, wenn der zentrale Wert, die Freiheit, fälschlich im Sinne von Sorgenfreiheit oder Unbehelligtsein mit Belastungen und Risiken verstanden wird, nicht als Handlungs- und Betätigungsfreiheit im Sinne von Eigenverantwortung und Selbstständigkeit; wenn der Markt als Bedrohung gesehen wird und nicht als systemische Grundvoraussetzung der Möglichkeit einer Verwirklichung eigener Ziele; wenn Wettbewerb nur noch als Belastung gilt und nicht mehr als Chance zu zeigen, was man kann. Die Zahlen des «Wertemonitor 2010» legen die Interpretation nahe, dass die Gesellschaft sich auf diesem Wege befindet. Die Freiheit steht unter Druck.

Für diejenigen, die den allzeit umsorgenden und von Verantwortung dispensierenden «Nanny-Staat» für die höchste Errungenschaft gesellschaftlicher Weiterentwicklung halten, mag es um unser Wertesystem derzeit gut bestellt sein. Die Andersdenkenden erkennen – hoffentlich – zum Beispiel in den Zahlen des Deutschen Wertemonitors eine für den gesellschaftlichen Zusammenhalt in Wahrheit viel gefährlichere Entwicklung – nämlich in Richtung ruhiggestellter Menschen, die gesättigt und rundum versorgt diesen Zustand auch noch als Freiheit definieren. Aber das wäre eine genauso falsch verstandene Freiheit wie die in der bekannten Liedzeile von Janis Joplin: «Freedom's just another word for nothing left to lose».

Die Wahrheit liegt dazwischen: Ich muss wissen, dass ich viel erreichen kann, wenn ich mich anstrenge, dass ich aber auch viel verlieren kann, obwohl ich mich angestrengt habe. Die Freiheit ist die Anstrengung wert.

Es bleibt also viel zu tun auf dem Weg zu einer umfassend freiheitlichen Gesellschafts- und Wirtschaftsordnung. Und es gilt, Bedrohungen der Freiheit abzuwehren.

11 Zerfall oder Wucherung
Guy Kirsch

— Wertezerfall – Illusion oder Wirklichkeit? _168

— Der Mensch – weder gut noch schlecht,
sondern schwach _169

— Der Mensch – interessengeleitet _170
Eigeninteresse 170
Interesse am eigenen Selbst 170

— Der Mensch – Bewohner eines «moralischen Raums» _171

— Von einer Wertewelt zu vielen Wertewelten _173

— Nebeneinander – Gegeneinander – Miteinander _176

— Das dividierte Selbst _178

— Nicht frei von Werten, aber frei für Werte _179

Die Klage ist nicht neu: Schon im pharaonischen Ägypten beklagten Ältere in bewegten Worten, wie sehr die Werte ihrer Jugend an Ansehen verloren hatten, wie sehr die Tugenden von ehedem zu Torheiten entwertet worden waren. Auch beweinten die derart Klagenden im Voraus den baldigen Untergang der Gesellschaft, ja, aller Menschlichkeit. Es scheint demnach eine verständliche, wenn auch nicht unbedingt verständige Unart der älteren Generationen aller Zeiten (gewesen) zu sein, die Trauer über die Endlichkeit des eigenen Lebens in Visionen über das Ende *allen* Lebens und Zusammenlebens auszudrücken. Es dürfte also auch heute so manches Jammern über die Erosion der Werte in der Gesellschaft der psychischen Entlastung jener dienen, deren wahrscheinliche Zukunft kürzer als die eigene Vergangenheit ist.

Wertezerfall - Illusion oder Wirklichkeit?

Doch beschränkt sich heute der Kreis jener, welche die Erosion der Werte beklagen, nicht auf Senioren, die sich den Abschied aus der Welt dadurch erleichtern wollen, dass sie diese als Ort öden Werteverlusts sehen. Vielmehr ist die Klage über den Wertezerfall gegenwärtig allgemeiner. Allgemein wird bedauert, dass es gegenwärtig zu wenig Werte gibt, die – gültig und verbindlich – dem Leben der Menschen Richtung und Grenzen geben und das Zusammenleben in der Gesellschaft ordnen. Die Liste der in diesem Zusammenhang gängigen Stichworte ist lang und farbig: Jugendgewalt in U-Bahnen, Korruption in Chefetagen, Schwarzarbeit in Handwerksbetrieben, Titelschummelei in Universitäten, Pornografie auf allen Kanälen, Rücksichtslosigkeit im Strassenverkehr, Datenklau im Internet, Missbrauch von Kindern in Kirchen usw. Auch klagt man laut, wie sehr dieser Wertezerfall das Leben des Einzelnen verroht und verletzt, wie sehr auch das Zusammenleben erschwert, gar unmöglich gemacht wird. Und damit wir nicht vollends das Opfer wertvergessener Brutalität werden, nimmt man dann häufig bereitwillig seine Zuflucht zu immer schärferen staatlichen Kontrollen, zu immer engeren gesetzlichen Vorschriften.

Es scheint also Konsens zu bestehen: Es gibt zu wenig Werte, an denen sich die Menschen ausrichten und nach deren Massgabe sie sich selbst und andere richten. Die Frage ist, ob man sich dieser Ansicht anschliessen muss. Im Folgenden wird die These zur Diskussion gestellt, dass unser Problem gegenwärtig nicht darin besteht, dass in unserer Gesellschaft immer weniger Werte Geltung haben, sondern dass wir es mit einer wachsenden Vielzahl und einer zunehmend reichen Vielfalt von Werten zu tun haben. Dies kann ein Übel sein; es kann auch eine Chance sein.

Der Mensch – weder gut noch schlecht, sondern schwach

Es lohnt, unseren Diskurs mit der Feststellung des Florentiner Humanisten und Staatsmanns Francesco Guicciardini (1509), dass der Mensch weder gut noch schlecht, sondern schwach ist, zu beginnen. Was bedeutet, dass der Mensch auf positive und negative Anreize reagiert, oder – anders ausgedrückt – dass er korrumpierbar und erpressbar ist. Das Handeln des Menschen ist in dieser Optik nicht böse, weil der Mensch – wie bei Hobbes (1651) – von Natur aus schlecht ist; es ist auch nicht freundlich, weil der Mensch – wie bei Rousseau (1762) – von Natur aus gut ist. Vielmehr hängt das Handeln des Menschen davon ab, wie dieses Handeln erwartungsgemäss seine Interessen berührt.

Ist das Handeln des Menschen aber nicht von seiner Natur abhängig, sondern von Interessen geleitet, dann verdienen diese unsere besondere Aufmerksamkeit. Besonders ist dann nach der *Art* der für das Handeln wichtigen Interessen zu fragen.

Der Mensch – interessengeleitet

Eigeninteresse
Es liegt nahe, hier an erster Stelle an das Eigeninteresse, das «self-interest», zu denken. Einige Beispiele: Wenn Solaranlagen durch Subventionen gefördert werden, wird das Handeln des Einzelnen ökologisch korrekt sein; wenn die Steuerkontrolle hinreichend lax ist, wird der Einzelne nur zu gerne Steuern hinterziehen; wenn die Bestechungssumme gross genug ist, wird der Einzelne der Versuchung nicht widerstehen und korrupt werden.

Dass das Handeln des Menschen derart einseitig nur von seinem «self-interest» abhängen soll, stösst – erwartungsgemäss und mit gutem Grund – auf Widerspruch: Es widerspricht in der Tat aller (Selbst-)Erfahrung, dass das Handeln des Menschen nur eigeninteressiert ist, er also jenseits seines «self-interest» keinen Orientierungsmassstab kennt. Man will und kann nicht annehmen, dass man selbst zu jeder Heldentat, aber auch zu jeder Schandtat bereit ist, wenn nur hinreichend positive Anreize bzw. hinreichend schmerzliche Sanktionen in Aussicht gestellt werden. Man will und kann nicht davon ausgehen, dass Heroen und Heilige lediglich Menschen sind, denen noch keine hinreichend verlockende Versuchung begegnet ist bzw. die noch nicht mit einer hinreichend bedrohlichen Erpressung konfrontiert worden sind.

Interesse am eigenen Selbst
In der Tat: Nicht nur kann und will man diese düstere Sicht vom Menschen nicht akzeptieren; man muss es auch nicht. Dies deshalb, weil der Einzelne nicht nur ein «self-interest», sondern auch ein «interest in his own self» hat. In Anlehnung an Erich Fromm: Der Mensch will nicht

nur etwas *haben*, er will auch jemand *sein*. So mag er nicht nur mehr Geld haben, sondern auch ein ehrlicher Mensch sein wollen; er mag – anderes Beispiel – eine bestimmte Art sexueller Befriedigung haben wollen, aber kein Kinderschänder sein wollen. Und weil dem so ist, kann man erwarten, dass das «interest in his own self» den Einzelnen darin hindert, bestimmte Schändlichkeiten, die seinem «self-interest» förderlich sein könnten, zu begehen; man kann auch erwarten, dass das Interesse am eigenen Selbst den Einzelnen motiviert, auch dann ehrlich, grossmütig, mitmenschlich, heldenhaft usw. zu handeln, wenn dies seinem Eigeninteresse abträglich ist: Weil er ein guter Bürger sein will, hinterzieht der Einzelne auch dann keine Steuern, wenn er dies risikolos tun könnte; weil er ein Umweltfreund sein will, heizt er winters seine Wohnung auch dann nicht über 18 Grad Celsius, wenn ihn der Ölpreis nicht drückt.

> Der Mensch will nicht nur etwas *haben,* er will auch jemand *sein.*

Ein Mix von Haben und Sein Es wäre nun unrealistisch anzunehmen, das Interesse am eigenen Selbst würde die Menschen immer und vollständig davon abhalten, ihre Eigeninteressen mit allen, selbst den schändlichsten Mitteln zu verfolgen, bzw. das Interesse am eigenen Selbst würde sie immer und vollständig dazu anhalten, ihre Eigeninteressen völlig zu ignorieren. Mit anderen Worten: Der Mensch strebt nicht eine Maximierung seines «self-interest» an und ebenso wenig ist er darauf aus, das «interest in his own self» maximal zu befriedigen. Vielmehr strebt er einen aus seiner Sicht optimalen Mix von «Haben» und «Sein» an. Ist dem aber so, kann man realistischerweise davon ausgehen, dass das Handeln der Menschen *auch* wertgeleitet ist.

Der Mensch – Bewohner eines «moralischen Raums»

Wertgeleitet! Etwas unvermittelt taucht hier der Begriff «Wert» auf; richtiger: Es *scheint*, als tauche er unvermittelt auf. Denn implizit war von ihm schon im Zusammenhang mit dem Interesse des Einzelnen am eigenen Selbst die Rede. Dazu Folgendes: Ein Mensch, der etwa ein Umweltfreund, ein guter Bürger, ein ehrbarer Kaufmann, ein frommer Christ sein will, bekennt sich implizit zu bestimmten Werten; dies tut auch jener, der kein Strassenrowdy, kein Kinderschänder, kein bestechlicher Politiker sein will.

Werte teilen Für unsere weiteren Überlegungen ist nun folgender Punkt von entscheidender Bedeutung: Mag auch richtig sein, dass es dem Einzelnen um sein *individuelles* Selbst geht, so teilt er doch die Werte, die sein Selbst definieren sollen, *mit anderen*. Tut er das nämlich nicht, d. h. definiert er sein Selbst mit Bezug auf Werte, die nur ihm etwas bedeuten, marginalisiert, ja, entgesellschaftet er sich selbst. Mögen auch Einzelne ein Leben in solcher Einsamkeit – etwa als Verwirrte – leben müssen, sind sie doch die Ausnahme. Für die meisten gilt, dass sie ihr Selbst mit Bezug auf einen Wertekatalog definieren, den sie mit anderen teilen. Sie bewohnen also mit anderen – in der Sprache von Charles Taylor (1989/1994) – einen «moral space», d. h. einen Raum, dessen Dimensionen durch jene Eigenschaften bestimmt sind, die – mit positivem oder negativem Vorzeichen – zur Definition des Selbst jener herangezogen werden, die diesen Raum bewohnen. So ist man etwa ein ökologisch verantwortlicher Mensch, ein ehrlicher Steuerzahler, ein rücksichtsvoller Autofahrer, ein Globalisierungsgegner, ein Dritte-Welt-Laden-Kunde; und man ist nicht homophob, rassistisch usw. mit Bezug auf bestimmte Werte, die man mit anderen gemeinsam hat.

Optimismus oder Pessimismus Die letztgenannten Beispiele scheinen nun den Schluss zu rechtfertigen, dass es um die Werte in unserer Gesellschaft so schlecht nicht steht. So mag man – optimistisch – davon ausgehen, dass es einen unsere ganze Gesellschaft umfassenden «moral space» gibt, dass also alle Gesellschaftsmitglieder ihr Selbst unter Rückgriff auf *einen* ihnen gemeinsamen Wertekanon definieren. Man kann aber auch – wie dies die Kulturkritik tut – beklagen, dass dieser *eine* «moral space» kollabiert, dass immer weniger Menschen ihr Selbst in den Kategorien eines gesellschaftsweit gültigen Wertekanons definieren, sie also immer weniger bereit sind, qua Gesellschaftsmitglieder etwa ordnungsliebend, ehrlich, rücksichtsvoll, pünktlich, patriotisch, vaterlandsliebend, fleissig, züchtig usw. zu sein.

Die Frage ist, ob die optimistische oder aber die pessimistische Sicht gerechtfertigt ist. Auch wenn man keinen Hang zu excessiv düsterer Kulturkritik hat, wird man kaum bezweifeln, dass der gesellschaftsweite Wertekanon über weite Strecken erodiert ist. Nur: Sind damit auch in der Gesellschaft jegliche Werte verschwunden? Handeln die Menschen nur noch mit Blick auf ihre «self-interests»? Es stellt sich – anders formuliert – die Frage, ob mit der Schwächung des gesellschaftsweiten «moral space» jeglicher «moral space» verschwunden ist. Vieles spricht dafür, dass der *eine* moralische Raum sich keineswegs einfach in nichts aufgelöst hat, sondern dass er in eine Vielzahl und eine Vielfalt von «moral spaces» zerfallen ist. Man kann sagen: Er ist nicht implodiert, sondern explodiert.

Von einer Wertewelt zu vielen Wertewelten

Konkret bedeutet dies: Es gibt immer weniger *die* Gesellschaft; an ihre Stelle ist eine Vielzahl und eine Vielfalt von «Szenen», gleichsam von Subgesellschaften getreten, die – jede von ihnen – ihren je eigenen «moral space» hat, ihren je eigenen Wertekanon, dem alle jene verpflichtet sind, die in der jeweiligen «Szene» interagieren wollen. Ist dem aber so, muss man davon ausgehen, dass nicht nur die Zahl und die Bindungskraft der *gesellschaftsweit* gültigen Werte abgenommen, sondern dass gleichzeitig die Vielzahl und die Vielfalt *szenenspezifischer* Wertekanons zugenommen haben.

Die valeurs républicaines In dem Masse, in dem viele jener Werte, die ehedem gesellschaftsweit verpflichtend waren, an Bedeutung verloren haben, ist die Klage über den Verfall der Werte also durchaus berechtigt. Symptomatisch ist in diesem Zusammenhang der vielerorts zu beobachtende – hier exempli causa erwähnte – Erfolg nationaler, ja, nationalistischer und verkappt oder offen rassistischer Bewegungen und Parteien. Hier werden jene Werte beschworen, die gesellschaftsweit etwa in Frankreich, in Holland, in Ungarn gelten sollen, aber eben nicht mehr gelten: Von der «identité nationale» spricht man vorzugsweise dann, wenn sie nicht mehr selbstverständlich ist, wenn sie sich nicht mehr von selbst versteht. Und je lauter die «valeurs républicaines» beschworen werden, desto mehr muss man vermuten, dass sie kaum noch gelten.

> Die verbissene Heftigkeit, die bösartig-destruktive Propaganda, durch die sich Vertreter nationaler Besinnung nicht selten auszeichnen, sind ein Indiz dafür, dass die Agitatoren selbst im Letzten nicht an die Wiederherstellung des einen «moral space» glauben.

Man könnte nun versucht sein, von dieser Beschwörungsrhetorik die Wiederherstellung des einen, gesellschaftsweiten «moral space» zu erhoffen. Dieser Versuchung ist zu widerstehen; vielmehr dürfte es so sein, dass die verbissene Heftigkeit, die überzogene, ja masslose Rhetorik, die bösartig-destruktive Propaganda, durch die sich Vertreter nationaler Besinnung nicht selten auszeichnen, ein Indiz dafür sind, dass es um den *einen* «moral space», um seine Wiederherstellung, eher schlecht bestellt ist – und dass die Agitatoren selbst im Letzten nicht daran glauben.

Eine Vielfalt von Szenen Doch so sehr die *eine* durch *einen* Wertekanon geregelte Gesellschaft geschwächt, ja verschwunden sein mag – an ihre Stelle ist eine Vielzahl und Vielfalt von «Szenen», von Subgesellschaften, mit je eigenen Wertekanons getreten. Es gibt die «Szene» der Topmanager, der Hells Angels, der Kirchgemeindemitglieder, der Fans von Schalke 04, der niedergelassenen Ärzte, der Teilnehmer an einem bestimmten Chatroom usw. Die Liste lässt sich beliebig verlängern. Wichtig aber ist festzuhalten, dass in diesen «Szenen» ein je eigener Wertekanon gilt. So ist das Verhalten etwa der Hells Angels genauso bestimmten szenetypischen Werten unterworfen wie im Verkehr der Mitglieder einer Kirchgemeinde ein ganz bestimmter Verhaltenskodex gilt: Als «Angel» hat man dies zu tun und jenes zu lassen und als Mitglied einer Kirchgemeinde hat man sich so und nicht anders zu verhalten.

Im Ergebnis bedeutet dies: Wohl gelten jene Werte, die *gesellschaftsweit* jeden Umgang aller Menschen regeln sollen, wenig oder nichts (mehr); dafür aber gibt es nun eine Vielzahl unterschiedlicher, im Zweifel gegensätzlicher Regeln, die für jene gelten, die in den einzelnen Subgesellschaften interagieren wollen: Weder für den «Angel» noch für das Mitglied der Kirchgemeinde mag die freundliche Höflichkeit gegenüber Unbekannten, wie sie ehedem gesellschaftsweit gefordert sein mochte, eine verbindliche Regel sein; doch wird jener etwa gehalten sein, unter allen Kosten und im Zweifel mit letzter Brutalität für andere «Angels» einzustehen, so wie es diesem aufgegeben ist, an Gemeindeversammlungen aktiv teilzunehmen und den sonntäglichen Gottesdienst nicht zu versäumen. Selbstverständlich: Diese Beispiele beweisen in ihrer kruden Einfachheit nichts, wohl aber illustrieren sie jenen Punkt, der für unsere Überlegungen von Bedeutung ist. In ihnen zeigt sich nämlich, dass mit dem Zerfall der *einen* Gesellschaft in *viele* Subgesellschaften auch der *eine* «moral space» in *viele* «moral spaces» zerfallen ist, oder anders: An die Stelle *eines* gesellschaftsweit gültigen Wertekanons ist eine *Vielzahl* von szenenspezifischen Wertekanons getreten. Und dies wiederum ist sowohl für das *Zusammenleben der Menschen* in der Gesellschaft als auch für das *Selbst des einzelnen Menschen* nicht ohne Folgen.

> An die Stelle *eines* gesellschaftsweit gültigen Wertekanons ist eine *Vielzahl* von szenenspezifischen Wertekanons getreten.

Zerfall oder Wucherung

Nebeneinander – Gegeneinander – Miteinander

Für das Zusammenleben der Menschen wäre dieser Zerfall des einen «moral space» vergleichsweise unproblematisch, wenn die einzelnen so entstandenen Subgesellschaften sich in keiner Weise berührten, konkret: wenn sich die Hells Angels und die Kirchgemeindemitglieder nicht begegneten, wenn die Alten und die Jungen, die Fussballfans und die Mozartliebhaber, die Christen und die Muslime sich nicht in die Quere kämen, sich nicht wechselseitig zum Ärgernis, zur Herausforderung, zur Belästigung würden, wenn sie sich wechselseitig ignorieren könnten, es also eine Art von Apartheid gäbe. Dies mag im Einzelfall vorkommen, muss und wird aber kaum die Regel sein. Entsprechend kommt es zu Reibereien: Was den einen ein Wert ist, ist den anderen nur zu oft ein Unwert; was den einen eine gute Umgangsform ist, ist den anderen nicht selten ein Fehlverhalten; was den einen ein völlig normales Verhalten ist, erscheint den anderen als Unverschämtheit, als Herausforderung, gar als Bedrohung; mit der Folge, dass die Missverständnisse und Konflikte geradezu programmiert sind.

Begegnung als Chance Gewiss: Man mag die – nicht immer unberechtigte – Hoffnung haben, dass die Berührung von einzelnen Subgesellschaften nicht zum wechselseitig destruktiven Zusammenstoss führen muss, sondern zur allseits fruchtbaren Begegnung werden kann. Warum sollten sich der Bankmanager als Bankmanager und der Hells Angel als Hells Angel nichts zu sagen haben, sich nicht zuhören wollen und sich nicht wechselseitig bereichern können? Dies ist allerdings nur dann zu erwarten, wenn beide bereit und fähig sind, die Begegnung mit dem jeweils anderen und andersartigen als Chance zu begreifen und zu nutzen. Dies aber bedeutet, dass der *eine* gesellschaftsumfassende «moral space» wenigstens noch so weit besteht, dass die Begegnung mit dem anderen, dem andersartigen von allen als Wert erkannt und anerkannt wird und als Möglichkeit genutzt werden kann. Es setzt voraus, dass jeder wohl dem Wertekanon seines «moral space» verpflichtet ist, aber weiss, dass dieser «moral space» nur *einer* unter anderen ist.

Entmischung der Gesellschaft Damit stellt sich die Frage, in welchem Umfang dies heute (noch oder schon wieder) der Fall ist; auch mag man darüber nachdenken, ob dieser Raum eines allen Gesellschaftsmitgliedern gemeinsamen Wertekanons schrumpft, ob und wie er erhalten und ausgeweitet werden kann. Doch man muss wohl – wie bereits vorgängig erwähnt – befürchten, dass der gesellschaftsweite Wertekonsens mehr und mehr zerfällt und dass einzelne Subgesellschaften so weit auseinanderdriften, dass sie sich möglichst wenig berühren; es findet bereits – so meine Vermutung – eine Entmischung der Gesellschaft statt: Die Altentreffs und die Jugenddiscos liegen weit auseinander, das Lokal der Hells Angel liegt in einem anderen Quartier als der Golfclub, der Hartz-IV-Empfänger lebt in einer anderen Welt als der Bezieher von Bankboni und die alteingesessenen Schweizer sind gemeinhin Mitglieder in anderen Vereinen als die zugezogenen Afrikaner.

> Man muss befürchten, dass gegenwärtig der gesellschaftsweite Wertekonsens am Zerfallen ist und dass einzelne Subgesellschaften so weit auseinanderdriften, dass sie sich möglichst wenig berühren.

Es ist demnach realistischerweise davon auszugehen, dass die Entwicklung dahin geht, die Entmischung der Gesellschaft in separate «Szenen» zu verstärken. Es mag als Symptom gelten: Auch dann, wenn hierzulande der Ausbau von «gated communities» noch nicht so weit fortgeschritten ist, wie dies andernorts der Fall ist, entstehen in unseren Städten doch allerorten Gettos mit eigenem Flair, eigenem Geschäftsleben, eigener Kultur, eigenen Verhaltensregeln, eigenem Wertekanon: Die meisten «Ausländergettos» liegen nicht im gleichen moralischen Raum wie die «guten Wohnviertel». Allerdings gibt es doch hinreichend viele Gelegenheiten, wo sich «Szenen» mit verschiedenen Wertekanons berühren, sich oft wechselseitig als Ärgernis und als Herausforderung und manchmal als Bereicherung empfinden: Wir mögen manche Ausländerviertel in unseren Städten als Orte sozialer Verwahrlosung fürchten, doch hindert uns dies nicht daran, gelegentlich dort «ausländisch» zu essen. Es dürfte eine der wichtigsten Herausforderungen zukünftiger Gesellschaftspolitik sein, die Bedingungen zu schaffen bzw. wiederherzustellen, damit dort, wo sich verschiedene Subgesellschaften berühren, ein fruchtbarer Austausch möglich wird.

Das dividierte Selbst

Der Zerfall der Gesellschaft in verschiedene Subgesellschaften und – damit einhergehend – die Zergliederung des einen gesellschaftsweiten moralischen Raumes in eine Vielzahl unterschiedlicher «moral spaces» ist auch für den Einzelnen, für sein Selbst, von entscheidender Bedeutung. Er kann nämlich nicht mehr in *einer* Gesellschaft mit Bezug zu *einem* Wertekanon erkennen und bekennen, wer er ist. Vielmehr muss er jetzt als Teilnehmer an einzelnen «Szenen» sein Selbst gleichsam aus vielen Versatzstücken zusammensetzen. Mochte er ehedem erkennen und bekennen, wer er als Mitglied der einen Gesellschaft war und an welchen Werten er sich auszurichten hatte, so ist dies nun nicht mehr der Fall. Insofern nämlich der Einzelne nun in verschiedenen «Szenen» interagiert, setzt sich sein Selbst aus verschiedenen Versatzstücken zusammen: Er ist gleichzeitig etwa Kirchgemeindemitglied, Rotarier, begeistertes Mitglied eines Bruce-Springsteen-Fanclubs, Anhänger einer xenophoben Partei – und als solcher hat er sein Verhalten an Werten auszurichten, die für Kirchgemeindemitglieder, für Rotarier usw. verbindlich sind. Dies bedeutet, dass der Einzelne in verschiedenen Wertewelten agiert und interagiert, es bedeutet auch, dass sein Selbst – indem es sich aus verschiedenen Elementen zusammensetzt – eine Art «Patchwork-Selbst» ist. Der Publikumserfolg eines Buches mit dem Titel «Wer bin ich und wenn ja, wie viele?» kann wohl dahin gedeutet werden, dass hier ein weitverbreitetes Lebensgefühl angesprochen wird.

Nicht frei von Werten, aber frei für Werte

Dies kann man beklagen und jenen Zeiten nachtrauern, in denen – mehr als heute – *ein* Wertekanon das individuelle Selbst definierte und *ein* Regelkatalog dem individuellen Handeln Sinn und Richtung vorgab. Die Frage ist, ob man beklagen *muss*, dass gegenwärtig unterschiedliche Werte gleichsam darum kämpfen, jedenfalls darum werben, als verbindliche Handlungsvorgaben und als konstitutive Elemente individueller Identitäten anerkannt zu werden.

Mit einiger Vereinfachung mag man sagen, dass jener, der sein Selbst nach *einem* in sich geschlossenen Werteraster ausrichten kann und muss, es vergleichsweise leicht hat, mit sich selbst im Reinen zu sein, in sich selbst zu ruhen. Wenn er gegen den *einen* Wertekanon verstösst, mag er sich als sündiger Mensch vorkommen, doch wird er kaum ein innerlich zerrissener Mensch sein. In diesem Zusammenhang ist symptomatisch, dass gegenwärtig der Begriff der Sünde einigermassen ungebräuchlich geworden ist.

> Es ist symptomatisch, dass gegenwärtig der Begriff der Sünde einigermassen ungebräuchlich geworden ist.

«Wer soll ich sein?» Auch stellt sich für jenen, der sich nicht in einem vorgegebenen moralischen Raum als Selbst verortet, das Problem, in welchen ihm zugänglichen «moral spaces» er auftreten, also auch sein Selbst verorten soll. Für ihn stellt sich nicht nur die Frage «Wer bin ich?», sondern auch die Frage «Wer soll ich sein?». Jetzt ist er nicht nur mit der Notwendigkeit konfrontiert, nach den Vorgaben *eines* Wertekanons sein Selbst zu verstehen, jetzt steht er auch vor der Aufgabe, laufend zu entscheiden, in welchen «moralischen Räumen» er jemand sein will. Obwohl nicht bestritten werden kann, dass dies eine durchaus belastende Herausforderung ist, sollte doch nicht übersehen werden, dass hier dem Menschen auch die Möglichkeit einer neuen Freiheit erwächst: Er *muss* jetzt nicht mehr jemand Bestimmter sein, vielmehr *kann* er wählen, wer er sein soll.

Allerdings bedeutet diese Freiheit für den Einzelnen auch, dass er die Verantwortung für sein Selbst tragen muss: Aus dem jeweils geltenden Angebot an «Szenen», an «moral spaces» kann und muss er jene auswählen, in denen er «er selbst» sein will. Der Einzelne ist zunehmend gezwungen, zum «Designer» seines eigenen Selbst zu werden. Und nicht nur das: In einer Welt des zunehmenden Prekariats, in der im Prinzip alles zur Disposition steht, alle weggeschoben, abgelöst, ersetzt, verworfen werden können, sind auch die «moral spaces» von schnellem Wechsel bedroht. Die Folge ist, dass die Selbstentwürfe, die angeboten werden, ein kurzes Verfallsdatum haben und dass, wer heute nach dem Wertekanon eines umweltbewussten Naturburschen lebt, vielleicht morgen nach dem Wertekanon eines umweltvergessenen Konsumjunkies leben möchte.

Das Patchwork-Selbst Der Einzelne muss aber nicht nur entscheiden, in welchen Subgesellschaften er sich verortet, er muss auch dafür sorgen, dass die in den einzelnen «Szenen» gelebten Flicken seines «Patchwork-Selbst» zueinanderpassen; im Zweifel muss er auch damit fertigwerden, dass er in Subgesellschaften agiert, deren Wertekanons untereinander nicht so ohne Weiteres vereinbar sind. So mag er als Mitglied einer Kirchgemeinde christlicher Nächstenliebe verpflichtet sein und gleichzeitig als Anhänger einer rassistisch angehauchten Partei die Menschen in vollwertige und minderwertige Wesen unterteilen oder sich als hingebungsvoller Lehrer profilieren und gleichzeitig als aktiver Teilnehmer an einem Kinderporno-Chat verlustieren. Die Liste lässt sich beliebig verlängern.

Die meisten werden sich darum bemühen, möglichst zueinanderpassende «patches» miteinander zu verbinden. Doch Tatsache bleibt, dass dem Einzelnen gegenwärtig über weite Strecken die Freiheit gegeben und die Verantwortung aufgebürdet ist, aus dem reichen Sortiment vielfältiger Wertangebote jene auszuwählen, nach denen er leben, nach denen er jemand sein will. Dabei mag es auch vorkommen, dass dem Einzelnen in bestimmten Lebenssituationen keine Subgesellschaft zugänglich ist, in deren «moral space» er sich definieren kann; man denke etwa an den einzelnen Arbeitslosen, der *als* Arbeitsloser einsam ist und dem nicht unbedingt eine Subgesellschaft, eine «Szene» von Arbeitslosen zur Verfügung steht.

Aus all dem erwachsen dem Einzelnen gewiss Risiken; es erwachsen ihm aber auch Chancen. Er mag einerseits beim Entwurf und bei der Realisierung eines harmonischen «patchwork» überfordert sein und für sich und andere eine Last sein. Andererseits mag er im Erleben eines in Freiheit gewählten Selbst eine Erfüllung finden, die ihm eine Existenz nach aufgezwungenem Wertmuster nie ermöglicht hätte. Es mag wohl richtig sein, dass den Chancen der Freiheit zum individuellen Selbstentwurf die Risiken von Individual- und Sozialpathologien entsprechen; doch dürfte auch richtig sein, dass diesen Risiken die Chance eines reicheren, weil eines gewählten und nicht vorgegebenen Selbst entspricht.

> Tatsache bleibt, dass dem Einzelnen gegenwärtig über weite Strecken die Freiheit gegeben und die Verantwortung aufgebürdet ist, aus dem reichen Sortiment vielfältiger Wertangebote jene auszuwählen, nach denen er leben, nach denen er jemand sein will.

12 Naturrecht als Korrektiv
Harold James

— Die Analyse der Krise — 184

— Die Perspektive des Naturrechts — 188
Gerechtigkeit hat wieder Konjunktur 188
Krise von Wirtschaftslehre und Wertesystem 189
Verwirklichung der Freiheit 192

— Schuld und Schulden — 193
Ablass 194
Das Dilemma der Ökonomie 196
Vertrauensbildende Massnahmen 197

Krisen, insbesondere sehr schwere Krisen, sind oft Lernchancen. Leider scheint die Welt bisher sehr wenig aus der jüngsten Finanzkrise gelernt zu haben. Manche Kritiker sprechen von einem Scheitern der Ökonomen. Sind die Vorwürfe berechtigt? Tatsächlich ist die Situation heute genauso gefährlich wie 2007: Die Vereinigten Staaten von Amerika sind jetzt in höchster Sorge angesichts ihrer kraftlosen wirtschaftlichen Erholung, Europa lähmt die Angst um das Überleben der Währungsunion, und die Schwellenländer haben mit Spekulationsblasen zu kämpfen. Um aus einer Krise zu lernen, muss man zunächst einmal analysieren, was schiefgelaufen ist. Aber es geht auch darum, Lösungen zu finden. Als Gemeinschaft haben wir den ersten Teil sehr gut gemacht, den zweiten sehr schlecht.

Es gibt fünf Ursachen der Instabilität, die in die Krise geführt haben: Fehlsteuerungen auf dem amerikanischen Immobilienmarkt, perverse Anreize, globale Ungleichgewichte, übermässig lockere Geldpolitik und unkontrollierte Staatsverschuldung.

Die Analyse der Krise

Die meisten Analysen der Finanzkrise nach 2007 machen fünf Ursachen für Instabilität aus. Erstens wurde die Krise ausgelöst durch die Besonderheiten des amerikanischen Immobilienmarktes, durch staatliche Anreize für generelles Eigentum von Immobilien und durch die unvorsichtige Kreditvergabe von Banken. Zweitens haben perverse Anreize Kreditinstitute dazu verleitet, übermässige Risiken einzugehen. Intern hatten Banker ein enormes Potenzial, an hohem Risiko viel Geld zu verdienen, mussten aber die Kosten eines Scheiterns nicht tragen. Für einzelne Unternehmen wurde das nicht als Problem angesehen, denn sie wurden beschützt durch das Prinzip «too big to fail». Als die Krise ausbrach – nach einem Kollaps des Immobilienmarktes in den Vereinigten Staaten von Amerika, der völlig vorhersehbar war, aber absichtlich übersehen wurde –, musste der öffentliche Sektor die Eventualverbindlichkeiten übernehmen, die im Finanzsystem aufgelaufen waren. Drittens führten globale Ungleichgewichte zu billigem

Geld. Langfristige Leistungsbilanzüberschüsse in einigen Ländern (besonders in China, in anderen schnell wachsenden asiatischen Volkswirtschaften und bei den Ölproduzenten aus der Golfregion) liessen die langfristige Finanzierung von Defiziten in anderen Ländern (in Grossbritannien, Australien, Spanien, Irland und den Vereinigten Staaten von Amerika) zu. Viertens begingen Zentralbanken, besonders das Federal Reserve System, den Fehler einer lockeren Geldpolitik. Mit einer für grosse Institutionen verfügbaren Dollarfinanzierung durch die amerikanische Notenbank wurde die amerikanische Notenbank so etwas wie eine Welt-Zentralbank. Und fünftens führten die finanziellen Konsequenzen der Rettungspakete für grosse Kreditinstitute nach Ausbruch der Krise schnell zu einer unkontrollierten Staatsverschuldung, die dem Bankgewerbe möglicherweise auf die Füsse fällt.

Kaum etwas ist bereinigt Vielleicht mit Ausnahme des erstgenannten Problems ist bis heute keine dieser Fehlentwicklungen bereinigt. Natürlich gibt es hier und da in einigen Zirkeln Diskussionen über eine Reform des Finanzgewerbes, wobei sich langsam ein Konsens herausbildet, dass Regeln für die Eigenkapitalanforderungen aufgestellt werden müssen. Aber viele systemrelevante Banken sind eher grösser als kleiner aus der Krise herausgegangen. Zudem wurden die globalen Ungleichgewichte im Zuge der anfänglichen Krise zwar sofort reduziert, als die Vereinigten Staaten von Amerika ihr Defizit schnell anpassten, aber die Ungleichgewichte kommen jetzt zurück. Die grössten Volkswirtschaften der Welt behalten derweil ihre sehr niedrigen Zinssätze. Vor 2007 musste man eine solche Finanzpolitik im schlimmsten Fall als Fehler ansehen, jetzt ist sie weit mehr: nämlich eine unheilvolle Strategie. Es herrscht allgemein der Verdacht, dass die Vereinigten Staaten von Amerika den Dollar absichtlich abwerten (und sich somit in einen «Währungskrieg» begeben, wie es Brasiliens Finanzminister Guido Mantega ausgedrückt hat).

Eine gnadenlose Logik Wir wissen nicht, wie wir mit den finanziellen Problemen umgehen sollen, die sich aus der Krise ergeben haben. Zweifel über die Nachhaltigkeit der Staatsverschuldung erzeugen plötzliche Erhöhungen der Zinssätze, während Risikozuschläge angesichts der Wahrscheinlichkeit einer Zahlungsunfähigkeit dramatisch zunehmen. Solche Erhöhungen sind per definitionem abrupt – und damit extrem störend. Für Länder am Rand folgt daraus eine gnadenlose Logik. Der staatliche Schuldendienst ist im Allgemeinen aufgrund der niedrigen Zinssätze einfacher geworden. Aber Hinweise auf neue staatliche Unvorsichtigkeiten oder auf Rückzieher hinsichtlich einer langfristigen Haushaltskonsolidierung und Schuldensenkung können die Kreditkosten dramatisch in die Höhe treiben. Unter diesen Umständen überwiegen die zusätzlichen Kosten des Schuldendienstes alle Einnahmen, die aus einer Lockerung der Haushaltspolitik kommen könnten. Als Ergebnis betrifft die steuerliche Ungewissheit alle grossen Industrieländer und erzeugt politische Lähmung. Obwohl wir also sehr gut verstehen, wodurch die Finanzkrise erzeugt wurde, sind wir hilflos, wenn es darum geht, daraus unsere Lehren zu ziehen. Auf jeden Fall besteht die Gefahr überzogener Erwartungen an Politik und Politiker.

> Obwohl wir sehr gut verstehen, wodurch die Finanzkrise erzeugt wurde, sind wir hilflos, wenn es darum geht, daraus unsere Lehren zu ziehen.

Bedenken präzise artikulieren Die Bürger müssen sich fragen, was genau an den vielen neuen politischen Initiativen besorgniserregend ist. Nur wo Bedenken präzise artikuliert werden, lassen sich legitime politische Strategien formulieren. In den Reaktionen auf eine Krise sind die Klagen über die Unzulänglichkeit der Wirtschaftslehre allzu oft mit massiver Werbung für bestimmte politische Positionen verbunden. Solche politischen Standpunkte sind hart umkämpft, und viele von ihnen scheinen eng verbunden mit mächtigen Interessen: Ob Banken und Finanzindustrie oder Rechtsanwälte, ob Autokonzerne oder die Gewerkschaften der

Automobilindustrie – sie alle versuchen seit jeher glaubhaft zu machen, dass von der Subventionierung und Rettung ihrer jeweils spezifischen Tätigkeit auch das Gemeinwohl abhängt.

Kontroverse um die Bankerboni Ein bestimmter Verteilungskampf beherrscht seit Langem die nationalen wie auch die internationalen Debatten: Welche Vergütungsrahmen sind angemessen, und wie lässt sich die angemessene Höhe von Vergütungen überhaupt feststellen? Welche Kriterien sollten dabei gelten? Oder sollte sich der Staat in dieses Geschäft besser gar nicht erst einmischen, sondern vielmehr auf die Selbstregulierung der marktwirtschaftlichen Prozesse vertrauen? Beim Treffen der G 20 in Pittsburgh im September 2009 war die Bemessung der Einkommen im Finanzgewerbe die am heftigsten umstrittene Frage. Die meisten Amerikaner dürften ein hohes Vergütungsniveau zumindest dort nicht für angebracht halten, wo die Bürger mit ihrem Steuergeld für die Verluste von Finanzunternehmen geradestehen müssen. Ganz allgemein ausgedrückt: Zwar mag es keine formale und explizite Staatsbürgschaft geben, aber man wird davon ausgehen können, dass der Glaube, Banken seien zu gross oder zu stark vernetzt, als dass man sie in die Insolvenz gehen lassen könnte, als De-facto-Garantie wirkt. Als Konsequenz daraus ergibt sich, dass Regierungen auch die hohen Entlohnungen für riskantes Geschäftsgebaren zumindest indirekt garantieren.

> Die De-facto-Garantie der Banken hat die Konsequenz, dass die Regierung auch die hohen Entlohnungen für riskantes Geschäftsgebaren zumindest indirekt gewährleistet.

Weil ein pervertiertes Bonussystem viele Banker in der Vergangenheit dazu verleitet hat, allzu hohe Risiken einzugehen, plädieren manche Beobachter nun für einen pragmatischen Ansatz: Die Anreize müssten sich an der langfristigen Leistung orientieren – und zwar mit Blick nicht nur auf den unmittelbaren Firmenertrag, sondern auch auf den sozialen Gewinn und das Allgemeinwohl. Im Gegensatz dazu halten nicht wenige europäische Staatsführungen und Vordenker exzessive Vergütungen per se für falsch – ganz gleich, ob sie Verluste und unangemessene Gewinne verursachen oder nicht.

Die Probleme sitzen tiefer Solche Kontroversen setzen sich nicht wirklich mit der Frage auseinander, warum die herkömmlichen Wirtschaftslehren augenscheinlich versagt haben. Ob es sich schlicht um ein akut technisches Versagen gehandelt hat oder ob das Problem eher grundsätzlicher und struktureller Art war, bleibt im Dunkeln. Doch müssen wir nicht womöglich von einem solchen strukturellen Versagen ausgehen, gerade weil die Ökonomen bislang nicht bereit gewesen sind, sich auf eine Grundsatzdiskussion über Werte einzulassen?

Die Perspektive des Naturrechts

Was ist der Wert eines öffentlichen Guts wie zum Beispiel der Währungsstabilität? Warum sollten wir den freien Märkten einen Wert zumessen? Aus welchem Grund sollten Menschen die Möglichkeit haben, ein Beschäftigungsverhältnis einzugehen? Häufig drehen sich solche Diskussionen um den Begriff des Naturrechts, zum Beispiel wenn es um ein Recht auf Arbeit und ein faires Entgelt geht oder um ein Recht auf freien Marktzugang. Woraus leiten sich diese Rechte ab, und wie kann man bei Konflikten zwischen solchen Rechten vermitteln?

Gerechtigkeit hat wieder Konjunktur

Es überrascht nicht, dass sich einige Wirtschaftswissenschafter neuerdings wieder mit der «Idee der Gerechtigkeit» beschäftigen (so lautet auch der Titel des Buches von Amartya Sen 2009). Gefragt wird nach Interpretationen von Gerechtigkeit, und dabei geht es nicht notwendigerweise um Konflikte zwischen verschiedenen Rechten. Vielmehr sucht man nach Entwicklungschancen für solche Potenziale, die den Menschen von Natur aus eigen sind. Eine interessante Folge davon ist ein wiedererwachtes Interesse an der Frage, wie die verschiedenen Kulturen mit derartigen Interessenkonflikten umgegangen sind. Der Gedanke, dass sich Empfindungen aus der Vernunft ableiten können, wird oft auf die griechische Philosophie und insbesondere auf Aristoteles zurückgeführt; in der mittelalterlichen Philosophie wurde er vor allem durch die Schriften von Averroes und Aquin vermittelt. Amartya Sen weist allerdings darauf hin, dass sich ein ganz ähnlicher Diskurs auch in der indischen Philosophie entwickelt hat, und Arthur Waldron (2011) hat gezeigt, dass man in China vor mehr als 2000 Jahren die gleiche Debatte führte. Die Gelehrten der Antike und des Mittelalters fanden es nicht problematisch, empirische Wirtschaftslehren mit einer ethischen Orientierung zu verknüpfen. Doch diese Tradition ist weitgehend abgerissen.

> Die Gelehrten der Antike und des Mittelalters fanden es nicht problematisch, empirische Wirtschaftslehren mit einer ethischen Orientierung zu verknüpfen. Doch diese Tradition ist abgerissen.

Krise von Wirtschaftslehre und Wertesystem

Man kann mit einiger Sicherheit behaupten, dass die Krise der empirischen Wirtschaftslehre und die grundsätzlichere Krise des Wertesystems miteinander verbunden sind. Die Finanzkrise steht schon insofern im Kontext anderer Krisen, als sich Sprach- und Denkmuster, aus denen die finanziellen Turbulenzen hervorgingen, längst auch in anderen Lebensbereichen etabliert haben. So behaupten einige Analysten zum Beispiel, dass die moderne Finanzwelt ganz der zeitgenössischen Kunst entspreche. Parallel zu den Finanzmärkten habe sich auch auf dem Kunstmarkt eine bemerkenswerte Spekulationsblase gebildet, besonders seit 2004. Manche modernen Künstler und ihre Mäzene vergleichen die zeitgenössische Kunst sogar explizit mit neuen Finanzprodukten. In beiden Fällen war es gelungen, einer breiten Klientel ein prinzipiell undurchschaubares Produkt zu verkaufen.

In einem Buch mit dem Titel «Funky Business» (zu Deutsch etwa: abgefahrene Geschäfte) rieten zwei schwedische Management-Gurus den Bankern, von der experimentellen Kunst zu lernen: «Wenn Sie etwas wirklich Neues und Revolutionäres machen wollen, dann hören Sie niemals auf Ihre Kunden! Die meisten Kunden sind wie Rückspiegel. Sie sind extrem konservativ und langweilig, haben keinen Funken Fantasie und wissen nicht, was sie wollen» (Ridderstrale, Nordström 2008: 150).

Die Kunden sahen sich in der grundsätzlich gleichen Lage, ob sie nun avantgardistische Kunst betrachteten oder komplexe Derivate kauften: Die Objekte und Produkte blieben obskur, der ihnen zugrunde liegende Wert war nicht zu verstehen. Nach finanziellen Implosionen wie dem Platzen der Dotcom-Blase im Jahr 2000 oder der Subprime-Kernschmelze von 2007/2008 wirken solche Standpunkte nur noch überheblich. Die Gleichsetzung undurchschaubarer Finanzprodukte mit verwirrender, scheinbar sinnloser Kunst ist dann eher vernichtend als vertrauenerweckend.

Ein Privatleben wie auf dem Börsenparkett Die Sprache der Finanzwelt beeinflusste nicht nur die Kunst (und umgekehrt); sie griff auch über auf den Bereich der persönlichen Beziehungen. Bei einer Umfrage zum Thema Partnersuche und Sexualverhalten in New York gaben die Nutzer einer Online-Datingagentur an, dass sie jegliche feste Bindung zu vermeiden suchten. Stattdessen experimentierten sie mit einem System aus Put- und Call-Optionen für ihr Privatleben. Mögliche Partner wurden je nach Grad ihrer sozialen Attraktivität auf einer Rangliste einsortiert – und dann für den Fall in Reserve gehalten, dass sich die Option auf einen besseren Kandidaten nicht einlösen liess. So wurde das Privatleben dem Börsenparkett immer ähnlicher.

Der Chronist dieser Verhältnisse beschreibt das wie folgt: «Sie benutzen ihr Mobiltelefon, um ihre emotionalen und sexuellen Bedürfnisse zu zerlegen, aufzuteilen und neu zusammenzusetzen. Jedes Bedürfnis wird mit einem anderen Partner abgedeckt, und am Schluss hoffen sie, als Gewinner dazustehen. Die Sache kann allerdings schnell kompliziert werden und zu unangenehmen Situationen führen» (Yang 2009). Naturrechtliches Denken kann demgegenüber ein wirksames Korrektiv zur

Erosion oder Deformation von Werten sein. In der Tradition des Naturrechts wird durch die Anwendung der Vernunft, also gewissermassen durch vernünftiges Nachdenken, ein Normensatz, ein Gerüst leitender Prinzipien ermittelt.

Sprachprobleme der Disziplinen Ein Hauptproblem besteht darin, dass die beiden Diskurstraditionen von Moralphilosophie und Ökonomie nicht direkt miteinander kommunizieren können. Moralphilosophie ist normativ, während es die Vertreter der Wirtschaftswissenschaften ganz bewusst vermeiden, Normen zu setzen. Sie analysieren stattdessen die Verhältnisse, die sie in den empirischen Daten vorfinden. Die wirtschaftswissenschaftliche Analyse basiert zunehmend auf der Mathematik, während sich das naturrechtliche Denken im Rahmen der analytischen Philosophie weiterentwickelt hat, die sich auf die Bedeutung von Begriffen und von Sprache konzentriert. Ökonomen verweigern systematisch jedes moralische Werturteil und gehen davon aus, dass jeder Einzelne selbst entscheidet, was gut für ihn ist.

Ökonomen und Sozialwissenschafter haben die Aufgabe, die Konsequenzen des individuellen Handelns vorauszusehen – also auszurechnen, was passiert, wenn die Einzelnen ihre selbstgesteckten Ziele und bevorzugten Güter zu erreichen suchen. Entsprechend wirken die verschiedenen Ansätze wie zwei endlos parallele Barrenholmen, die unmögliche intellektuelle Turnübungen verlangen – einen immerwährenden Spagat zwischen dem, was ist, und dem, was sein sollte. So haben selbstverständlich auch beide Disziplinen ihre jeweils eigene Version einer Krise. Aus Sicht der Moralphilosophen benimmt sich der Markt nicht so, wie er sollte – während die Wirtschaftswissenschafter feststellen mussten, dass sich der Markt nicht so verhält, wie sie es zuvor berechnet hatten.

> Aus Sicht der Moralphilosophen benimmt sich der Markt nicht so, wie er sollte – während die Wirtschaftswissenschafter feststellen mussten, dass sich der Markt nicht so verhält, wie sie es zuvor berechnet hatten.

Naturrecht als Korrektiv

Grosse Unterschiede bestehen auch im Hinblick auf den Zeithorizont der Analyse, und auch hier sind beide Versionen auf ihre jeweilige Weise problematisch. Die Prinzipien der Gerechtigkeit gelten auf ewig – und das legt die Frage nahe, wie sie einer Welt anzupassen sind, die sich ständig verändert, die immer neue Herausforderungen und Analyseanforderungen stellt. Im Gegensatz dazu liegt die Problematik des Nützlichkeitsprinzips in seiner womöglich nur kurzfristigen Wirkung. Nicht zufällig beschäftigt sich ein grosser Teil jener Literatur, die das Glück zum Thema hat, mit dem Nachweis, dass viele Formen des Konsums nur für kurze Zeit Glücksgefühle erzeugen, aber nicht für einen nachhaltigen Anstieg des Wohlbefindens sorgen. Folglich ist man sich in der Fachwelt heute weitgehend einig, dass ein verlässlicher Massstab des Glücks auch die langfristige Zufriedenheit berücksichtigen müsse. Nicht von ungefähr unterscheidet das Lateinische ganz klar zwischen einem kurzfristigen Zustand des Glücks – felix – und dem länger andauernden Zustand – beatus.

Verwirklichung der Freiheit
Die wichtigste Grundsatzfrage in der Diskussion über die Relevanz des Naturrechts dreht sich um die Verwirklichung der menschlichen Freiheit. Während der vergangenen 30 Jahre ist viel darüber geforscht und geschrieben worden, dass politische und wirtschaftliche Freiheit Vorteile bringt, darunter nicht zuletzt einen Zugewinn an Wohlbefinden. Beachtliche Mittel, wie sie zum Beispiel jedes Jahr von der Forschungsorganisation Freedom House zur Verfügung gestellt werden, sollen diese Behauptung der Sozialwissenschaften (allerdings nur über recht eng definierte Zeiträume hinweg) empirisch untermauern. Eine parallel laufende Denkrichtung macht den Anspruch geltend, Religionsausübung sei wünschenswert und nutzbringend, weil man sie – und auch für diese Behauptung werden empirische Daten geliefert – mit höheren Einkommen und grösserem Reichtum assoziiert. Eine so geartete sozialwissenschaftliche

Analyse der Religion lässt sich mindestens bis zu Max Webers berühmter Verknüpfung der protestantischen Ethik mit dem «kapitalistischen Geist» zurückverfolgen (Weber 1904/1905).

Doch in beiden Fällen ist die Denkweise hinter der empirischen Beweisführung stark verzerrt und im Grunde destruktiv. Freiheit hat per se einen Wert, sie verkörpert selbst eine höhere Wahrheit. Religiöse Werte leiten sich nicht aus ihrem möglichen materiellen Nutzen ab, sondern von einem überweltlichen Gebot. Zwar mag es richtig sein, dass Glaube und Liebe mächtige Werkzeuge zur Bekämpfung der Armut sind, doch sind sie dies aufgrund des ihnen innewohnenden Werts als Ausdruck wahrhafter Menschlichkeit. Der grösste Beitrag, den die Tradition des naturrechtlichen Denkens leistet, ist ihr Insistieren auf einer Hierarchie der Werte. In ihr wird ein Wert als solcher erkannt und verstanden, statt als reines Werkzeug für irgendeinen anderen Zweck zu dienen.

> Der grösste Beitrag, den die Tradition des naturrechtlichen Denkens leistet, ist ihr Insistieren auf einer Hierarchie der Werte.

Schuld und Schulden

Können wir diese Denkweise in einem bestimmten Fall anwenden, der im Zentrum der derzeitigen Krise steht? Gibt es eine Lösung für das Problem der Verschuldung – der massiven Ausweitung der Kapitalanlagen und finanziellen Verpflichtungen –, das so oft als Ursache der Finanzkrise von 2007 und 2008 genannt wird? Dabei geht es um die Schulden der Privathaushalte und der Finanzunternehmen – aber auch der Regierungen, die Privat- und Bankschulden übernehmen, um die Panik einzudämmen. Diese öffentliche Verschuldung bildet den Kern der aktuellen Krise. Das finanzielle Verhältnis wirft drängende moralische Fragen auf, die plötzlich ins Zentrum des Problems zu rücken scheinen. Weshalb sollten belastende Schulden mit einer Pflicht zur Rückzahlung verbunden sein? Ist es gut, verschuldet zu sein?

Naturrecht als Korrektiv

Ablass

Schulden münden in Kapitalismuskritik Eine Aufblähung der Schulden – wie sie vor allem in einer Deflation vorkommt – ruft stets radikale Kapitalismuskritik hervor. Die Forderung, alle Schulden zu streichen, ist eine gängige Form davon. Eine Auflehnung gegen die Marktwirtschaft artikuliert sich häufig zu allererst als Verteufelung von Schulden und Verschuldungspraktiken. So hat beispielsweise der saudische Grossmufti Abdelasis al-Scheich verkündet, dass Kreditzinsen der eigentliche Grund für die Krise seien. Das Scharia-Prinzip des geteilten Risikos werde dieses Problem aus der Welt schaffen.

Dieses Lösungsmodell ist schon sehr alt. Bereits das Alte Testament empfahl, alle 49 Jahre ein «Ablassjahr» vorzusehen, in dem alle Schulden annulliert werden sollten. Die mittelalterliche Kirche wandte sich gegen Zinswucher. Derartige Argumente sind nicht einfach Ausgeburten des Obskurantismus. Sowohl das Christentum des Mittelalters als auch der Islam unterscheiden zwischen einer ausbeuterischen Gläubigerschaft, die den Schuldner in die Knechtschaft des Schuldendienstes zwingt, und einer finanziellen Beziehung, die durch das Teilen unternehmerischen Risikos entsteht. Diese alten Denkmodelle laden noch heute zum Nachdenken über jene Umstände ein, die im Fall einer Verschuldung die Wahlfreiheit des Menschen oder gar die freie Entwicklung seiner Persönlichkeit hemmen.

Die Verdammnis des modernen Lebens Die theologische Interpretation der Moderne besagt, dass es einen Grund dafür gibt, warum die Menschen in immer grösserem Massstab voneinander Geld leihen, und dass darin die Verdammnis des modernen Lebens sichtbar wird. Wir leihen uns Geld, weil wir unseren eigenen Nutzen für wichtiger halten als den Nutzen anderer. Wenn ich beim Juwelier ein schönes Schmuckstück sehe oder beim Autohändler einen chromblitzenden Neuwagen, bin ich fest davon überzeugt, dass das begehrte Objekt mir gehören sollte und dass es mir von grösserem Nutzen wäre als irgendjemandem sonst. Insofern nährt sich die Gier aus einer bestimmten Art von Stolz oder Eigenliebe. Das problematische Wesen der «Schuld» ist in einer zweideutigen Zeile des Vaterunsers festgehalten, die eben nicht nur auf begangene Sünden hinweist, sondern auch auf finanzielle Verbindlichkeiten (und deshalb in der Vergangenheit nicht selten als «vergib uns unsere Schulden» übersetzt wurde – «dimitte nobis debita nostra»).

Mögliche Wege aus der Krise sind zum Beispiel die Vereinfachung der Finanzwirtschaft, die Rückkehr zu einem niedrigeren Schuldenstand und die Einschränkung des Geldflusses über weite Entfernungen. Die De-facto-Verstaatlichung vieler Banken als Folge der Krise bringt schon einige dieser Effekte mit sich: So sind die neuen staatseigenen Institute in der Regel kaum gewillt, ihre Mittel über die Landesgrenzen hinaus fliessen zu lassen, wo sie zum Wohl der Bürger einer anderen politischen Einheit eingesetzt würden. Solche Rettungspakete werden bisweilen als Bewegung hin zu einem «Retro-Finanzwesen» bezeichnet (Bhidé 2009).

> Mögliche Wege aus der Krise sind die Vereinfachung der Finanzwirtschaft, die Rückkehr zu einem niedrigeren Schuldenstand und die Einschränkung des Geldflusses über weite Entfernungen.

Radikalere Forderungen Einige Traditionen des Naturrechts stellen allerdings radikalere Forderungen und verlangen, dass die Schulden tatsächlich regelmässig gestrichen werden – ganz so wie beim alttestamentarischen Ablass. Als alternative und womöglich stabilere Grundlage des Welthandels wird manchmal auch das islamische Finanzwesen, zumindest in seiner originären Form, genannt. Eine weniger drastische Regulierungsmethode würde die Abschaffung all jener Anreize verlangen, die sowohl die privaten Haushalte als auch die Unternehmen zum vermehrten Schuldenmachen animiert haben. Bei den Privathaushalten hatte in erster Linie die steuerliche Absetzbarkeit von Hypothekenkrediten zu einer massiven Überschuldung geführt, im Fall der Unternehmen waren es vor allem die steuerlich absetzbaren Zinsen, die zu immer mehr «Leverage» verleiteten.

Das Dilemma der Ökonomie
Die Wirtschaftswissenschafter stimmen heute weitgehend in der Diagnose überein, dass der enorm hohe Verschuldungsgrad ein Hauptgrund für die Schwäche des Finanzsystems war. Vor dem Ersten Weltkrieg hatten die amerikanischen Banken im Durchschnitt eine Eigenkapitalquote von 15 bis 20 Prozent; in den neunziger Jahren war diese Quote auf nurmehr fünf Prozent gefallen. Man interpretierte dies bequemerweise als Zeichen einer erwünschten Ökonomisierung des Kapitals, als Zeichen der finanzwirtschaftlichen Reife beziehungsweise einer höheren Entwicklungsstufe. Im Nachhinein hat man die Entwicklung dann umgedeutet. So sprach der für Finanzstabilität zuständige Direktor der Bank von England, Andrew Haldane, nach der Krise von einem «Teufelskreis», der die Banken in die Abhängigkeit von indirekten staatlichen Garantien – und damit letztlich von den Steuerzahlern – getrieben habe (Haldane, Alessandri 2009).

Lösungsansätze Es gibt Lösungsansätze für eine übermässige Kreditabhängigkeit. Einige Länder, darunter auch Grossbritannien, experimentieren bereits mit der Abschaffung oder zumindest Reduktion steuerlich absetzbarer Hypothekenzinsen. Während der langen Zeit, in der Hypothekenschulden substanzielle Steuererleichterungen brachten, haben sich allerdings Verhaltensmuster ausgeprägt, die jetzt nur noch schwer zu durchbrechen sind. Ein schrittweises Abrücken von diesem Irrweg würde ganz allgemein für wirtschaftliche und psychologische Erleichterung sorgen. In der Terminologie der Finanzwirtschaft gesprochen: Eine höhere Kapitalquote oder die Einführung sogenannter Contingent-Capital-Quoten (ein Absicherungsmechanismus zur Umwandlung von Verbindlichkeiten in Eigenkapital für den Fall, dass eine Kapitalerhöhung notwendig wird) könnte die indirekte Abhängigkeit von staatlichen Garantien zumindest verringern. Eine Radikalkur wäre die Einschränkung oder sogar Abschaffung des Prinzips der beschränkten Haftung – und die Rückkehr zu den finanziellen Strukturen des 19. Jahrhunderts.

Vertrauensbildende Massnahmen
Einen alternativen Ansatz bietet der Bereich der vertrauensbildenden Massnahmen. Man könnte sich eine direktere Beziehung des Einzelnen zur Finanzwirtschaft vorstellen, die dem Kunden mehr Einfluss lässt, statt ihn an Dritte auszuliefern, denen er weder vertraut noch trauen kann. Allerdings lässt sich Vertrauen nicht einfach per Gesetz oder Regierungserklärung anordnen. Vertrauen hängt von einer fragilen sozialen Infrastruktur ab. Vertrauen ist überdies ganz wesentlich an eine Fähigkeit zur Empathie oder Sympathie gebunden – die Fähigkeit, sich während einer geschäftlichen Transaktion in die Lage des anderen hineinzuversetzen.

Wirtschaften aus Liebe Diese Tradition des Denkens leitet sich zum einen von Adam Smiths Betrachtungen in seiner «Theorie der ethischen Gefühle» her (Smith 1759/1982), zum anderen verweist sie auf den religiösen und womöglich spezifisch christlichen Diskurs des Mitgefühls oder der «misericordia». Sie wurde allerdings marginalisiert durch die Entwicklung mächtiger Institutionen, Korporationen und staatlicher Regulierung, die eine moralische Vorstellungskraft überflüssig zu machen schien. Die Enzyklika «Caritas in Veritate» Papst Benedikts XVI. versucht diesen Gedanken noch weiter auszureizen, indem sie statt «misericordia» die Liebe («caritas») als Grundlage des Wirtschaftslebens bezeichnet (Enzyklika 2009). Wie einige Kritiker eingewandt haben, dürfte sich dies jedoch zu weit in die Richtung des Mystischen oder Transzendentalen bewegen, um für andere religiöse Traditionen konsensfähig zu sein.

Gegen die Entkopplung der Sphären Die Übertragung moralischer Begriffe auf die Wirtschaftsbeziehungen tritt gegen eine einflussreiche Strömung an, in der sich das Denken der Finanzwirtschaft vom Rest der Welt abgekoppelt und zu einer Art mathematischer Abstraktion entwickelt hat. George Soros, einer der nachdenklichsten und am stärksten selbstkritischen Grossmeister der modernen Finanzwelt, schrieb bereits vor zehn Jahren: «Hätte ich es mit Menschen statt mit Märkten zu tun gehabt, hätte ich unvermeidlich moralische Entscheidungen treffen müssen – und ich hätte niemals so viel Geld verdienen können. Ich bin meinem Schicksal dankbar, dass es mich an die Finanzmärkte geführt hat, sodass ich mir die Hände nicht schmutzig machen musste» (Soros 1998: 197).

Beim derzeitigen Stand der Dinge stellt sich am grundsätzlichsten die Frage der Werte in der Ökonomie. Eine Marktgesellschaft kann nicht einfach auf der Basis jener Werte existieren, die sie als Resultat ihrer kommerziellen Aktivitäten und ihres Warenaustauschs selbst erzeugt. Die Grundwerte speisen sich aus einer anderen Quelle. Eine einflussreiche Schule des Denkens sieht die Religion als Ursprung solch grundlegender Werte für die Würde, den inneren Antrieb und das Verhalten des Menschen. Max Weber (1904/1905) hat das Kultivieren einer entschieden nicht-geschäftsmässigen Askese in der Reformationsbewegung zum ethischen Motor des modernen Kapitalismus erklärt. Der Gedanke des Konsumverzichts sorgte dann für die Anhäufung von Überschüssen. Die grundlegende asketische Haltung der Wirtschaftselite wurde aber durch das, was Weber den «eisernen Käfig» der Rationalisierung nannte, nach und nach ausgehöhlt. Die ursprüngliche Motivation verschwand; zurück blieb – so Weber – ein Gefühl der Leere.

Ein Kanon nachhaltiger Werte Eine Marktgesellschaft braucht gemeinsam festgelegte und dauerhaft gültige Werte als Leitlinien. Erodieren diese Grundwerte, ist Instabilität die Folge. Die Globalisierung bringt nicht automatisch einen solchen Kanon tragfähiger, nachhaltiger Werte hervor. Ganz im Gegenteil erzeugt der ständige Wandel, der aus immer neuen Begegnungen, Optionen und Technologien entsteht, Unsicherheit und hat deshalb tendenziell zersetzende Wirkung. In einer Krise wird dann schnell der Ruf nach einer Rückkehr zu älteren, vertrauten Werten laut. Heutzutage findet man sogar Nostalgie für das Webersche Konzept einer protestantischen Arbeitsethik. So sprach der neu gewählte amerikanische

Präsident Barack Obama Anfang 2009 in seiner Antrittsrede von der Grösse der Vereinigten Staaten von Amerika: «Wenn wir die Grösse unserer Nation bekräftigen, ist uns zugleich bewusst, dass Grösse niemals selbstverständlich ist. Grösse muss verdient werden. Unser Weg war noch nie einer der Abkürzungen und des Sich-Abfindens. Unser Weg ist nichts für die Kleingläubigen, für die, die den Müssiggang der Arbeit vorziehen oder nur die Annehmlichkeiten des Reichtums und des Ruhms suchen» (Obama 2009).

Jenseits der Glücksobsession Der Präsident der Vereinigten Staaten von Amerika hat offenbar ganz bewusst die Glücksobsession des späten 20. Jahrhunderts beiseitegeschoben, als man «Annehmlichkeiten» und Vergnügungen zum Wertmassstab für wirtschaftliche Aktivitäten gemacht hatte. Obamas Rede passte ganz vortrefflich zu den Topoi der asiatischen Genügsamkeit und der asiatischen Werte, mit denen der chinesische Notenbankgouverneur Zhou Xiaochuan fast zeitgleich seine Verbalattacke auf die Hegemonie der Vereinigten Staaten von Amerika garnierte. Zhou (2009) hob die Bedeutung des Konfuzianismus mit seiner Wertschätzung «der Sparsamkeit, der Selbstdisziplin, des Mittelwegs und der Ablehnung jeglicher Extravaganz» hervor. Solche Appelle werfen nach wie vor Webers Frage auf, was der eigentliche Beweggrund dieser Arbeitsethik ist und inwiefern diese mit fundamentalen menschlichen Neigungen übereinstimmt.

Wir können das Wirtschaftsleben nicht einfach dadurch verstehen, dass wir seine Vorgänge beobachten. Wir müssen über seine innere Logik nachdenken und wir müssen uns fragen, wie weit diese Logik mit der Natur und der Entwicklung des menschlichen Wesens korrespondiert. In diesem Sinne hat uns die Finanzkrise zu den grundsätzlichen Fragen zurückgeführt.

Werte verteidigen – und wie?

13 _ ... mit einer Bewahrung der Demokratie   _203
Tissy Bruns

14 _ ... mit mehr Verantwortung statt Gesinnung   _207
Christoph Frei

15 _ ... mit einer Ordnung der Gerechtigkeit   _211
Nils Goldschmidt

16 _ ... mit einem streitbaren Eintreten für die Freiheit   _215
Necla Kelek

17 _ ... mit unverhandelbaren Grundrechten   _219
Elham Manea

18 _ ... mit Selbstbewusstsein und kritischem Geist   _223
Ulrich Schmid

19 _ ... mit mehr Engagement des Bildungsbürgertums   _227
Ursula Weidenfeld

20 _ ... mit Wachsamkeit gegenüber der Gefahr einer Tyrannei der Werte   _231
Michael Zöller

13 ... mit einer Bewahrung der Demokratie

Tissy Bruns

Demokratie ist, wie wir wissen, grundsätzlich unvollkommen, aber doch von allen fehlerhaften Ordnungen die beste. Eine ihrer grossen Leistungen war die Zivilisierung von Kapitalismus und Marktwirtschaft, die nach 1945 den Aufstieg der westlichen Wohlstandsgesellschaften ermöglicht und 1989 den Systemstreit zwischen Markt- und Planwirtschaft entschieden hat.

Ein Sieg der Freiheit. Doch eine Generation später grassiert überall in den westlichen Demokratien ein beängstigender Vertrauensverlust, über den laut und oft philosophiert wird. Die ebenso einfachen wie tiefen Gründe dafür aber haben den Status eines gut gehüteten «offenen Geheimnisses», über das die öffentlichen Eliten nicht sprechen, gerade, weil es jeder kennt: Die Versprechen der Demokratie, die Ideale von Freiheit, Gleichheit, Brüderlichkeit (moderner: Solidarität und Gerechtigkeit) sind unter die Räder geraten. Ein pragmatisch getarnter ideologisierter Mainstream der westlichen Welt hat den ungesteuerten Marktkräften gewissermassen das Freiheitsbanner unserer Zeit in die Hand gedrückt. Das Ergebnis ist seit 2008 bekannt.

> Die unvollkommene Demokratie verletzt ihre Ansprüche und Werte täglich, weil aus schmerzlichsten Erfahrungen gelernt werden musste, dass jeder absolute moralische Anspruch leichter totalitär missbraucht als verwirklicht werden kann.

Was bedroht unsere Werte? Die unvollkommene Demokratie verletzt ihre Ansprüche und Werte täglich, weil aus schmerzlichsten Erfahrungen gelernt werden musste, dass jeder absolute moralische Anspruch leichter totalitär missbraucht als verwirklicht werden kann. Demokratien sind deshalb institutionalisiertes Misstrauen. Wer immer Macht oder Privilegierungen zu eigenen Zwecken missbraucht, steht unter den Drohungen eines Systems von «Checks and Balances», das Haftung und Verantwortung verlangt und durch öffentliche Debatten, rechtsstaatliche Verfahren oder Abwahl auch erzwingen kann.

Wer glaubt noch an das Ideal der Demokratie? Wenn Portugiesen, Spanier oder Griechen heute wählen oder abwählen können, wen sie wollen, illustriert das die entstandene Kluft zwischen Anspruch und Wirklichkeit nur besonders anschaulich. Wer glaubt in Deutschland oder Frankreich noch an das Ideal der Demokratie, wonach die ganz normalen Leute in der öffentlichen Arena über ihr Leben mitbestimmen und mitreden können? Politik? Heute weiss jeder, dass überall da, wo es wirklich wichtig wird, viel stärkere Kräfte wirken als die der Politik und der Politiker. Die Dominanz der Finanzwirtschaft unterhöhlt vor und nach dem Desaster von 2008 eine öffentliche Ordnung, die imstande war, Gemeinwohl- gegen Partikularinteressen durchzusetzen, weil das Primat der Politik galt.

Nicht, dass die Nationalstaaten es nicht mehr realisieren können, nicht, dass andere Nationen aufsteigen, ist Politikern und öffentlichen Eliten der westlichen Demokratien vorzuwerfen. Wohl aber, dass sie gleichgültig und hochmütig waren gegen die Skepsis ihrer eigenen Bevölkerungen, die immer wussten, dass 20-Prozent-Renditen kein realistisches Allgemeinwohlziel sein konnten. Und noch mehr müssten sie und wir alle wissen, dass eine Wertekrise der Gesellschaft unvermeidlich ist, wenn, gewissermassen unter der Hand, das Streben danach aufgegeben wird, die Kluft zwischen Idealen und Wirklichkeit zu verringern. Wie viel konkrete Wahrheit der Satz enthält, wonach alle Staatsgewalt vom Volke ausgeht, wissen die meisten Bürger nüchtern zu beurteilen. Aber wenn wenige dieses Postulat dem Rausch der gigantischen Chancen auf den Weltmärkten zynisch opfern können, dabei gigantisch verdienen, um sich im Zweifel stets von einer Vollkaskoversicherung bei der Internationale der Steuerzahler retten zu lassen, dann stehen die Dinge auf dem Kopf. Und die Mindestanforderung an Politiker, Parteien und

> *Eine Wertekrise der Gesellschaft ist unvermeidlich, wenn, gewissermassen unter der Hand, das Streben danach aufgegeben wird, die Kluft zwischen Idealen und Wirklichkeit zu verringern.*

demokratische Staaten lautet: Was heisst Primat der Politik, was heisst denn Demokratie im 21. Jahrhundert?

Die universelle Kraft von Freiheit, Gleichheit, Gerechtigkeit Inzwischen erwarten 30, 40, 50 Prozent der Bevölkerungen unserer schönen Demokratien so wenig von ihren Politikern, dass sie nicht einmal mehr wählen gehen. Eine Handelsblatt-Umfrage hat zutage gefördert, dass die Mehrheit der deutschen Manager eher an den Sieg der «asiatischen Werte» als den der westlichen glaubt. Das Jahr 1989 war, wie wir längst wissen, nicht das Ende der Geschichte, es war der globale Sieg der Marktwirtschaft, nicht aber der Demokratie. Doch wie wird der Systemstreit zwischen den demokratischen und den autoritären Marktwirtschaften ausgehen, wenn die politischen, ökonomischen, medialen Eliten der demokratischen Länder nicht mehr an die universelle Kraft von Freiheit, Gleichheit, Gerechtigkeit glauben?

14 ... mit mehr Verantwortung statt Gesinnung

Christoph Frei

Um es explizit an den Anfang zu stellen: Ich bin nicht gegen Werte, auch nicht gegen Menschenrechte – wie käme ich dazu. Was mich beunruhigt, ist die Tatsache, dass Werte im gesellschaftlichen und politischen Diskurs seit geraumer Zeit den nicht mehr hinterfragten Status der Allgegenwärtigkeit geniessen. Nicht nur Wahlkampfzeiten sind heute Wertezeiten; auch im politischen Alltag werden Freiheit und Gleichheit, Menschenwürde und soziale Gerechtigkeit bei jeder sich bietenden Gelegenheit bemüht und beschworen. Parlamentarier und Minister, Kommissare und Staatspräsidenten – alle bleiben sie dabei am liebsten in den Startlöchern ihres guten Willens, derweil die Richtung, in die konkret zu laufen wäre, umstritten und weitestgehend offenbleibt.

> Die politische Arena kennt keine Wertehierarchie – und Werte geben keinerlei Maxime an die Hand, wie Konflikte unter ihnen aufzulösen wären.

Werte als Reflexionsbarrieren Werte sind bei Politikern beliebt, weil sie höchste Relevanz mit moralischem Gehalt verbinden. Sie dienen der Rückversicherung konkreter Absichten und Entscheidungen im Raum des Unbestrittenen. Werte verkörpern Gesinnung. Sie brauchen nicht als Thesen behauptet, nicht mit Argumenten untermauert zu werden. Ihre Geltung wird vorausgesetzt, sie gelten unbegründet – was sie mitunter zu eigentlichen Reflexionsbarrieren macht. Vor allem aber bleiben Werte abstrakt, unfassbar im Konkreten: wunderbare Vehikel sozialer und politischer Kohäsion insofern, als sich Individuen und Gruppen unterschiedlichster Wahrnehmung und Weltanschauung vom je eigenen Standort auf sie beziehen können. Dass Werte auch in dieser Funktion dienen, ist unbestritten; man denke an die Kultur der Verfassungspräambeln.

Präambeln und Sonntagsreden sind eines, die soziale Wirklichkeit und der politische Alltag ein anderes. Atomkraftwerke für Deutschland? Handel mit China? Panzer für Saudi-Arabien? Ich kenne keinen innenpolitischen und auch keinen aussenpolitischen Konflikt, der über die Anrufung von Werten gelöst worden wäre. Wen wundert's. Die politische Arena kennt keine Wertehierarchie – und Werte geben keinerlei Maxime an die Hand, wie Konflikte unter ihnen aufzulösen wären. Ausgerechnet dort bleiben sie stumm, wo sie zu uns reden müssten.

Im Licht konkreter Interessen Ob Kredite zu sprechen, Allianzen zu schmieden, Interventionen zu beschliessen sind: All dies hat mit Verantwortung zu tun und ist aus abstrakten Werten schlicht nicht abzuleiten, wohl aber aus der Konfiguration konkreter Interessen. Das ist freilich eine Unterscheidung, die in akademischen Kreisen gerne als heuristisch nicht haltbar abgetan wird. Doch Interessen können benannt, sie können angepasst und ausgeglichen werden. Wie aber verhandelt man Werte, wie gleicht man sie aus? Solche Fragen sind weder überholt noch trivial. Wertefixierung kann interessenblind machen, wie die Aussenpolitik der Europäischen Union mit schöner Regelmässigkeit erhellt. Erst wenn wir unterhalb des Firmaments von Werten wissen und erklären, was wir im Einzelnen wollen, dann erst werden wir politisch realitätsfähig, weil einschätzbar und verlässlich als Partner. Und so bringt es auch nicht viel, lange über Werte zu referieren und darüber, was sie bedroht, wenn Interessen als entscheidungsrelevante, weil fassbare Kategorie dabei keinerlei Erwähnung finden.

> Erst wenn wir unterhalb des Firmaments von Werten wissen und erklären, was wir im Einzelnen wollen, werden wir politisch realitätsfähig, weil einschätzbar und verlässlich als Partner.

15 ... mit einer Ordnung der Gerechtigkeit

Nils Goldschmidt

Es ist die Errungenschaft der aufgeklärten Moderne und einer freiheitlichen Gesellschaft, jedem Menschen den Anspruch auf ein sinnerfülltes Leben zuzubilligen. Zugleich ist es ein Trugschluss eines verkürzten Liberalismus zu glauben, dass die Befreiung des Einzelnen aus der Bevormundung eines autoritären Staates hierzu und bis heute die alleinige Voraussetzung sei. Was für eine Gesellschaft vor rund 250 Jahren und mit dem Rücken zum Absolutismus noch verständlich war, ist heute bestenfalls noch Parole. Eine freiheitliche Gesellschaft hingegen ist voraussetzungsvoll, und zwar aus mindestens zwei Gründen.

Die Pflicht einer demokratisch organisierten Pflicht Erstens: Gelten Markt und Wettbewerb aus guten Gründen als wohlfahrtsschaffend, liegt es jedoch nicht in deren innerer Logik, für diejenigen zu sorgen, die – aus welchen Gründen auch immer – dem Anspruch und den Voraussetzungen einer Marktgesellschaft nicht gewachsen sind. Kinder, Kranke, Gebrechliche sind prinzipiell gleichberechtige Mitglieder der Gesellschaft, aber nicht des Marktes. Auch ihnen Perspektiven für ein gelingendes Leben zu zeigen, ist der unhintergehbare Anspruch einer allen Menschen dienlichen Gesellschaftsordnung. Das gilt auch für die anderen, die für Markt und Wettbewerb zumindest zeitweilig unnütz sind: für schlecht qualifizierte Arbeitnehmer genauso wie für diejenigen, deren Mitarbeit aufgrund unternehmerischer Entscheidungen und Strategien nicht mehr lohnend ist. Hier für Lebensperspektiven zu sorgen, ist gerade nicht die Pflicht von Markt und Wettbewerb, sondern die einer demokratisch organisierten Politik.

Die – wenn nötig auch diskriminierende – Ermöglichung von Startgerechtigkeit ist die zentrale Voraussetzung einer wirklich liberalen Gesellschaft.

Startgerechtigkeit schaffen Zweitens: Dass es die unterschiedlichen Startchancen sind, die das Gelingen eines Lebens wesentlich beeinflussen können, ist in der Bildungspolitik als Erkenntnis angekommen. Dies gilt es auf alle gesellschaftlichen Bereiche auszudehnen. Die – wenn nötig auch diskriminierende – Ermöglichung von Startgerechtigkeit ist die zentrale Voraussetzung einer wirklich liberalen Gesellschaft. Treffend wusste bereits Alexander Rüstow zu formulieren: «Die Gesetzgebung [...] muss in der Richtung tendieren, einen Ausgleich der Chancen zu geben, eine Gleichheit der Chancen herzustellen, dass endlich jeder wirklich seines Glückes Schmied ist» (Rüstow 1951/1963: 246).

Das ethische Vorsichtsprinzip Diese Voraussetzungen zu schaffen, bedeutet Gerechtigkeit, und dies durchzusetzen ist die Aufgabe der Politik. Es ist ein Irrglaube zu meinen, dass moderne Gesellschaften mittels Moral und Werten zusammengehalten werden. Sozialen Problemlagen innerhalb der Gesellschaft kann man kaum dadurch verlässlich begegnen, dass man auf die tugendethische «Besserung» einzelner Akteure hofft. Der Einzelne ist schlicht überfordert, wenn man ihm abverlangt, immer wieder gegen die Logik des Marktes sein «Gut-Sein» in Stellung zu bringen. Auch hier gilt durchaus der alte Grundsatz «ultra posse nemo obligatur» – niemand ist verpflichtet, mehr zu leisten, als er kann. Man könnte dies als ethisches Vorsichtsprinzip umschreiben: Erwarte nicht, dass ein Mitglied der Gesellschaft sich dauerhaft gegen seine eigenen Interessen zum Wohl der Gesellschaft einsetzt. Den Ordnungsrahmen so zu gestalten, dass Aussicht auf gerechte Verhältnisse besteht, ist und bleibt die erste Aufgabe der Politik. Der liberale Ökonom und Sozialethiker Götz Briefs merkte hierzu an: «Man kann ‚sozial' sein, ohne hilfreich und gut zu sein. [...] Das Soziale ist funktional, nicht personal. Personale Motivationen können hinter dem Sozialsein stehen, aber sie müssen es nicht» (Briefs 1961/1980: 447).

> Das ethische Vorsichtsprinzip: Erwarte nicht, dass ein Mitglied der Gesellschaft sich dauerhaft gegen seine eigenen Interessen zum Wohl der Gesellschaft einsetzt.

Das ethische Vorsichtsprinzip bedeutet also nicht, dass wir keine guten Menschen sein sollten, und es bedeutet erst recht nicht, dass eine Gesellschaft nicht notwendig auch darauf hinwirken muss, ihre Mitglieder zu verantwortungsvollen Mitbürgern zu erziehen. Es besagt nur, dass wir als Gesellschaft nicht vom «falschen Ende» aus beginnen sollten, wenn wir uns über eine gerechte Gesellschaft Gedanken machen.

Eine freie Gesellschaft braucht Offenheit. Doch eine offene Gesellschaft stellt sich nicht von selbst ein, sondern sie steht unter der Voraussetzung der Gerechtigkeit. Gerechtigkeit bedeutet die Schaffung von Strukturen, die Menschen reale Chancen eröffnen, ein verantwortungsvolles und sinnerfülltes Leben zu führen.

16 ... mit einem streitbaren Eintreten für die Freiheit

Necla Kelek

Die europäische Wertegemeinschaft hat sich als eine Gesellschaft von Individuen entwickelt, die zuerst die Grundrechte zum Schutz des Einzelnen vor Unrecht, Willkür, auch gegenüber Gruppenzwang und dem Staat zu gewährleisten hat. Noch einmal: Die Freiheit des einzelnen Bürgers wird per Gesetz wohlgemerkt auch vor dem Staat selbst geschützt. Dabei ist der Toleranzgedanke aber inzwischen rechtlich so weit formalisiert, dass die Freiheit «an sich» so etwas wie ein weites, inhaltlich leeres Feld darstellt. Welches Spiel dort nach welchen Regeln gespielt wird, scheint zum Beispiel manche Verfassungsrechtler nicht zu interessieren. Oft werden Freiheit, Demokratie und Menschenrechte zu juristischen Formalien relativiert. Um es «sportlich» auszudrücken: Die Juristen haben sich – so scheint mir – aus der Rolle des Schiedsrichters verabschiedet und geben jetzt nur noch den Platzwart.

Auf unsere Kernkompetenzen besinnen Wenn wir in Europa damit aufhören, nach einer moralischen Selbstdefinition zu streben und mit ihr zu ringen, führt das jedoch dazu, dass andere Gesellschaftsideen wie das Gedankengebäude der Kollektivreligion Islam die vorfindliche inhaltliche Leere nutzen und sie zu besetzen suchen – ohne Rücksicht oder noch nicht einmal in Kenntnis des «Geistes der Gesetze» (Montesquieu). Der Wesenskern der islamischen Gesellschaft bezieht sich im Gegensatz zu den Individualgesellschaften Europas nach wie vor auf das Kollektiv, das Ganze, dem sich der Einzelne unterzuordnen hat. Wenn, politisch korrekt, die Vielfalt als oberster Wert angesehen wird und sich am Ende auch durchsetzt, dann werden Demokratie, Menschenrechte, Rechtssicherheit und kulturelle Identität nicht mehr als Kernkompetenzen begriffen, sondern faktisch zu blossen Rahmenbedingungen herabgestuft.

Für mich war und ist die Freiheit immer konkret. Ich durfte die Schule besuchen, konnte arbeiten gehen, durfte wohnen, wo ich wollte, demonstrieren. Ich war frei, weil ich krankenversichert war, ein Stipendium bekam, mir niemand vorschreiben konnte, ob ich heirate oder mit wem ich zusammenlebe. Ich bin frei, weil Eigentum garantiert wird, sich die

Leute an Regeln halten und im Notfall die Polizei da ist, um mich zu beschützen. Ich kann schreiben, was ich will. Ich werde kritisiert, ohne dass der Kritiker – oder ich selbst – Gefahr läuft, ins Gefängnis zu kommen. Für mich aber ist Freiheit mit Verantwortung verbunden.

Die Kräfte des Zusammenhalts stärken Verantwortung – das bedeutet, dass wir die Kräfte des Zusammenhalts in unserer Gesellschaft stärken müssen. Dass wir die Freiheit im Kant'schen Sinne des kategorischen Imperativs interpretieren müssen und sie nicht als Narrenfreiheit ausnutzen dürfen. Das Gewissen, das ins Innere des Menschen verlegte «Sittengesetz», ist zum Beispiel in der «islamischen Ethik» noch nicht einmal eine relevante Kategorie, weil der Gläubige am Jüngsten Tag allein Allah, dem Jenseits verpflichtet ist und nicht dem Diesseits. Wenn wir feststellen, dass wir unter der Prämisse der Freiheit und insbesondere der Religionsfreiheit auch derartige kollektivistische Gesellschaftsmodelle, wie sie der Islam kolportiert, oder andere an konfliktären Werten ausgerichtete Gesellschaftsmodelle akzeptieren müssen, dann stellt sich für mich mit Goethe die Frage, was denn dann unsere Gesellschaft «im Innersten zusammenhält». Wenn der Feyerabend'sche Spruch gilt, dass «anything goes»; wenn inhaltlich reines Laissez-faire herrschen soll; wenn das Bekenntnis zur Freiheit zum blossen Lippenbekenntnis wird oder nur noch Narrenfreiheit bedeuten soll – was dann?

> Die Europäer gehen mit der Freiheit um, als sei sie längst ein Naturgesetz und nicht das Ergebnis eines jahrhundertelangen Kampfes. Sie empfinden die Freiheit als gegeben.

Die Europäer gehen mit der Freiheit um, als sei sie längst ein Naturgesetz und nicht das Ergebnis eines jahrhundertelangen Kampfes. Sie verteidigen den Wert der Freiheit nicht mehr streitbar, sondern empfinden die Freiheit als gegeben. Diese Gelassenheit ist fahrlässig. Über kurz oder lang könnte uns so die Reibungsfläche fehlen, mit der sich die Toleranz gegen ihre Umdeutung wehrt.

17 ... mit unverhandelbaren Grundrechten

Elham Manea

«Was bedroht unsere Werte?» Die Frage impliziert, dass die Gesellschaft homogen ist, was natürlich nicht der Realität entspricht. In der Schweiz bewegen sich die Menschen, sowohl mit oder ohne Migrationshintergrund, gleichermassen in verschiedenen Teilgruppen. Problematisch wird die Situation erst dann, wenn eine Gruppe «ausschliesslich unter sich bleiben will, eine soziale Kontrolle gegenüber ihren Mitgliedern ausübt, diesen das Recht auf individuelle Selbstbestimmungen verweigert, den geltenden nationalen Gesetzen und dem universellen Rechtsverständnis zuwiderhandelt und zu einer Last für den Sozialstaat wird» (Manea 2010: 57).

Dass es *die Gesellschaft* nicht gibt, verneint nicht die Existenz gemeinsamer Werte, die für alle Mitglieder der Gesellschaft verbindlich sind. Diese sind die universalen Menschenrechte und die Gleichberechtigung. Sie sind Bestandteil unserer Gesetze und der Verfassung. Sie garantieren, dass alle Menschen vor dem Gesetz gleich sind, dass jeder Mensch als Individuum behandelt wird und entsprechend das Recht auf Selbstbestimmung hat und dass die Grundrechte jedes Menschen respektiert werden. Dies bedeutet, dass die Allgemeine Erklärung der Menschenrechte akzeptiert wird und dass das Übereinkommen zur Beseitigung jeder Form von Diskriminierung der Frau gesetzliche Basis ist.

Religiöser Fundamentalismus steht oft in Widerspruch zu den individuellen Menschenrechten, wobei ohne Belang ist, von welcher Religion die Rede ist.

Wer bzw. was bedroht ebendiese Werte? Ich nenne drei Bedrohungen: Rechtsaussen-Gruppierungen, religiöser Fundamentalismus und kultureller Relativismus.

Rechtsaussen-Gruppierungen Indem sie die Angst vor dem Fremden und vor Ausländern schüren, stellen Gruppierungen und Parteien am rechten Rand des politischen Spektrums die Grundrechte von Teilen der Bevölkerung infrage.

Religiöser Fundamentalismus Religiöser Fundamentalismus steht oft in Widerspruch zu den individuellen Menschenrechten, wobei ohne Belang ist, von welcher Religion die Rede ist. Die Strukturen und Muster des religiösen Fundamentalismus sind sich sehr ähnlich. Sprechen wir spezifisch vom islamischen Fundamentalismus, merken wir, dass es um eine Gruppe geht, die eine politische Variante des Islams propagiert und dafür aktiv missioniert. Die Islamisten, seien es nun Anhänger des Neo-Salafismus oder der Muslim-Bruderschaft, vertreten eine Weltanschauung, die den Konsens über das friedliche Zusammenleben verletzt und sicherheitsgefährdend ist. Sie betrachten den Dschihad als religiöse Pflicht eines Muslims, beharren auf der Segregation zwischen den Geschlechtern und propagieren ein Weltbild, das die Frau als unterlegen betrachtet. Gewalt gegen Frauen wird religiös legitimiert. Kurz: Sie vertreten Vorstellungen und Normen, die in Widerspruch zu zentralen gesellschaftlichen Grundwerten stehen und die hiesige Rechtsordnung strapazieren. Weil diese Gruppe die demokratischen und freiheitlichen Regeln unseres Staates bewusst zu ihren Gunsten benutzt, finde ich es sehr wichtig, dass die Schweizer Muslime und die muslimischen Organisationen in der Schweiz dieser Gruppe und ihrer Ideologie aktiv und öffentlich entgegentreten. Allein mit Sicherheitsmassnahmen kann man der Gefahr, die von ihr ausgeht, nicht begegnen.

Kultureller Relativismus Kultureller Relativismus ist ein Grundsatz, den viele Anthropologen vertreten, die der Ansicht sind, dass «Elemente einer Kultur im Sinne ihrer Beziehung zu der gesamten Kultur verstanden und beurteilt werden sollten; folglich können Kulturen selbst nicht als höher oder niedriger, unterlegen oder überlegen bewertet oder eingestuft werden». In den letzten Jahren bin ich zu der Einsicht gelangt, dass der kulturelle Relativismus eine Gefahr für die Grundwerte unserer Gesellschaft darstellt (Manea 2009: 30). Er wird nämlich dazu benutzt zu insinuieren, dass Immigranten aus fernen Kulturen unsere Wertvorstellungen nicht aufgezwungen werden können, dass Rechte und Menschenrechte etwas Relatives sind und dass diese Rechte nur einer Ethnie oder einer bestimmten Gruppe von Menschen vorbehalten sind. Wenn wir die Allgemeingültigkeit der Menschenrechte nicht akzeptieren wollen und Ausnahmen machen, ob für Muslime oder andere Immigrantengruppen, schaffen wir nicht in erster Linie Sonderrechte, sondern Ungerechtigkeiten, und wir grenzen diejenigen aus, die wir eigentlich integrieren wollen.

Das Fazit dieser Überlegungen ist kurz und einfach und es ergibt sich fast zwingend logisch: Wir können unsere Werte nur verteidigen, indem wir anerkennen, dass es Grundwerte gibt, die universal sind, die nicht verhandelbar sind und die wir entschlossen verteidigen müssen.

18 ... mit Selbstbewusstsein und kritischem Geist

Ulrich Schmid

Als Idee ist die Freiheit ein ewiges Faszinosum, im Westen muss der «Case for Democracy» (Natan Sharansky) kaum noch gemacht werden. Auf internationaler Ebene hat der alte europäisch-aufklärerische Freiheitsbegriff soeben wieder Furore gemacht. Die zahlreichen Revolten in der arabischen Welt mögen auf fragiler Grundlage stehen. Bemerkenswert bleibt, dass sich die Aufständischen in Nordafrika, Syrien und Jemen auf «unsere» Freiheitsrechte berufen und Demokratie, Menschenrechte und Rechtsstaatlichkeit einfordern. Rufe nach neuen Theokratien oder Unterdrückungssystemen werden nur am Rande laut.

Versuchungen des Pragmatismus In China, Russland und den meisten ehemals sowjetischen Staaten bleibt die Freiheit bedroht. Zweierlei ist bemerkenswert. Erstens: Als Orientierungsgrösse wird Freiheit in Peking und Moskau nicht grundsätzlich infrage gestellt. Da wie dort beruft man sich auf (Volks-)Demokratien und legt grössten Wert auf die Pflege demokratischer Fassaden wie Wahlen und Parlamente. Eine offizielle Doktrin der Antidemokratie wird nirgends konstruiert. Die Verteidigung des autoritären Status quo folgt faden, pragmatischen, gleichsam theoriefreien Argumentationslinien wie der, es sei nötig, das Land zusammenzuhalten und zerstörerische Unruhen zu vermeiden, die sich im Zuge einer Demokratisierung zwangsläufig einstellten. Bedauerlicherweise schliessen sich viele westliche Geschäftsleute, getrieben vom Wunsch nach guten Umsätzen, dieser Argumentation an. Menschen, die bürgerliche Emanzipation verachten und ihrer eigenen Entmündigung das Wort reden, gibt es. In Russland sehnen sich viele ältere Menschen nach einer «harten Hand», nach einem neuen Stalin, der dem für sie verwirrlichen Demokratiestreit endlich ein Ende setzt.

Die Segnungen des Internets Für die demokratischen, meist von jungen Menschen getragenen Oppositionsbewegungen ist der westliche Freiheitsbegriff von überragender Wichtigkeit. Egal ob in Schanghai, Kiew, Moskau oder Baku, die Dissidenten berufen sich stets auf den klassischen Kanon der Bürger- und Demokratierechte. Moderne Kommunikationsmittel erleichtern in autoritären Systemen die Verbreitung des Freiheitsgedankens. Sicher, auch die Herrschenden benützen das Internet, ebenso Islamisten, Terroristen und Xenophobe. Gesamthaft aber scheinen Handys, Facebook und Twitter Faktoren zu sein, die illegitime Herrschaft erodieren.

Beunruhigende Trends Infrage gestellt und bedroht werden unsere Freiheitswerte heute vor allem von uns selber. Ich stelle mehrere beunruhigende Trends fest. Irritierend ist der Versuch der Kirchen, unsere säkularen, toleranten Verfassungen als ihre Leistung zu reklamieren. Das Gegenteil ist der Fall. Die Kirchen – christliche, muslimische, jüdische – haben die von den Aufklärern propagierten Menschenrechte bis vor Kurzem fast immer erbittert bekämpft, so wie sie sich jahrhundertelang praktisch jedem wissenschaftlichen Fortschritt in den Weg gestellt haben. Der Vatikan hat die Europäische Menschenrechtskonvention bis heute nicht ratifiziert. Das vom Christentum dominierte Millennium zählt zu den dunkelsten der europäischen Geschichte. Erst die Renaissance zeigte den Weg zum toleranten Humanismus, der die Grundlage unseres Demokratieverständnisses abgibt. Irritierend ist auch, dass noch immer, wenn es um Wertediskussionen geht, reflexartig bei den Kirchen angeklopft wird. Sie gelten als kompetent. Das ist nicht einzusehen. Auch säkulare Humanisten kennen Wertesysteme, sie können diese zudem weit besser begründen.

Bedrückend ist im Weiteren die Tendenz, Menschen als intolerante Xenophoben und «fundamentalistische Aufklärer» zu verunglimpfen, die religiöse Intoleranz an den Pranger stellen und gleiche Rechte für Frauen und Minderheiten auch einfordern. Primitiver Hass auf Religionen ist

> Bedrückend ist die Tendenz, Menschen als intolerante Xenophoben und «fundamentalistische Aufklärer» zu verunglimpfen, die religiöse Intoleranz an den Pranger stellen und gleiche Rechte für Frauen und Minderheiten auch einfordern.

nicht gleichzusetzen mit differenzierter Kritik an fundamentalistischen Exzessen. Hier versagt vor allem die europäische Linke, die einst die christlichen Kirchen nicht schonte, heute aber oft genug die Herolde religiöser Intoleranz gleichsam protegiert.

Der verbreitete Ruf nach mehr unmittelbarer demokratischer Partizipation gefährdet die Freiheitsidee nicht. Im Gegenteil, er stärkt sie, da direkte Demokratie nur funktioniert, wenn mit der Übernahme von Entscheidungsbefugnis auch die Übernahme von Verantwortung einhergeht. Generell scheint in unseren Gesellschaften das Bewusstsein dafür zu schwinden, dass Freiheit ein komplexes Gut ist, das nicht als Selbstverständlichkeit konsumiert werden kann. Zur Freiheit gehört das Risiko des Scheiterns. Grundwerte wie der offene Diskurs, die freie Bewegung oder die Marktwirtschaft sind ohne Freiheit nicht zu haben. Wer sich an Ungleichheiten und «Ungerechtigkeiten» stört und sie durch gesetzliche Regelwerke eliminieren will, zerstört unweigerlich ein Stück Freiheit. Man kann nicht das Prinzip des Leistungswettbewerbs bejahen, ohne in Kauf zu nehmen, dass es Verlierer gibt. Freiheit stirbt scheibchenweise; wir tun zu wenig, um sie zu schützen. «Was du ererbt von deinen Vätern hast, erwirb es, um es zu besitzen.»

19 ... mit mehr Engagement des Bildungsbürgertums

Ursula Weidenfeld

Ich teile den Befund, dass die Finanz- und Wirtschaftskrise notwendigerweise von einer Wertekrise gefolgt wird, nicht ganz. Vielleicht ist es eher so, dass die Wertekrise der Finanzkrise voranging, sie bedingte. Wir haben in der Tat eine dramatische Situation bei denjenigen, die Werte bisher verteidigt und konserviert haben: bei den Kirchen, den politischen Parteien, beim Bildungsbürgertum. Hier sieht man entweder nur noch wenig Bereitschaft, sich zu engagieren, oder aber wenig Glaubwürdigkeit, wenn es um Werte geht.

Dennoch ist ein breites Bewusstsein dafür geblieben, dass eine Gesellschaft nur dann als gerecht gelten kann, wenn sie allen die Chance gibt, sich zu bilden, sich zu beteiligen, aufzusteigen; dass ein Staat nur dann als stabil gelten kann, wenn er seinen Bürgern für ihre Loyalität etwas gibt.

Zu grosse soziale Unterschiede Die Finanzkrise und die Anstrengungen, sie zu bewältigen, haben allerdings ein Grundprinzip des abendländischen Staatsverständnisses ausser Kraft gesetzt: dass in einem demokratischen Staat die Starken für die Schwachen einstehen. Hier war es umgekehrt. Die Schwachen haben die Risiken tragen müssen, die die Starken eingegangen sind. Das hat vielfach zu einem Nachdenken darüber geführt, ob die Gegenseitigkeit, auf der das Verhältnis von Bürgern zu ihrem Staat beruht, tatsächlich noch besteht. Dass es in einigen Ländern nicht beim Nachdenken geblieben ist, war in den Ländern Europas in den vergangenen Monaten auf der Strasse zu erleben. Dennoch ist ein breites Bewusstsein dafür geblieben, dass man zu grosse soziale Unterschiede ablehnt und Ausgleichsmechanismen befürwortet; dass eine Gesellschaft nur dann als gerecht gelten kann, wenn sie allen die Chance gibt, sich zu bilden, sich zu beteiligen, aufzusteigen; dass ein Staat nur dann als stabil gelten kann, wenn er seinen Bürgern für ihre Loyalität etwas gibt.

Der demokratische Staat lebt von Voraussetzungen, die er selbst nicht schaffen kann – dieses Wort des Staatsrechtlers Ernst-Wolfgang Böckenförde gilt heute mehr denn je. Denn diejenigen, die diese Voraussetzungen bisher als Begleiterscheinung zu ihrem Kerngeschäft mitgeliefert haben (vor allem die Kirchen), können das heute nicht mehr. Die Säkularisierung des Lebens, der rasante Wertewandel, die Glaubwürdigkeitskrise der Kirchen: All diese Erscheinungen wirken gemeinsam und einander verstärkend.

Ehrenamtliches Engagement Wenn es um die Institutionen geht, müssen die Politik und die Kirchen daran arbeiten, Glaubwürdigkeit zurückzugewinnen. Das wird aller Voraussicht nach aber nicht dazu führen, dass sie ihre alte Deutungshoheit über die ethische und moralische Qualität menschlichen Handelns zurückgewinnen. Das Bildungsbürgertum wird hier zum ersten Mal in der Nachkriegsgeschichte in die Pflicht genommen. Ich sehe nicht, warum es nicht gelingen sollte: Gebildete müssen in diesem Land vielleicht mehr als alle anderen daran ein Interesse haben, dass Staat und Gesellschaft funktionieren, dass der Staat seinen Teil des Gesellschaftsvertrages dauerhaft erfüllen kann. Deshalb müssen sie liefern (und oft wollen sie das auch) – und nicht nur, indem sie sich gesetzestreu verhalten, ihre Steuern zahlen und ihre wenigen Kinder anständig erziehen. Wenn man sich einmal ansieht, wer sich in den hoch entwickelten westlichen Gesellschaften ehrenamtlich engagiert, dann sieht man, dass überall ein solches Bewusstsein wächst. Das wird gern unter dem Stichwort «der Gesellschaft etwas zurückgeben» zusammengefasst. Das würde nichts anderes formulieren, als dass es darum geht, einen erlebten Vorteil abzugelten. Doch es ist viel mehr. Es ist eine Investition in eine stabile gesellschaftliche Situation, von der die Mittel- und Oberschicht derzeit am meisten profitiert und das wohl auch in Zukunft tun wird. Es gibt also viele gute Gründe, sich für eine Wertegemeinschaft zu engagieren.

> Die Bildungsbürger werden zum ersten Mal in der Nachkriegsgeschichte in die Pflicht genommen. Sie müssen liefern – und nicht nur, indem sie sich gesetzestreu verhalten, ihre Steuern zahlen und ihre wenigen Kinder anständig erziehen.

Natürlich ist eine Gesellschaft immer starken Spannungen ausgesetzt, wenn sie sich selbst vorübergehend nicht auf einen gemeinsamen Wertekanon verständigen kann. Wenn dieser Zustand andauert und wenn er auf der anderen Seite begleitet wird von einem Verzicht auf das staatliche Gewaltmonopol, dann wird das Gemeinwesen zerfallen. Aber sind wir schon so weit oder kommen wir unausweichlich dahin? Wenn man sich die Protestbewegungen in Europa anschaut, die Steuermoral in einzelnen Ländern, die Auseinandersetzungen zwischen den grossen politischen Blöcken in den Vereinigten Staaten von Amerika, dann könnte man auf diesen Gedanken kommen. Doch glaube ich, dass Wertebezüge am Ende robuster sind, als es im Augenblick den Anschein hat.

Keine Angst vor dem Wettbewerb Allerdings: Wir leben in einer Zeit, in der unterschiedliche Wertvorstellungen in offene Konkurrenz treten. Das sehen wir gerade in internationalen Konzernen, aber auch in der Weltwirtschaft insgesamt. Während im abendländisch geprägten Wirtschaftssystem Korruption als Verstoss gegen Gesetze und gute Sitten gilt, gehören Provisionen und Gefälligkeiten in weiten Teilen der asiatischen oder arabischen Welt immer noch zum akzeptierten Kanon alltäglichen Geschäftsgebarens. Geistiges Eigentum ist eine andere Erfindung des Abendlandes, dessen Schutz in Asien nicht überall denselben Respekt geniesst wie in den hoch entwickelten Volkswirtschaften des Westens. Oder nehmen wir die Gier: In humanistisch und christlich geprägten Gesellschaften gilt sie als eine der Todsünden, der die Mässigung als Kardinaltugend gegenübergestellt wird. In Teilen Asiens dagegen wird ein dynamisch wachsender persönlicher Reichtum, der gerne auch zur Schau gestellt werden darf, als Ausweis der besonderen Tüchtigkeit und des ausserordentlichen Glücks des Reichen begriffen. Es sind also nicht nur die Konventionen, die sich immer ändern und anpassen. Es sind die Grundpfeiler des westlichen Wertesystems, die Konkurrenz bekommen haben. Dass sie in diesem Wettbewerb unausweichlich unterliegen müssen, scheint mir nicht ausgemacht zu sein. Warum auch?

20 ... mit Wachsamkeit gegenüber der Gefahr einer Tyrannei der Werte

Michael Zöller

Das Thema der «Wertekrise» hat mich dazu gebracht, in Büchern herumzustöbern, die ich lange nicht mehr in der Hand hatte, und dabei wurde mir klar, warum ich nur zaghaft mitsumme, wenn das Loblied der Werte gesungen wird. Sozusagen mit der Bundesrepublik Deutschland aufgewachsen, habe ich die amerikanische Auffassung übernommen, Bürger zu sein, bedeute, einem bestimmten Kanon von Werten zuzustimmen, und den Versuch, die Bonner Republik verfassungspatriotisch, also wertpatriotisch zu verstehen, habe ich mit aktiver Sympathie verfolgt. Dennoch bedarf es nicht erst der unübersehbaren Ankündigungen einer grünen Tugendherrschaft, um die Warnung vor der «Tyrannei der Werte» weiterhin ernst zu nehmen.

> Indem die Philosophie insgesamt als «Wertewissenschaft» erschien, wurde den Werten eine geradezu platonische Objektivität und Unwandelbarkeit zugeschrieben, sodass der Wertabsolutismus die Konkurrenz der Werte zu beenden schien. Man erklärte also das, was man durchsetzen wollte, zum immer schon Gültigen.

Der Begriff Werte ist nicht alt Wie üblich hilft die historische Verortung, also die Erinnerung daran, dass der Begriff «Wert» in der Philosophie und den Sozialwissenschaften (einschliesslich der Ökonomie) erst gegen Ende des 19. Jahrhunderts prominent wird und in das Zentrum heftiger, lange nachwirkender Kontroversen rückt. Obwohl er dabei als Sammelpunkt gegen Positionen dient, die uns heute kaum noch als derart relevant oder bedrohlich erscheinen (Materialismus, Szientismus, Positivismus), bleibt Nicolai Hartmanns Hinweis (Hartmann 1962) auf den drohenden Wertabsolutismus, also auf die «Tyrannei», doch aktuell. Indem Kultur und Kulturwissenschaft als das Reich von Werten beschrieben wurden und die Philosophie insgesamt nun bei Heidegger als «Wertewissenschaft» erschien, wurde den Werten eine geradezu platonische Objektivität und Unwandelbarkeit zugeschrieben, sodass der Wertabsolutismus die Konkurrenz der Werte zu beenden schien. Man erklärte also das, was man durchsetzen wollte, zum immer schon Gültigen.

Moralische Diktate Dass ein absolut gesetzter Wert sich zum Tyrannen aufwerfen, also jeder Diskussion (und am Ende der offenen Gesellschaft) den Garaus machen kann, gilt natürlich nicht nur für die Weltanschauungskämpfe des 19. und 20. Jahrhunderts. Man muss nur an die ebenso inhaltsleere wie tyrannische Formel von der «Bewahrung der Schöpfung» erinnern. Obwohl die Floskel bestenfalls an eine Vielzahl keineswegs harmonierender Wertebehauptungen erinnert, wird sie als ein moralisches Diktat präsentiert, dessen Charakter sich auch darin zu erkennen gibt, dass die daraus abgeleiteten Schlussfolgerungen auch noch für unumkehrbar erklärt werden.

> Eine liberale Kultur (und Verfassung) geht mit Begriffen wie Wesensgehalt oder Unabänderlichkeit sehr vorsichtig um und erklärt nur das für unwandelbar, was den Prozess der Konkurrenz, also des geordneten Wandels, garantiert.

Eine liberale Kultur (und Verfassung) geht dagegen mit Begriffen wie Wesensgehalt oder Unabänderlichkeit sehr vorsichtig um und erklärt nur das für unwandelbar, was den Prozess der Konkurrenz, also des geordneten Wandels, garantiert. Entsprechend behandelt sie auch die Grundrechte als Konkretisierungsverbote, die alle gleichermassen daran hindern sollen, ihre spezifische Form einer Tyrannei der Werte zu errichten. Ist dies anerkannt, entkommt man auch der Kant'schen Tyrannei des unbedingten Sollens und kann Werte (z.B. aristotelisch) relational, als miteinander in einem Spannungs- und Konkurrenzverhältnis stehende Wunschvorstellungen begreifen. Dann geht es nicht mehr um Objektivität und Unwandelbarkeit, sondern um das jeweilige Gegenteil – und solche Werte wären wieder etwas wert.

Vom Wert der Werte – wider die Versuchung der Unfreiheit

21 _ Die Furcht vor der Freiheit:
Abhängigkeit als Wille und Wunschvorstellung _ 237
James M. Buchanan

21 Die Furcht vor der Freiheit: Abhängigkeit als Wille und Wunschvorstellung

James M. Buchanan

- Vorbemerkung der Herausgeber _238
- Einleitung _239
- Die Quellen des Sozialismus _241
  - Zentralverwaltungswirtschaftlicher Sozialismus 241
  - Paternalistischer Sozialismus 243
  - Distributiver Sozialismus 244
  - Parentaler Sozialismus 247
- Gott ist tot, lang lebe der Staat _250
- Die Lücken des klassischen Liberalismus _253
- Der Kapitalismus und seine Widersprüche _256
- Vorhersage und Ausblick _259
- Nachwort _261

Vorbemerkung der Herausgeber

Vor etwa 70 Jahren erschien Joseph A. Schumpeters berühmtes Werk «Kapitalismus, Sozialismus und Demokratie» (1942/1987). Es war ein pessimistisches, so unangenehmes wie doch auch hellsichtiges Buch. In Anlehnung an die marxistische Ideologie fragte Schumpeter darin, ob der Kapitalismus weiterleben könne – und kam zu einem negativen Schluss, weniger aus ökonomischen denn aus psychologischen Gründen. Seine Prognose: Der Kapitalismus werde an seinen eigenen Fortschritten zugrunde gehen. Eine Ursache sei das Wachstum unternehmerischer Konglomerate und die damit verbundene Ablösung persönlich haftender, bürgerlicher Eigentümerunternehmer durch Manager mit der «Psychologie eines bezahlten Angestellten». Eine andere Ursache sei die zersetzende kritische Geisteshaltung, der rationalistische Individualismus, den der Kapitalismus erzeuge und der sich am Ende gegen ihn selbst richten werde. Die in der Demokratie eine Plattform findenden Eigeninteressen von Politikern, Intellektuellen und Verlierern des Marktprozesses verschärften das Problem.

Wenn man sich die Frage nach der Zukunft von Kapitalismus, Sozialismus und Demokratie heute wieder vornimmt, bietet sich nach dem derzeitigen Stand der Wissenschaft eine Perspektive an, die von Public Choice und konstitutioneller Ökonomik inspiriert ist. Wie entscheidet sich eine Gesellschaft zwischen ordnungspolitischen Entwürfen, also zwischen den grossen «organisatorisch-ideologischen Optionen», die sich jeweils anbieten? James M. Buchanan, Träger des Nobel-Gedächtnispreises von 1986 und Mitbegründer von Public Choice und konstitutioneller Ökonomik, hat sich im Jahr 2005 in einer Sonderausgabe der Fachzeitschrift «Public Choice» mit dieser Frage auseinandergesetzt.|[2] Den Schwerpunkt legt er, ganz im Schumpeter'schen Geist, auf die psychologischen Ursprünge der auch nach dem Zusammenbruch des sowjetisch

---

[2] James M. Buchanan (2005): Afraid to be free. In: Public Choice 124: 19–31.

geprägten sozialistischen Totalitarismus im Osten – was entgegen manch allzu raschen Erfolgsmeldungen ja dann doch kein Ende der Geschichte war – weiterhin verbleibenden sozialistischen Tendenzen in allen Gesellschaften. Diesen Aufsatz drucken wir hier erstmals in deutscher Sprache ab, mit freundlicher Genehmigung durch Springer Science + Business Media. Die Übersetzung besorgte Karen Horn.

Einleitung

Weder kollektiv noch privat kommt es in der Realität tatsächlich dazu, dass wir zwischen den grossen Entwürfen der gesellschaftlichen Organisation eine bewusste Auswahl treffen. Zum grössten Teil und zumeist fällen wir unsere Entscheidungen nur in marginalen Bereichen, mit dem Ergebnis, dass alle Gesellschaften mehr oder weniger kapitalistisch, mehr oder weniger sozialistisch, mehr oder weniger demokratisch sind. Dennoch können sich diese Schumpeter'schen Begriffe als nützlich erweisen, um mein Argument zu strukturieren.

Dieses Argument kann kurz und bündig zusammengefasst werden. Wenn wir «Sozialismus» grob so definieren, dass der Begriff ein grosses Ausmass und eine grosse Intensität kollektivierter Kontrolle über die individuelle Handlungsfreiheit beschreibt, dann wird der Sozialismus überleben und sogar ausgeweitet werden. Zu diesem Ergebnis wird es nicht deshalb kommen, weil Kollektivierung als effizienter (in sinnvoller ökonomischer Bedeutung) beurteilt wird, und auch nicht deshalb, weil Kollektivierung vereinbarte Kriterien der Verteilungsgerechtigkeit besser erfüllt. Sondern weil nur unter der Ägide kollektiver Kontrolle, unter «dem Staat», Einzelpersonen ihre persönliche Verantwortung fliehen, sie vermeiden oder sie sogar leugnen können. Kurz gesagt: Men-

> Der Sozialismus hat zwar als kohärente Ideologie seinen Reiz verloren. Doch im Verlaufe von zwei Jahrhunderten hat der Staat Gott als Vater-Mutter der letzten Instanz ersetzt. Und es wird Menschen geben, die darauf dringen, dass diese Protektoratsrolle erfüllt und ausgeweitet wird.

schen fürchten die Freiheit. Wie die folgende Erörterung nahelegt, hat der Sozialismus als kohärente Ideologie einen Grossteil seines Reizes verloren. Aber in einer breiteren, umfassenderen historischen Perspektive zeigt sich, dass im Verlaufe von zwei Jahrhunderten der Staat Gott als Vater-Mutter der letzten Instanz ersetzt hat. Und es wird Menschen geben, die darauf dringen, dass diese Protektoratsrolle erfüllt und ausgeweitet wird.

«Kapitalismus», ein unglückseliger Begriff, der dennoch breite Verwendung findet, lässt sich wiederum grob so beschreiben, dass er ein grosses Ausmass und eine grosse Intensität von individueller Handlungsfreiheit ausserhalb kollektivierter Steuerung und Kontrolle bezeichnet. Dieses Modell bleibt zwangsläufig verletzlich gegenüber fortlaufenden Übergriffen an den Rändern. Diese Schubkraft der Veränderung wird erhalten bleiben, aller denkbaren analytischen und empirischen Evidenz zum Trotz, dass solche Übergriffe nach weithin anerkannten Erfolgsindikatoren einen Rückschritt bedeuten.

> Es gibt eine Alternative zu den pessimistischen Szenarien. Sie speist sich aus dem Gefühl moralischer Verpflichtung, daran zu glauben, dass eine konstruktive Reform im Rahmen des Möglichen liegt, wie auch aus einer realistischen Prognose.

«Demokratie», breit genug gefasst, um ihre vielen institutionellen Varianten zu umschliessen, verweist auf die Präferenzen der Bürger. Die Bürger bleiben weitgehend immun gegenüber den Errungenschaften der Wissenschaft. Die zunehmende Korruption, die mit einem wachsenden Umfang kollektiver politischer Kontrolle notwendig einhergeht, wird einfach toleriert und ignoriert. Ein überwölbendes Thema dieses Aufsatzes besteht darin, dass die Schubkraft dieser Entwicklung durch Forderungen «von unten» diktiert wird, nicht durch Diktate einer Elite «von oben».

In den folgenden Abschnitten werde ich dieses allgemeine Argument mit Substanz versehen. Erst im abschliessenden Abschnitt indes werde ich eine hoffungsvollere Alternative zu dem zuvor skizzierten pessimistischen Szenario anbieten. Eine solche Alternative speist sich dabei ebenso sehr aus einem Gefühl moralischer Verpflichtung, daran zu glauben, dass eine konstruktive Reform im Rahmen des Möglichen liegt, wie aus einer wie auch immer gearteten realistischen Prognose von Elementen, die unter der Oberfläche dessen, was sich gegenwärtig beobachten lässt, schon absehbar sind.

Die Quellen des Sozialismus

Es gibt mindestens vier Quellen von Ideen, die eine Motivation bieten für eine Ausweitung des Ausmasses und der Intensität kollektiver Kontrollen über die Freiheit der Menschen, so zu handeln, wie sie es in Unabhängigkeit entscheiden würden. Im politischen Dialog sind diese Quellen natürlich miteinander verwoben, aber im philosophischen Diskurs erscheint es nützlich, Unterscheidungen zu treffen. Ich werde diesen vier Quellen die Labels (1) zentralverwaltungswirtschaftlich, (2) paternalistisch, (3) distributiv und (4) parental geben. Ich werde die ersten drei dieser vier Kategorien im vorliegenden Abschnitt erörtern. Die vierte Quelle, die elterliche Motivation, wird dann separat in Abschnitt 3 behandelt. Denn ich möchte behaupten, dass diese Quelle in der Analyse vergleichsweise vernachlässigt geblieben ist und dass sie, was wichtiger ist, die anderen drei Quellen in den frühen Dekaden dieses neuen Jahrtausends mit ihrem Einfluss wahrscheinlich dahinfegen wird.

> Der Sozialismus, der mit kollektivem Eigentum, kollektiver Kontrolle über die Produktionsmittel und zentralisierter Kommandosteuerung der Volkswirtschaft einhergeht, institutionalisiert durch eine zentrale Planungsbehörde, ist tot und beerdigt.

Zentralverwaltungswirtschaftlicher Sozialismus

Dies ist jene Form des Sozialismus, die mittlerweile tot und unter der Erde ist, sowohl in der Theorie als auch in der Praxis, «erledigt» in den letzten Dekaden des 20. Jahrhunderts. Dies ist der Sozialismus, der definitionsgemäss mit kollektivem Eigentum und kollektiver Kontrolle über die

Produktionsmittel einhergeht, und der Anstrengungen in Richtung einer zentralisierten Kommandosteuerung der Volkswirtschaft involviert, institutionalisiert durch eine zentrale Planungsbehörde.

Wissenschaftliche Irrtümer Es ist mittlerweile nahezu universell anerkannt, dass die motivierenden Ideen hierzu auf wissenschaftlich-intellektuellen Irrtümern grösseren Ausmasses fussten – Irrtümern, die sich unter Friedrich August von Hayeks (1988) Rubrik der «verhängnisvollen Anmassung» zusammenfassen lassen. Selbst in seiner idealisierten Form bedingte die Konstruktion eine Ubiquität an perversen Anreizen und ignorierte die Unmöglichkeit, sich das Wissen aus weit gestreuten und dynamischen Verhältnissen zu sichern. Die wissenschaftlichen Mängel scheinen heute eindeutig. Dennoch ist die zur Vorsicht gemahnende Lektion zu ziehen, dass ein ganzes Jahrhundert die Diskussion zwischen den besten und den intelligentesten Ökonomen und Philosophen, ja in der Welt der Intelligenz und der Wissenschaft generell, in einem Umfeld heute ausgesprochen erstaunlich scheinender Ahnungslosigkeit geführt wurde.

Tragische Folgen Und das hatte tragische Folgen. Die Bemühungen, diese idealisierte und fundamental mangelhafte Konstruktion zu implementieren, sei es stückweise oder auf einmal, stiessen rasch an Grenzen. Sie wurden errichtet von der unausweichlichen Tatsache, dass gewöhnliche Sterbliche und nicht idealisierte Automaten das System betreiben müssen. Statt der vorhergesagten minimalen ergab sich eine krasse Ineffizienz; die Korruption selbst wurde das einzige Schmiermittel in ansonsten rigiden Strukturen der Interaktion; die Entlohnungen bevorzugten opportunistisches Verhalten in überproportionaler Weise; persönliche Bevorzugung wurde ergänzt von ungetrübter Grausamkeit bei Abwesenheit jeglicher wirksamer Exit-Optionen.

Die Wirtschaft, die angeblich nach den Prinzipien des zentralverwaltungswirtschaftlichen Sozialismus, den Prinzipien von Kommando und Kontrolle, organisiert war, kann einfach nicht – und konnte, wie sich zeigte, in der Tat auch faktisch nicht – Güter erbringen, die in irgendeiner Weise auch nur entfernt vergleichbar waren mit den Ergebnissen von Volkswirtschaften, die nach von Adam Smiths «System der natürlichen Freiheit» abgeleiteten Prinzipien organisiert sind. Diese Variante des Sozialismus, die einen Grossteil ihrer Quelle in der hoch erfolgreichen Schubkraft der marxistischen Ideologie gefunden hatte, wird nicht so bald wieder aus der Versenkung auftauchen. Die erste Hälfte dieses neuen Jahrhunderts wird keine Rufe nach kollektivierter Planung um der Planung willen mehr erleben.

Paternalistischer Sozialismus
Der Niedergang des zentralverwaltungswirtschaftlichen Sozialismus hat freilich die Rufe nach Kollektivierung, die sich aus den anderen Quellen speisen, nicht substanziell verringert. Dazu gehört die Erkenntnis selbst ernannter Eliten, dass es angeblich nur mittels Kollektivierung gelingen kann, die Wahlentscheidungen und Handlungen der Massen in jene Muster zu lenken, die «erwünscht wären, wenn diese Massen nur wüssten, was in ihrem eigenen besten Interesse ist». Diese Haltung, oder vielmehr dieses Bündel von Haltungen, war auch an der Erzwingung des zentralverwaltungswirtschaftlichen Sozialismus wesentlich beteiligt. Zumindest konzeptionell jedoch kann man sie auch separat untersuchen und analysieren.

Was man wollen soll Die ultimative Motivation muss hier nicht aus einem wie auch immer gearteten Argument herstammen, das darauf hinausläuft, dass kollektive Kontrolle irgendwie «effizienter» sei, wobei Effizienz in einer neutralen aggregierten Wertdimension definiert ist. Die Motivation liegt in der Wertskala selbst; was die Menschen privat ausdrücken, entspricht nicht dem, was die Elite bevorzugt. Die Präferenzen müssen also in akzeptablere Richtungen verschoben werden. Der französische Begriff «Dirigisme» beschreibt diese Geisteshaltung besser als jedes vergleichbare englische Wort.

Die Menschen, die diesen Standpunkt einnehmen, haben nicht zwangsläufig etwas gegen den Kapitalismus einzuwenden oder gegen den Marktprozess als allokatives Mittel zur Implementierung ihrer Ziele. Tatsächlich lässt man den Markt die Schwerstarbeit machen, solange die Anreize kollektiv so angepasst werden, dass Ergebnisse garantiert sind, die von den normativen Idealen der Elite diktiert werden. Ein grosser Teil des gegenwärtigen politischen Dialogs ist mit derartigen Haltungen getränkt. Das gilt besonders für einen Grossteil der Betonung des Umweltschutzes, aber auch für die leidenschaftlichen Kreuzzüge gegen Tabakkonsum und Fettleibigkeit.

> Man lässt den Markt die Schwerstarbeit machen, solange die Anreize kollektiv so angepasst werden, dass Ergebnisse garantiert sind, die von den normativen Idealen der Elite diktiert werden.

Weitere Sozialisierung Diese Quelle der Unterstützung für eine ausgeweitete kollektive Kontrolle über die Wahlfreiheit wird nicht verschwinden. Es scheint freilich unwahrscheinlich, dass dies eine starke Kraft in Richtung weiterer Sozialisierung ausüben wird. Die Grenzen solcher Bemühungen sind historisch beispielhaft belegt mit dem fehlgeschlagenen Experiment der Alkoholprohibition in den Vereinigten Staaten von Amerika im ersten Drittel des 20. Jahrhunderts, aber auch durch Hillary Clintons abgebrochene Anstrengungen aus den frühen neunziger Jahren, das Gesundheitswesen zu reformieren. In diesem Fall wird die «Demokratie» zu einer konservativen Bastion gegen Bemühungen einer Elite, ihre eigenen Wertstrukturen durch kollektivierten Zwang durchzusetzen.

Distributiver Sozialismus
«Sozialismus hat mit Gleichheit zu tun» – dieser kurze Satz ist nach dem offensichtlichen Untergang von zentraler Planwirtschaft und Kontrolle

rasch ins Rampenlicht gerückt. Den einstigen Befürwortern der Zentralverwaltungswirtschaft gelang es mit überraschender Eilfertigkeit, ihren Kurs nun an den wohlfahrtsstaatlich gesinnten Sozialdemokraten auszurichten. Die groben wissenschaftlichen Irrtümer, welche die verhängnisvolle Anmassung produziert hatten, wurden beiseitegewischt, als wären sie nie verbreitet worden, mit dem Argument, dass die Verteilungsgleichheit für Sozialisten aller Couleur der oberste Wert sei und auch schon immer gewesen sei. Auch die Argumentation der Paternalisten kommt nicht ohne verteilungspolitischen Impetus aus. Deren Aufmerksamkeit mag mehr auf Sachleistungen in Form von Gütern und Dienstleistungen an bestimmte Empfänger fokussiert sein, doch stets zielten auch sie auf mehr Gleichheit im letztlichen Zugang zu solchen Gütern.

Verteilungsgleichheit über alles In seiner unverfälschten Reinform jedoch dreht sich das Verteilungsargument ausschliesslich um die Gleichheit, oder vielmehr Ungleichheit, in der Verteilung von Gütern und Dienstleistungen, ohne Anschauung der konkreten Zusammensetzung des Bündels. Die allokative Funktion kann ausschliesslich dem Markt (Kapitalismus) überlassen werden, welcher den Präferenzmustern der Menschen in ihrer Eigenschaft als Verbraucher und Produzenten gehorcht, im Rahmen der Umverteilungsgrenzen nach Steuern und nach Transfers. Hier stehen nicht die produktiven Ergebnisse des Marktes im Brennpunkt und noch nicht einmal, wie er arbeitet, sondern die Verteilungsergebnisse, die in Abwesenheit einer spezifisch gesteuerten und kollektivierten Struktur von Steuern und Transfers folgen würden.

> Die groben wissenschaftlichen Irrtümer, welche die verhängnisvolle Anmassung produziert hatten, wurden beiseite gewischt, als wären sie nie verbreitet worden, mit dem Argument, dass die Verteilungsgleichheit für Sozialisten aller Couleur der oberste Wert sei.

Wo bleibt die Fairness? Auf der Ebene der abstrakten politischen Philosophie – insbesondere in dem Zusammenhang, in dem die Arbeiten von

John Rawls (1971) darauf aufmerksam gemacht haben – kann diese Quelle kollektiven Handels als die einzige gelten, die überhaupt mit den Regeln des klassischen Liberalismus in Einklang zu bringen ist. Selbst *Hardcore*-Libertäre empfinden es als schwierig, die unbeschränkten Verteilungsergebnisse des Marktprozesses, des unbegrenzten Kapitalismus, als Verkörperung weithin geteilter Fairnessnormen zu verteidigen. Selbst wenn die perversen Anreize, die sowohl auf der Steuer- als auch auf der Transferseite des Budgets auftauchen, vollumfänglich anerkannt werden und selbst wenn darüber hinaus noch berücksichtigt wird, dass die tatsächlichen Anpassungen, die auf dem Weg der demokratischen Politik möglich sind, hinter den idealtypischen Verteilungsanpassungen, die man sich vorstellen kann, zurückbleiben, selbst dann lässt sich immer noch breite Unterstützung für eine gewisse Verteilungskorrektur belegen. Wenn der sozialisierte Teil der wirtschaftlichen Aktivität so gemessen wird, dass er auch das aus Steuern und Transfers bestehende Budget umfasst, dann sieht es nicht so aus, als ob der Sozialismus aus der beobachteten politischen Realität verschwände.

Klassenkampfrhetorik Die aus reinen Umverteilungsmotiven heraus begründete Unterstützung für eine Ausweitung dieses Budgets aus Steuern und Transfers mag freilich viel geringer ausfallen, als es die häufig anzutreffende Klassenkampfdemagogie des Wahlkampfs vermuten lässt. Man kann die Armen, also die von der Einkommensverteilung Benachteiligten, nur selten dabei beobachten, dass sie den Mehrheitsprozess der Demokratie benutzen, um die Reichen auszubeuten, zumindest nicht über relativ enge Grenzen hinaus. Die Klassenkampfrhetorik scheint zudem vielmehr eher bloss das Geschimpfe der Eliten widerzuspiegeln, welche die verteilungspolitische Motivation wachzurufen suchen, um ihren fundamentalen Dirigismus zu befördern.

Parentaler Sozialismus
Nach meinem Wissen ist der Begriff «parental» (elterlich) noch nie ausdrücklich als Beschreibung der Motivation erörtert worden, die hinter der Kollektivierung und Sozialisierung der menschlichen Aktivität steckt. Ich führe den Begriff hier in Ermangelung eines besseren ein, um eine Quelle zu beschreiben, die sich nur schwer auf den Punkt bringen lässt, auch wenn in einer etwas ausführlicheren Erörterung gut mit ihr umzugehen ist. In einem gewissen Sinn handelt es sich hier sozusagen um die Kehrseite des Paternalismus. Mit Paternalismus bezeichnen wir die Haltung elitärer Menschen, die ihre eigenen bevorzugten Werte anderen Menschen vorschreiben wollen.

Werte vorschreiben Mit *Parentalismus* hingegen bezeichnen wir die Haltung von Menschen, die danach streben, dass andere Personen, der Staat oder transzendentale Kräfte *ihnen Werte vorschreiben*. Diese Quelle der Unterstützung für eine ausgeweitete Kollektivierung wird sowohl von sozialistischen als auch von liberalen Philosophen vernachlässigt. Vielleicht liegt das daran, dass Philosophen – in beiden Lagern – stets methodologische Individualisten bleiben.

Freiheit und Verantwortung Wie der Titel dieses Aufsatzes erahnen lässt und wie ich schon früher angemerkt habe, wird die ultimative Motivation für die Beibehaltung oder gar Ausweitung der Kontrolle über die Aktivitäten der Menschen durch kollektive Institutionen nach meiner Einschätzung in der ersten Hälfte des neuen Jahrhunderts wichtiger sein als jede andere der vertrauteren Quellen, die hier schon im ersten Abschnitt besprochen worden sind. Beinahe unterbewusst unterstellten jene Wissenschafter, Lehrkräfte und Akademiker, die sich bemühten, das «grosse Bild» zu sehen, dass Menschen – ceteris paribus – die Freiheit geniessen wollen, ihre eigenen Entscheidungen zu treffen; dass sie frei sein wollen von Zwang durch andere Menschen, selbst von indirektem Zwang durch Überredung. Sie haben indes nicht hinreichend betont, dass Freiheit *Verantwortung* mit sich bringt, und sie haben nicht genug untersucht, was daraus folgt. Und es scheint offensichtlich, dass viele Menschen nicht die letzte Verantwortung für ihr eigenes Tun übernehmen möchten. Viele Menschen fürchten sich tatsächlich davor, frei zu sein.

> Es scheint offensichtlich, dass viele Menschen nicht die letzte Verantwortung für ihr eigenes Tun übernehmen möchten. Viele Menschen fürchten sich tatsächlich davor, frei zu sein.

Der Begriff «parental», elterlich, entfaltet seine deskriptive Kraft in seinem Hinweis darauf, dass die Haltung, um die es hier geht, verwandt ist mit jener Haltung eines Kindes, das den Kokon-ähnlichen Schutz seiner Eltern sucht und das zwar seine Freiheit geniesst, aber nur innerhalb der Grenzen, die ihm die Spannweite dieses Schutzes lässt. Die Mutter oder der Vater fängt das Kind auf, wenn es hinfällt, bandagiert seine Schnittverletzungen, verzeiht seine Verhaltensexzesse in allen Dimensionen. Das Wissen, dass diese Dinge getan werden, verleiht dem Kind ein Gefühl von Ordnung in seinem Universum, mit Elementen von Vorhersagbarkeit in unsicheren Aspekten seines Umfelds.

Erwachsenwerden schmerzt Dieses gemütliche Arrangement wird dramatisch gestört, wenn das Kind erwachsen wird, wenn unabhängig von den Familienbanden Verantwortung geschultert werden muss. Relativ wenige Menschen sind als Individuen stark genug, die volle Spannbreite der Freiheit und der mit dieser einhergehenden Verantwortung zu übernehmen ohne irgendeinen Ersatz des elterlichen Schutzes. Die Religion – oder Gott als transzendentale Kraft, die Vaterschaft oder Mutterschaft exemplifiziert – hat diesen Zweck und dient ihm auch weiterhin (mehr hierzu weiter unten). Organisierte Gemeinschaft ist ein zwar weniger stark zufriedenstellender, aber nichtsdestoweniger partieller Elternersatz für einige Leute. Noch wichtiger ist es, insbesondere im Rahmen der vorliegenden Erörterung, dass das Kollektiv – der Staat – einspringt und das Individuum um seine Verantwortlichkeit als unabhängig wählender und handelnder Erwachsener erleichtert. Im Gegenzug vermindert der Staat natürlich die Freiheit des Individuums, nach seinen eigenen Entscheidungen zu handeln. Doch die Ordnung, die der Staat als Elternteil bereitstellt, mag vielen Menschen das Freiheitsopfer durchaus wert sein.

Sehnsucht nach Ordnung Wie schon erwähnt, speist sich die Quelle einer Argumentation für die Ausweitung der kollektiven oder staatlichen Kontrolle hier eher «von unten» denn «von oben» wie im Fall des Paternalismus. Die Menschen, die sich fürchten, jene unabhängige Verantwortung zu übernehmen, die notwendig mit der Freiheit einhergeht, verlangen vom Staat, dass er die Elternrolle in ihrem Leben erfüllen soll. Sie *wollen*, dass man ihnen sagt, was sie tun sollen und wann; sie suchen Ordnung statt Unsicherheit; und Ordnung geht mit Opportunitätskosten einher, die sie offenbar gern tragen.

> Der Durst oder das Verlangen nach Freiheit und Verantwortlichkeit ist vielleicht nicht ganz so universell, wie so viele Philosophen seit der Ära der Aufklärung angenommen haben.

Der Durst oder das Verlangen nach Freiheit und Verantwortlichkeit ist vielleicht nicht ganz so universell, wie so viele Philosophen seit der Ära der Aufklärung angenommen haben. Welcher Anteil der Leute, die sich in verschiedenen Graden der Ankettung befinden, von der Sklaverei bis hin zum normalen Lohnarbeitsverhältnis, will wirklich frei sein, mit der begleitenden Verantwortung für die eigenen Entscheidungen? Auf das desaströse Scheitern von General Shermans Programm «Forty Acres and a Mule», mit dem freigelassenen Sklaven in den Endjahren des amerikanischen Bürgerkriegs eine Lebensgrundlage gegeben werden sollte, folgte in den Südstaaten Amerikas ein Rückfall der emanzipierten früheren Sklaven in einen erneuerten Abhängigkeitsstatus. Und die überraschende Stärke der kommunistischen Parteien in der Politik Zentral- und Osteuropas auch nach dem Kalten Krieg belegt, dass dieser Durst nach Freiheit bei vielen Leuten durchaus «beherrschbar» ist.

Gott ist tot, lang lebe der Staat

Vor dem 18. Jahrhundert, vor der Aufklärung, und insbesondere im Westen erfüllte Gott, institutionell verkörpert durch die Kirche (und die Kirchen), eine scheinbar natürliche Rolle als ein überwölbendes «Elternteil», das die ultimative Verantwortung für das Individuum in einem letztinstanzlichen Sinne übernahm, da biologische Verbindungen im Alterungsprofil notwendig verloren gingen. Das zeigt sich an einer Vielzahl von Stellen. «Wir heissen Kinder Gottes und sind es», «Gott wird dich tragen» – diese aus der Bibel und aus religiösen Liedtexten bekannten Behauptungen sind nur eine Illustration einer nahezu universellen Haltung. Psychologisch führte dies dazu, dass die Menschen in ihrem Alltagsleben gestärkt waren von dem Gefühl, dass Gott jedes Unheil, das sie anrichten könnten, wieder bereinigen würde – so wie es Eltern gegenüber ihren Kindern tun. Natürlich könnte Fehlverhalten bestraft werden, in diesem oder in einem späteren Leben. Dabei unterlagen aber sowohl die Regeln als auch die Aussicht auf Lohn und Strafe strikter Berechenbarkeit. Gott in seiner institutionellen Verkörperung brachte Ordnung in jedermanns Leben.

Wer tritt an die Stelle Gottes? Aber was, wenn Nietzsche recht hat? Was, wenn Gott tot ist? Was geschieht mit jemandem, der anerkennen muss, dass die ordnende Gegenwart Gottes nicht länger real ist? Was, wenn man sich nicht mehr darauf verlassen kann, dass Gott das Chaos schon beseitigen wird, nicht einmal als letzte Instanz? Wer und/oder was kann die Rolle von Surrogat-Eltern übernehmen? Wer und was gibt es jenseits des Individuums, das unsere Sehnsucht nach familienähnlichem Behütetsein bedienen kann? Wer oder was wird uns aufheben, wenn und falls wir fallen? Wer und was kann die Berechenbarkeit liefern, die Gott und seine Vertreterstrukturen zu bieten schienen?

Nach den ausführlichen Idealisierungen, die sich einige mittelalterliche Scholastiker ausgedacht haben, ist die weltliche Politik, der Staat, ein unnötiges Anhängsel der Verkörperung Gottes in der Kirche. In ganz

Europa stiessen aufkeimende Anstrengungen in den nachmittelalterlichen Jahrhunderten, eine von der Kontrolle durch die Kirche unabhängige weltliche Autorität einzurichten, auf Widerstand. Doch das Monopol der katholischen Kirche wurde von Luther und seinen Anhängern gebrochen, lange bevor die Aufklärung einsetzte. Gott war nicht länger monolithisch, im Abbild einer einzigen Institution. Miteinander konkurrierende Interpretationen kamen auf, und die Konflikte zwischen den Kirchen vermischten sich mit Konflikten zwischen Staaten, die jene Kirchen repräsentierten. In diesem Prozess löste sich die weltliche von der kirchlichen Herrschaft und nahm unabhängige Gestalt an.

Der Staat rückt vor Zur Zeit der Aufklärung war der säkulare Nationalstaat beinahe zur Reife gelangt, und der Nationalismus, das Gespür für das Nation-Sein, wurde zu einem mehr oder weniger natürlichen Auffangbecken für die Gefühle jener Menschen, denen Gott abhandengekommen war. Für viele rückte der Staat als Kollektiv vor und

Der Tod Gottes und die Geburt des Nationalstaats, besonders in seinem jüngsten Gewand als Wohlfahrtsstaat, sind die zwei Seiten derselben historischen Medaille.

füllte die Lücke, welche der Niedergang der kirchlichen Elternrolle hinterlassen hatte. Das Individuum, das familienähnlichen Schutz suchte, ein solches Behütetsein jedoch nicht länger in der Kirche oder bei dem durch sie verkörperten Gott verspürte, fand einen Ersatz im Kollektiv. Das Individuum konnte sich als «zugehörig» zu einer grösseren Gemeinschaft fühlen und hing notwendig auch von dieser Gemeinschaft ab. Der Tod Gottes und die Geburt des Nationalstaats, besonders in seinem jüngsten Gewand als Wohlfahrtsstaat, sind in dieser Hinsicht die zwei Seiten derselben historischen Medaille.

Zwei parallele Entwicklungen Die Umstellung, nach welcher der Staat für viele Menschen Gott in der Elternrolle ersetzte, erfuhr Unterstützung und Begünstigung durch zwei historisch parallel verlaufende Entwicklungen. Zunächst enthielt die Aufklärung an sich keine Rechtfertigung für das Spriessen des Staates. Aus der Aufklärung ergab sich nicht der Kollektivismus, sondern der klassische Liberalismus. Wie der folgende Abschnitt freilich zeigen wird, hat der klassische Liberalismus auf einzigartige Weise darin versagt, den Menschen eine wie auch immer geartete psychologische Sicherheit zu geben, die den Verlust des religiösen Glaubens kompensieren könnte. Beinahe unverzüglich nach der Aufklärung wurden Argumente für den Sozialismus vorgebracht, wie oben schon behandelt. Und alle Argumente für sozialistische Organisation hängen in kritischer Weise von der Ausdehnung des kollektivierten oder politisierten Tätigkeitsfeldes ab. Die Verwirklichung der sozialistischen Vorschläge wurde erreicht durch eine Kombination von marxistischer Ideologie, Paternalismus der Intellektuellen, Verteilungsargument und einem Residuum an verzweifelter Suche nach einem elterlichen Ersatz für Gott. Der sozialistische Kollektivismus versprach jene Ordnung, die dem post-aufklärerischen Liberalismus zu fehlen schien. Die Abhängigkeit, die mit dem Sozialismus einherging, nahmen die Menschen mehr oder weniger bereitwillig hin. Denn in dem Masse, wie sie Abhängige der Gemeinschaft wurden, waren sie zugleich auch in der Lage, an dem gemeinschaftlichen Projekt teilzunehmen, das der Kollektivismus darzustellen schien.

Abhängigkeit als Normalität Der Staat wurde Gott. Diese Transponierung war natürlich in der Sowjetunion und unter anderen kommunistischen Regimes am augenscheinlichsten. Doch in den demokratischen Gesellschaften des Westens fand im Wesentlichen dieselbe psychologische Verschiebung statt. Die Menschen akzeptierten ihre Abhängigkeit vom Staat als Normalität – selbst jene, die zugleich gegen die zunehmenden Übergriffe durch das Kollektiv bzw. die Regierung protestierten. Es kam immer seltener vor, dass man Personen und Gruppen fand, die sich dafür einsetzten, die Ketten der Abhängigkeit zu lockern. Der Zusammenbruch der kommunistischen Regimes während der letzten Dekade des 20. Jahrhunderts trug nichts oder wenig dazu bei, das Wachstum des Wohlfahrtsstaates zu bremsen. Schon dies zeigt, dass die parentale Motivierung die vielleicht stärkste Kraft unter den oben identifizierten Quellen der Kollektivierung bleibt.

Die Lücken des klassischen Liberalismus

Die zentrale Ordnungsidee des klassischen Liberalismus ergab sich aus der Aufklärung, insbesondere aus deren schottischen Varianten. Diese Idee, am besten ausbuchstabiert in den Arbeiten von Adam Smith, besteht darin, dass es überhaupt keiner ausgedehnten kollektiven Steuerung und Kontrolle aller Aktivitäten bedarf. Wenn minimalinvasive Institutionen bestehen, die Leib und Leben, Eigentum und Verträge garantieren, dann kann den Menschen vielmehr ihre Freiheit belassen werden, ihre jeweils eigenen Entscheidungen zu treffen und dadurch maximale Werte zu generieren. Die spontane Ordnung des Marktes, die in dem Masse entsteht, wie die Menschen in einem «einfachen System natürlicher Freiheit» ihre eigene Wahl treffen dürfen, impliziert, dass es für den Hoheitsstaat nur eine begrenzte Rolle gibt.

> Die spontane Ordnung des Marktes, die in dem Masse entsteht, wie die Menschen in einem «einfachen System natürlicher Freiheit» ihre eigene Wahl treffen dürfen, impliziert, dass es für den Hoheitsstaat nur eine begrenzte Rolle gibt.

Der sozialistische Befund Der moderne Sozialismus, zumindest in den ersten drei oben genannten Varianten, entstand als Reaktion gegen den klassischen Liberalismus und besonders gegen den begrenzten Erfolg der klassischen politischen Ökonomie während der ersten Hälfte des 19. Jahrhunderts. Der zentralverwaltungswirtschaftliche, auf Kommando und Kontrolle zurückgreifende Sozialismus fusste auf einem intellektuellen Irrtum, auf der Unfähigkeit, die grundlegenden Prinzipien des Marktes zu begreifen.

Der paternalistische Sozialismus lehnt die demokratischen Charakteristika der Marktergebnisse ebenso ab wie, in Ableitung daraus, demokratische Ordnungsstrukturen allgemein. Der distributive Sozialismus kann im klassischen Liberalismus seinen Platz finden, indem man die Marktergebnisse entsprechenden Anpassungen unterzieht.

Die Lücken des klassischen Liberalismus liegen in seiner Unfähigkeit, eine zufriedenstellende Alternative zu dem sozialistisch-kollektivistischen Impuls anzubieten, der das weit verbreitete Verlangen nach einer parentalen Rolle des Staates reflektiert. Für Menschen, die – möglicherweise unbewusst – Abhängigkeit vom Kollektiv anstreben, läuft das klassisch-liberale Argument für Unabhängigkeit auf reine Negation hinaus. Die Klassisch-Liberalen haben sich bisher in keiner Weise um die psychologischen Elemente der öffentlichen Unterstützung für oder gegen die marktwirtschaftliche Ordnung gekümmert.

> «Die spontane Ordnung des Marktes» – das ist eine intellektuelle Idee, die Menschen, die keiner ökonomischen Schulung ausgesetzt gewesen sind, nicht von selbst verstehen.

«Die spontane Ordnung des Marktes» – das ist eine intellektuelle Idee, die Menschen, die keiner ökonomischen Schulung ausgesetzt gewesen sind, nicht von selbst verstehen. Und selbst die Ökonomen haben – in ihrem gelegentlichen Eifer, den Feinheiten komplexer Modelle auf den Grund zu gehen – ihre vorrangige didaktische Aufgabe vernachlässigt. Sie gingen einfach davon aus, dass eine Idee, wenn sie erst einmal von der wissenschaftlichen Gemeinschaft akzeptiert ist, auch Teil des öffentlichen Allgemeinwissens wird, wie in den Naturwissenschaften – und dass sie dann auch in institutionellen Reformen Niederschlag findet. Die Ökonomen als mutmassliche Treuhänder der Prinzipien des klassischen Liberalismus haben den kategorialen Unterschied zwischen der öffentlichen Aufnahme ihrer eigenen wissenschaftlichen Erkenntnisse und denen ihrer naturwissenschaftlichen Kollegen nicht einmal wahrgenommen. Jeder Mensch ist, im wahrsten Sinne des Wortes, sein eigener Ökonom;

den Wahrheiten der ökonomischen Theorie erweist er wenig oder keinerlei Respekt.

Blinde Kräfte des Marktes In den Augen viel zu vieler Mitglieder des politischen Gemeinwesens verlangt es die marktwirtschaftliche Ordnung, dass sich die Menschen den «blinden Kräften des Marktes» unterwerfen, als ob die Unabhängigkeit, die damit errungen wird, keinerlei kompensierende Gewinne mit sich brächte. Es gibt eine weitverbreitete Unfähigkeit zu verstehen, dass die Unabhängigkeit, die mit den Optionen des Markteintritts und Marktaustritts geboten ist, die *Abhängigkeit* von anderen aufhebt, die sich ergibt, wenn Märkte geschlossen oder verdrängt werden. Und solche Abhängigkeit schliesst vor allem die Abhängigkeit vom Staat, von seinen bürokratischen Stellvertretern ein. Das Individuum kann sich aus einer Marktbeziehung mühelos verabschieden. Der Steuerhoheit des Staates kann man sich nicht so leicht entziehen.

> Die Anhänger des klassischen Liberalismus, vor allem die Ökonomen, haben sich nicht hinreichend darum gekümmert, das Evangelium der Unabhängigkeit zu predigen.

Die Eintritts- und Austrittsoptionen, die der Markt bietet, dienen als allgegenwärtiger Grenzraum, der allen Teilnehmern offensteht. Und die Ökonomen hätten die vertraute Erfahrung mit Grenzen durchaus stärker ausnutzen dürfen, indem sie diese Analogie mit Beispielen unterlegten. Ihr Unterlassen illustriert den Punkt, dass die Anhänger des klassischen Liberalismus, und vor allem die Ökonomen, sich nicht hinreichend darum gekümmert haben, das Evangelium der Unabhängigkeit zu predigen. Der klassische Liberalismus, richtig verstanden, zeigt, dass Menschen auf eigenen Füssen stehen können, dass sie weder Gott noch den Staat als Ersatzeltern brauchen. Doch diese Lektion ist nicht gelernt.

Der Kapitalismus und seine Widersprüche

Der Kapitalismus («freies Unternehmertum» wäre ein viel besserer Begriff) ist die institutionalisierte Verkörperung des klassischen Liberalismus. In idealisierter Form lässt er sich am besten beschreiben als ein System, in dem Werte bestimmt, Ressourcen in die besten Verwendungsrichtungen gebracht sowie Güter und Dienstleistungen über ein Netzwerk freiwilliger Austauschbeziehungen zwischen frei wählenden und handelnden Personen und Gruppen produziert und verteilt werden. Dieses Netzwerk funktioniert innerhalb einer kollektiv auferlegten rechtlichen Struktur, die Person und Eigentum schützt und Verträge durchsetzt sowie zugleich jene Güter und Dienstleistungen finanziert, die gemeinsam zu nutzen die Effizienz gebietet. In einem solchen idealisierten kapitalistischen System unterlägen höchstens 15 Prozent der nationalen Wertschöpfung einer kollektiven Steuerung.

Der kollektivierte Sektor wächst In der Nachkriegszeit haben wir beobachtet, wie der kollektivierte Sektor selbst in westlichen Ländern, ausserhalb des nominell sozialisierten kommunistischen Blocks, seine allokative und distributive Reichweite bis auf Werte zwischen 40 und 60 Prozent der gesamten Wertschöpfung ausgedehnt hat. Wie soll man solche Systeme nennen? Halb kapitalistisch und halb sozialistisch?

Herrschaft des Rechts Sobald wir anerkennen, dass sich die Prinzipien, auf denen die ganze Ordnungsstruktur angeblich beruht, aus dem klassischen Liberalismus ergeben und nicht aus dem – wie auch immer gearteten – Sozialismus, treten Widersprüche zutage. Es ist beinahe so, als ob diese Prinzipien die politisierte oder sozialistische Werthälfte als Wohlfahrtsverlust auf ihrem Rücken tragen. Diese Prinzipien umfassen die Herrschaft des Rechts, wonach jedermann, ohne Anschauung seines Abhängigkeitsverhältnisses, demselben Gesetz unterworfen ist, nicht zuletzt einschliesslich jener, die als Beauftragte des Kollektivs handeln. Darüber hinaus verlangt die Demokratie als politische Form das freie und allgemeine Wahlrecht für jedermann, aktiv wie passiv. Innerhalb einer angemessen definierten Gebietskörperschaft geniesst jedermann die Freiheit, berufliche und geografische Chancen zu nutzen oder dies zu unterlassen, eingeschränkt nur durch den Respekt, den der oben erwähnte rechtliche Schutz gebietet. Jedermann in dem so organisierten Gemeinwesen geniesst die Garantie, dass seine persönlichen Rechte geschützt sind – das Recht der freien Meinungsäusserung, der Religionsausübung, der Versammlungsfreiheit.

Die Allgemeinheitsnorm Die Auflistung liesse sich verlängern, doch der Punkt, um den es geht, sollte schon jetzt klar sein. In der Anwendung der Grundprinzipien des klassischen Liberalismus kann es keine Diskriminierung zwischen verschiedenen Menschen geben. Was daraus folgt, ist auch klar. Insofern der spriessende Anteil von Steuern und Transfers in den Budgets moderner Demokratien auf Forderungen zurückgeht, dass der Staat eine Elternrolle einnehmen sollte, muss dieser Anteil von *Allgemeinheit* gekennzeichnet sein. Nicht wegen ihrer Zugehörigkeit zu der einen oder anderen Gruppe, definiert in nicht allgemein gehaltenen Begriffen (Buchanan, Congleton 1998), sondern durch ihre Mitgliedschaft im Gemeinwesen unterliegen die Menschen einerseits der Steuer und sind andererseits potenziell transferberechtigt. Jegliche Abweichung von der Allgemeinheitsnorm, jegliche Diskriminierung, führt zwangsläufig eine Klassifizierung von Menschen ein, die der klassisch-liberalen Grundannahme der Gleichheit zuwiderläuft.

> Jegliche Abweichung von der Allgemeinheitsnorm, jegliche Diskriminierung, führt zwangsläufig eine Klassifizierung von Menschen ein, die der klassisch-liberalen Grundannahme der Gleichheit zuwiderläuft.

Die meisten Programme in den Budgets des Wohlfahrtsstaats sind, zumindest nominell, nach dem Prinzip der Allgemeinheit organisiert. Die steuer- oder umlagefinanzierte Altersvorsorge sieht allgemeine Deckung vor, wenn auch mit eingebauten Elementen der Umverteilung. Die steuerfinanzierten Gesundheitsdienstleistungen stehen allen Mitgliedern der

Gemeinschaft offen, auch wenn es hier ebenfalls eingebaute Umverteilungscharakteristika gibt. Widersprüche tauchen freilich in dem Masse auf, wie die fiskalischen Ansprüche, die sich auf diese Programme richten, angesichts des demografischen Wandels und rapider Fortschritte in der Medizintechnik beinahe explosiv zunehmen. Es lässt sich schon jetzt ein wachsender Druck beobachten, diese fiskalischen Ansprüche in Schach zu halten, und zwar zum Teil dadurch, dass man ausdrücklich Abweichungen vom Prinzip der Allgemeinheit einführt und Bedürftigkeitsprüfungen als Kriterien für die Berechtigung zum Transferbezug durchsetzt. In dem Masse, wie Änderungen in dieser Richtung vorgenommen werden, muss die öffentliche Unterstützung für Programme abnehmen, die aus der parentalen Motivierung stammen. Wenn einer zunehmenden Anzahl von Menschen klar wird, dass sich der Staat im Zuge dieser Änderungen nicht länger um sie kümmern kann – selbst in einem entfernten, noch verbleibenden Sinn –, dann modifiziert sich auch das Bild dramatisch, das sie sich von diesen Programmen machen. Die Transfers werden dann als diskriminierende Zahlungen an politisch erwählte Gruppen wahrgenommen und nicht länger als Transfers zugunsten einer inklusiven Gruppe von Berechtigten.

Wenn das Prinzip der Allgemeinheit bewahrt wird, sind die vorhersagbaren Ansprüche an die fiskalischen Fähigkeiten des Wohlfahrtsstaats schlicht nicht tragbar.

Ende der Fahnenstange Wenn das Prinzip der Allgemeinheit hingegen bewahrt wird, selbst wenn man ihm vielleicht nicht vollumfänglich gehorcht, sind die vorhersagbaren Ansprüche an die fiskalischen Fähigkeiten des Wohlfahrtsstaats schlicht nicht tragbar. Zu versuchen, den eingegangenen Verpflichtungen aus den verschiedenen Programmen – vor allem der Alters- und der Gesundheitsvorsorge – gerecht zu werden, würde verlangen, dass aus den Marktergebnissen vor Steuern ein Steueraufkommen herausgezogen wird, das die Grenzen des Machbaren mit Blick auf das menschliche Verhalten bei Weitem überschreitet, von Fragen des politischen Willens einmal ganz abgesehen. Der in der Laffer-Kurve abgebildete Zusammenhang stellt schliesslich in jedem Gemeinwesen eine sehr reale Schranke dar.

Die wohlfahrtsstaatlichen Demokratien sind fast ohne Ausnahme und in zunehmender Weise mit dem Auseinanderklaffen einer zweischneidigen Entscheidungsstruktur konfrontiert, die im Grunde nichts anderes widerspiegelt als den Konflikt zwischen dem klassischem Liberalismus und dem Sozialismus. Weil sie ihre Präferenzen im politischen Prozess ausdrücken, mögen sich die Bürger tatsächlich eine Ausweitung der parentalen Rolle des Wohlfahrtsstaats wünschen und ihm gestatten, Gott zu ersetzen. Zugleich jedoch mögen sie, in ihrem privaten Entscheidungsspielraum, danach streben, ihre Steuerverbindlichkeiten zu minimieren. Das liberale Prinzip, nach dem die Menschen frei sind, eine Steuerbasis zu schaffen, wie und wenn sie sich dafür entscheiden, ist unvereinbar mit dem sozialistischen Prinzip, nach welchem die Abhängigkeit vom Wohlfahrtsstaat über noch plausibel hinnehmbare steuerliche Grenzen hinaus ausgedehnt wird. Die erste Hälfte des 21. Jahrhunderts wird darüber bestimmen, wie dieser grundlegende Konflikt gelöst werden kann.

> Die Bürger wünschen sich eine Ausweitung der parentalen Rolle des Wohlfahrtsstaats. Zugleich jedoch streben sie danach, ihre Steuerverbindlichkeiten zu minimieren. Die erste Hälfte des 21. Jahrhunderts wird zeigen, wie dieser Konflikt gelöst werden kann.

Vorhersage und Ausblick

Eine geradlinige Vorhersage, fussend auf einer Einschätzung der Funktionsweise des demokratischen Prozesses, wie er sich vor unseren Augen abspielt, würde nahelegen, dass der budgetäre Druck zunehmende Abweichungen von der Allgemeinheitsnorm in zahlreichen Wohlfahrtsprogrammen hervorrufen wird. Bedürftigkeitsprüfungen und Abgrenzungen von Zielgruppen werden zunehmen, weit über die gegenwärtigen

Niveaus hinaus. Die Reihen derer, die ausdrücklich als Abhängige des Wohlfahrtsstaats klassifiziert werden, werden sich lichten – möglicherweise sogar substanziell. Ein solcher Zusammenbruch der Allgemeinheitsnorm wird wie gesagt davon begleitet sein, dass die politische Unterstützung schwindet. Die Anspruchsgruppen werden immer mehr als Nettoparasiten wahrgenommen werden, die jenen Bürgern, die eine Steuerbasis schaffen, zur Last fallen. Die wohlfahrtsstaatlichen Demokratien des Westens könnten sich durchaus allmählich dem Modell des «Schinderstaates» annähern, wie es Anthony de Jasay (1985) beschreibt, in dem verschiedene Gruppen um Ansprüche aneinander konkurrieren.

> Anspruchsgruppen werden in Zukunft immer mehr als Nettoparasiten wahrgenommen werden, die jenen Bürgern, die eine Steuerbasis schaffen, zur Last fallen.

Reformen sind möglich Natürlich müssen sich solche Vorhersagen nicht erfüllen. Als Beispiel mag man sich an die Vorhersagen erinnern, die, sagen wir, in den frühen siebziger Jahren gemacht werden konnten. Wer hätte damals vorhergesagt, dass die Reformen von Margaret Thatcher Grossbritannien in der Tabelle der europäischen Liga dramatisch aufwärts klettern lassen würden? Dass Ronald Reagan den amerikanischen Geist wiederherstellen würde? Dass die Sowjetunion zusammenbrechen würde? Die westlichen Wohlfahrtsdemokratien sind noch nicht über den Punkt hinaus, an dem es kein Zurück mehr gibt. Die öffentlichen Einstellungen, wie sie sich im politischen Führungspersonal spiegeln, könnten allmählich die Erkenntnis umfassen, dass sich die kollektiv generierten Ansprüche an den Fiskus nicht mehr erfüllen lassen – zumindest nicht dann, wenn sich das Steueraufkommen aus plausibel hinnehmbaren Steuerstrukturen ergeben soll. Das Prinzip der Allgemeinheit wohlfahrtsstaatlicher Programme kann in dem Masse mehr oder weniger aufrechterhalten werden, wie diese Ansprüche auf halbwegs vernünftige Grössenordnungen zurückgeschraubt werden. Wenn solche Reformen verwirklicht werden, dann kann es geschehen, dass ein wachsender Anteil der Bevölkerung das Gefühl der Abhängigkeit vom Staat tatsächlich – zumindest teilweise – abschüttelt.

Das Erbe von Marx ist nur noch eine erschöpfte Kraft. Aber das Erbe von Bismarck ist lebendig und in guter Verfassung. Immerhin kann es mit Führungsstärke und Erkenntnis in Schach gehalten werden, gerade so, wie Bismarck selbst glaubte.

Nachwort

Dieser Aufsatz entstand unter der Annahme, dass es dem Terrorismus nicht gelingen wird, die grundlegenden Institutionen der Demokratien des Westens dauerhaft zu verändern – durch den Schaden, den er anrichtet, die Reaktion und die Gegenmassnahmen, einschliesslich der Vorbeugungsmassnahmen. Wenn sich diese Annahme als verkehrt herausstellt, hätte dies freilich nur zur Folge, das zentrale Argument dieses Aufsatzes zu stärken. Terror, real oder als Drohung, stellt den einzelnen Bürger geradezu zwangsläufig in ein umfassenderes Abhängigkeitsverhältnis gegenüber dem Staat. Die Ereignisse mögen es erzwingen, dass die Breite und Tiefe kollektivierter Kontrollen zunimmt. Und selbst einem glühenden Klassisch-Liberalen fällt es schwer, sich dem wirksam entgegenzustellen.

In einer solchen Ausweitung wird eine ähnliche Spannung auftreten, wie wir sie schon zuvor betrachtet haben. Der Druck, vom Prinzip der Allgemeinheit abzuweichen und Diskriminierungen zuzulassen, wird zunehmen – mit Folgen, die vielleicht schlimmer sind als jene, die sich unter dem Schirm des Wohlfahrtsstaates im engeren Sinne ergeben.

Literatur und Autoren

22	Literaturverzeichnis	_265
23	Autorenverzeichnis	_275

22 Literaturverzeichnis

Literatur

Adam, Konrad (1993): Ein abgeschlossenes Projekt. Jenseits von Links und Rechts. In: What's left. Prognosen zur Linken. Berlin: Rotbuch-Verlag, 47–52.

Baron, Jonathan (1995): Blind Justice. Fairness to Groups and the Do-No-Harm-Principle. In: Journal of Behavioural Decision-Making 8 (1), 71–83.

Baron, Jonathan; Bazerman, Max H.; Shonk, Katherine (2006): Enlarging the Societal Pie through Wise Legislation. A Psychological Perspective. In: Perspectives on Psychologial Science 1 (2), 123–132.

Baumgartner, Thomas; Heinrichs, Markus; Vonlanthen, Aline; Fischbacher, Urs; Fehr, Ernst (2008): Oxytocin Shapes the Neural Circuitry of Trust and Trust Adaptation in Humans. In: Neuron 58 (4), 639–650.

Baurmann, Michael (1996): Der Markt der Tugend. Recht und Moral in der liberalen Gesellschaft – Eine soziologische Untersuchung. Tübingen: Mohr Siebeck.

Berlin, Isaiah (1969): Four Essays on Liberty. Oxford: Oxford University Press.

Bhagwati, Jagdish (2011): Kapitalismus nach der Krise. In: Feld, Lars; Horn, Karen; Paqué, Karl-Heinz (Hrsg.): Das Zeitalter von Herbert Giersch. Tübingen: Mohr Siebeck.

Bhidé, Amar (2009): In Praise of More Primitive Finance. In: Economists' Voice, Februar 2009, 1–8.

Blum, Ulrich; Xiaohu, Feng; Pies, Ingo (2011): Wachstum, Wohlstand, Werte. In: Frankfurter Allgemeine Zeitung, 6.6.2011.

Bobbio, Norberto (1993): Die Linke und ihre Zweifel. Eine Bestandsaufnahme. In: What's Left. Prognosen zur Linken. Berlin: Rotbuch-Verlag, 9–24.

Böckenförde, Ernst-Wolfgang (1976): Staat, Gesellschaft, Freiheit. Frankfurt: Suhrkamp.

Briefs, Götz (1961): Heilserwartung und Kollektivismus. Wiederabgedruckt in: Briefs, Götz (1980): Ausgewählte Schriften. Erster Band: Mensch und Gesellschaft. Berlin: Duncker & Humblot, 431–452.

Buchanan, James M. (2001): Moral Science and Moral Order. Indianapolis: Liberty Fund (The Collected Works of James M. Buchanan 17).

Buchanan, James M.; Congleton, Roger D. (1998): Politics by Principle, Not Interest: Toward Nondiscriminatory Democracy. New York, Cambridge: Cambridge University Press.

Budäus, Dietrich; Steenbock, Andreas (1999): Ethische Aspekte wirtschaftlichen Handelns im Rahmen öffentlicher Einrichtungen. In: Korff, Wilhelm et al. (Hrsg.): Handbuch der Wirtschaftsethik. Ethik wirtschaftlichen Handelns 3. Gütersloh: Gütersloher Verlagshaus, 574–613.

Bürger, Peter (1964): Die Notwendigkeit des Zufalls. In: Die Zeit, 10.4.1964.

Caplan, Bryan (2007): The Myth of the Rational Voter. Why Democracies Choose Bad Policies. Princeton: University Press.

Dahrendorf, Ralf (1977): Homo Sociologicus. Ein Versuch zur Geschichte, Bedeutung und Kritik der Kategorie der sozialen Rolle. Opladen: Westdeutscher Verlag.

Dahrendorf, Ralf (2007): Freiheit – eine Definition. In: Ackermann, Ulrike (Hrsg.): Welche Freiheit – Plädoyers für eine offene Gesellschaft. Berlin: Matthes & Seitz, 26–39.

Dettling, Warnfried (2006): Vom Wert der Werte, oder: Der Standortdebatte zweiter Teil. In: Mohn, Liz et al. (Hrsg.): Werte. Was die Gesellschaft zusammenhält. Gütersloh: Bertelsmann, 67–79.

Deutscher Wertemonitor (2008): Liberales Institut der Friedrich-Naumann-Stiftung (Hrsg.), 2009. Potsdam/Berlin.

Deutscher Wertemonitor (2010): Freiheit – die schwierige Botschaft. Liberales Institut der Friedrich-Naumann-Stiftung (Hrsg.), 2011. Potsdam/Berlin.

Dewey, John (1929/1995): Erfahrung und Natur. Frankfurt: Suhrkamp.

Enste, Dominik H. (2010): Schwarzarbeit in Deutschland – Wer arbeitet schwarz und warum? In: Enste, Dominik H.; Schneider, Friedrich (Hrsg.): Jahrbuch Schattenwirtschaft 2010/11. Münster: Lit-Verlag, 1–17.

Enzyklika Caritas in veritate (2009): http://www.vatican.va/holy_father/benedict_xvi/encyclicals/documents/hf_ben-xvi_enc_20090629_caritas-in-veritate_ge.html. Zugriff: 12.9.2011.

Eucken, Walter (1951): Unser Zeitalter der Misserfolge. Tübingen: Mohr Siebeck.

Eucken, Walter (1952): Grundsätze der Wirtschaftspolitik. Tübingen: Mohr Siebeck.

Falk, Armin (2003): Homo Oeconomicus versus Homo Reciprocans: Ansätze für ein Neues Wirtschaftspolitisches Leitbild? In: Perspektiven der Wirtschaftspolitik 4 (1), 141–172.

Fetchenhauer, Detlef; Enste, Dominik H.; Köneke, Vanessa (2010): Fairness oder Effizienz? Die Sicht ökonomischer Laien und Experten. In: Zeitschrift für Wirtschaftspolitik 59 (1), Sonderheft, 48–61.

Fetzer, Joachim (2003): Verhalten und Verhältnisse. Christliche Traditionen in ökonomischen Institutionen. In: Nutzinger, Hans G. (Hrsg.): Christliche, jüdische und islamische Wirtschaftsethik. Über religiöse Grundlagen wirtschaftlichen Verhaltens in der säkularen Gesellschaft. Marburg: Metropolis, 45–104.

Gauthier, David (1986): Morals by Agreement. Oxford: Oxford University Press.

Gehlen, Arnold (2003): Der Mensch. Seine Natur und seine Stellung in der Welt, 1940. 14. Auflage. Wiebelsheim: AULA-Verlag.

Guicciardini, Francesco (1509): Storie fiorentine.

Haldane, Andrew; Alessandri, Piergiorgio (2009): Banking on the State. In: BIS Review 139/2009.

Hall, Peter A.; Gingerich, David W. (2005): Varieties of Capitalism and Institutional Complementarities in the Macroeconomy. Discussion Paper 4 (5). Köln: Max-Planck-Institut für Gesellschaftsforschung.

Hall, Peter A.; Soskice, David (2001): Varieties of Capitalism. The Institutional Foundations of Comparative Advantage. Oxford: Oxford University Press.

Harris, Marvin (1989): Kulturanthropologie. Frankfurt und New York: Campus.

Hartmann, Nicolai (1962): Ethik. 4. Auflage. Berlin: de Gruyter.

Hayek, Friedrich August von (1967): Der Atavismus sozialer Gerechtigkeit. In: Hayek, Friedrich August von (2004): Wissenschaft und Sozialismus. Tübingen: Mohr Siebeck, 197–208.

Hayek, Friedrich August von (1971): Die Verfassung der Freiheit. Tübingen: Mohr Siebeck.

Hayek, Friedrich August von (1979): Die drei Quellen der menschlichen Werte. In: Hayek, Friedrich August von (2003): Recht, Gesetz und Freiheit. Tübingen: Mohr Siebeck, 460–484.

Hayek, Friedrich August von (1988): The Fatal Conceit. The Errors of Socialism. Chicago: University of Chicago Press.

Henning, Friedrich-Wilhelm (1991): Handbuch der Wirtschafts- und Sozialgeschichte Deutschlands. 3 Bände. Paderborn: Schöningh.

Hirsch, Fred (1980): Die sozialen Grenzen des Wachstums. Reinbek: Rowohlt.

Hobbes, Thomas (1651): Leviathan or the Matter, Forme, and Power of a Common-Wealth Ecclasiasticall and Civil.

Höffe, Otfried (2002): Lexikon der Ethik. 6. Auflage. München: Beck.

Hofstede, Geert (2001): Culture's Consequences, Comparing Values, Behaviours, Institutions, and Organizations Across Nations. Thousand Oaks CA: Sage Publications.

Homann, Karl (1997): Individualisierung: Verfall der Moral? Zum ökonomischen Fundament der Moral. In: Aus Politik und Zeitgeschichte 21/1997, 13–21.

Homann, Karl (1999): Die Legitimation von Institutionen. In: Korff, Wilhelm et al. (Hrsg.): Handbuch der Wirtschaftsethik. Ethik wirtschaftlicher Ordnungen 2. Gütersloh: Gütersloher Verlagshaus, 50–95.

Homann, Karl; Enste, Dominik H.; Koppel, Oliver (2009): Ökonomik und Theologie. Der Einfluss christlicher Gebote auf Wirtschaft und Gesellschaft. München: Roman Herzog Institut, Position 8.

Horn, Karen (2009): Die Rückkehr der ehrbaren Kaufleute? Überlegungen zur unternehmerischen Verantwortung. In: Liberal, Februar 2009, 31–35.

Horn, Karen (2011a): Diesseits von Angebot und Nachfrage. In: HWWI Policy Paper. Erfurt.

Horn, Karen (2011b): Es fehlt das kapitalistische Gen. In: Merkur 740. Stuttgart: Klett-Cotta.

Hösle, Vittorio (1997): Moral und Politik. Grundlagen einer politischen Ethik für das 21. Jahrhundert. München: Beck.

James, William (1902/1997): Die Vielfalt religiöser Erfahrung. Frankfurt: Suhrkamp.

James, William (1948): Essays über Glaube und Ethik. Gütersloh: Bertelsmann.

Jasay, Anthony de (1985): The State. Oxford: Blackwell.

Joas, Hans (1997): Die Entstehung der Werte. Frankfurt: Suhrkamp.

Joas, Hans (2006): Werte und Religion. In: Mohn, Liz et al. (Hrsg.): Werte. Was die Gesellschaft zusammenhält. Gütersloh: Bertelsmann, 19–32.

Jöhr, Walter Adolf (1964): Schätzungsurteil und Werturteil. In: Kloten, Norbert; Krelle, Wilhelm; Müller, Heinz; Neumark, Fritz (Hrsg.): Systeme und Methoden in den Wirtschaftswissenschaften. Tübingen: Mohr Siebeck.

Kliemt, Hartmut (1988): Ethische Grundlagen der Sozialstaatlichkeit. Eine interessenbasierte Rechtfertigungsskizze. Vervielfältigtes Manuskript. In: Zeitschrift für Wirtschaftspolitik 37, 5.

Lorenz, Konrad (1992): Die Naturwissenschaft vom Menschen. Eine Einführung in die vergleichende Verhaltensforschung. München/Zürich: Piper.

Lübbe, Hermann (2006): Werte modern – alltäglich und feiertäglich. In: Mohn, Liz et al. (Hrsg.): Werte. Was die Gesellschaft zusammenhält. Gütersloh: Bertelsmann, 55–66.

Macmillan, Malcolm (2000): An Odd Kind of Fame. Stories of Phineas Gage. Cambridge: MIT Press.

Manea, Elham (2009): Ich will nicht mehr schweigen. Der Islam, der Westen und die Menschenrechte. Freiburg: Herder.

Manea, Elham (2010): Muslimische Parallelgesellschaften in der Schweiz? In: Eidgenössische Kommission für Frauenfragen (Hrsg.): Frauenfragen 1/2, 55–59.

Mantzavinos, Chrysostomos (2007): Individuen, Institutionen und Märkte. Tübingen: Mohr Siebeck.

Marx, Reinhard (2008): Das Kapital. München: Pattloch-Verlag.

Miegel, Meinhard (2004): Die deformierte Gesellschaft. Wie die Deutschen ihre Wirklichkeit verdrängen. 2. Auflage. Berlin: Propyläen.

Miegel, Meinhard; Wahl, Stefanie; Schulte, Martin (2008): Von Verlierern und Gewinnern – Die Einkommensentwicklung ausgewählter Bevölkerungsgruppen in Deutschland. IWG Bonn Untersuchungsbericht, Juni 2008.

Mirrow, Jürgen (1996): Geschichte des deutschen Volkes. Von den Anfängen bis zur Gegenwart. 2 Bände. München: Katz.

Müller-Beck, Hansjürgen (2001): Die Steinzeit. Der Weg der Menschen in die Geschichte. 2. Auflage. München: Beck.

Noelle-Neumann, Elisabeth (1977): Politik und Glück. Ein Versuch. In: Baier, Horst (Hrsg.): Freiheit und Sachzwang. Beiträge zu Ehren Helmut Schelskys. Opladen: Westdeutscher Verlag, 208–262.

Noelle-Neumann, Elisabeth; Petersen, Thomas (2001): Zeitenwende. Der Wertewandel 30 Jahre später. In: Aus Politik und Zeitgeschichte 29/2001.

Noelle-Neumann, Elisabeth; Petersen, Thomas (2002): Das Jahrhundert der Sozialforschung. In: Karmasin, Matthias; Höhn, Marco (Hrsg.): Die Zukunft der empirischen Sozialforschung. Graz: Nausner & Nausner, 11–24.

Noll, Bernd (2010): Grundriss der Wirtschaftsethik. Von der Stammesmoral zur Ethik der Globalisierung. Stuttgart: Kohlhammer.

Nolte, Paul (2009): Religion und Bürgergesellschaft. Berlin: Berlin University Press.

North, Douglass C. (1988): Theorie des institutionellen Wandels. Eine neue Sicht der Wirtschaftsgeschichte. Tübingen: Mohr Siebeck.

Obama, Barack (2009): Inaugural Address. Transkript in der New York Times, 20.1.2009. http://www.nytimes.com/2009/01/20/us/politics/20text-obama.html. Zugriff: 12.9.2011.

Olson, Mancur (1985): Die Logik des kollektiven Handelns. Tübingen: Mohr Siebeck.

Perler, Dominik (2011): Transformationen der Gefühle. Frankfurt: Fischer.

Petersen, Thomas (2002): Das Feldexperiment in der Umfrageforschung. Frankfurt am Main: Campus.

Petersen, Thomas (2007): Der Zauberklang des Sozialismus. Die Aussagen der Linken fallen auf fruchtbaren Boden. In: Frankfurter Allgemeine Zeitung, 18.7.2007.

Petersen, Thomas; Mayer, Tilman (2005): Der Wert der Freiheit. Deutschland vor einem neuen Wertewandel? Freiburg: Herder.

Pies, Ingo (2010): Karl Homanns Programm einer ökonomischen Ethik. In: zfwu 11 (3), 249–261.

Plessner, Helmuth (1924/2002): Grenzen der Gemeinschaft. Eine Kritik des sozialen Radikalismus. Frankfurt: Suhrkamp.

Radnitzky, Gerard (1984): Die ungeplante Gesellschaft. Friedrich von Hayeks Theorie der Evolution spontaner Ordnungen und selbstorganisierender Systeme. In: Hamburger Jahrbuch für Gesellschaftspolitik 29. Tübingen: Mohr Siebeck.

Rawls, John (1971): A Theory of Justice. Cambridge: Harvard University Press.

Richter, Rudolf; Furubotn, Eirik (2010): Neue Institutionenökonomik. Tübingen: Mohr Siebeck.

Ridderstrale, Jonas; Nordström, Kjell (2008): Funky Business. How to Enjoy Capitalism. 3. Auflage. Harlow: Pearson.

Robbins, Lionel (1932): An Essay on the Nature and Significance of Economic Science. London: Macmillan.

Röpke, Jochen (1983): Handlungsrechte und wirtschaftliche Entwicklung. In: Schüller, Alfred (Hrsg.): Property Rights und ökonomische Theorie. München: Franz Vahlen.

Röpke, Wilhelm (1958): Jenseits von Angebot und Nachfrage. Erlenbach: Rentsch.

Röpke, Wilhelm (2009): Marktwirtschaft ist nicht genug. Gesammelte Aufsätze. Waltrop-Leipzig: Manuscriptum.

Rousseau, Jean-Jacques (1762): Du contrat social ou principes du droit politique.

Rüstow, Alexander (1951): Wirtschaftsordnung und Staatsform. Wiederabgedruckt in: Rüstow, Alexander (1963): Rede und Antwort. Ludwigsburg: Hoch, 275–295.

Schäfer, Daniel (2006): Die Wahrheit über die Heuschrecken. Frankfurt: Frankfurter Allgemeine Buch.

Schlicht, Ekkehard (1985): Isolation and Aggregation in Economics. Heidelberg: Springer.

Schlicht, Ekkehard (2003): Der homo oeconomicus unter experimentellem Beschuss. In: Held, Martin; Kubon-Gilke, Gisela; Sturn, Richard (Hrsg.): Experimentelle Ökonomik. Marburg: Metropolis.

Schöppner, Klaus-Peter (2006): Renaissance des Vertrauens. In: Mohn, Liz et al. (Hrsg.): Werte. Was die Gesellschaft zusammenhält. Gütersloh: Bertelsmann, 81–91.

Schreiber, Matthias (2010): Die Zehn Gebote. München: Deutsche Verlags-Anstalt.

Schumpeter, Joseph Alois (1942/1987): Kapitalismus, Sozialismus und Demokratie. 6. Auflage. Tübingen: Francke.

Schumpeter, Joseph Alois (1950): Kapitalismus, Sozialismus und Demokratie. 2. Auflage. Bern: Francke.

Schwarz, Gerhard (2009): Liberalismus ohne Werte ist wertlos. In: STAB-Preis 2009 für Dr. Gerhard Schwarz und STAB-Förderpreis 2009 für Dr. René Scheu. Zürich: Stiftung für Abendländische Ethik und Kultur.

Schwarz, Gerhard (2010): Krise der Werte. In: Neue Zürcher Zeitung, 30.1.2010.

Sen, Amartya (2009): The Idea of Justice. Cambridge Mass.: Harvard University Press.

Smith, Adam (1759/1982): The Theory of Moral Sentiments. Indianapolis: Liberty Fund.

Soros, George (1998): The crisis of global capitalism: Open society endangered. New York: Public Affairs.

Statistisches Bundesamt (Hrsg.) (1997): Datenreport 1997. Zahlen und Fakten über die Bundesrepublik Deutschland. Bonn: Bundeszentrale für politische Bildung.

Statistisches Bundesamt (Hrsg.) (2006): Datenreport 2006. Zahlen und Fakten über die Bundesrepublik Deutschland. Bonn: Bundeszentrale für politische Bildung.

Stigler, George (1988): Memoirs of an Unregulated Economist. New York: Basic Books.

Suchanek, Andreas (2005): Enron – Fehlende Investitionen in Vertrauen. In: Forum Wirtschaftsethik 13 (2), 26–35.

Taylor, Charles (1989/1994): Quellen des Selbst. Frankfurt: Suhrkamp.

Tietzel, Manfred (1981): Die Rationalitätsannahme in den Wirtschaftswissenschaften, oder: Der homo oeconomicus und seine Verwandten. In: Jahrbuch für Sozialwissenschaft 32, 115–138.

Vanberg, Viktor (1975): Die zwei Soziologien. Tübingen: Mohr Siebeck.

Voland, Eckhart (2006): Grundkurs Soziobiologie. Blut ist dicker als Wasser. In: Frankfurter Allgemeine Zeitung, 24.5.2006.

Waldron, Arthur (2011): The Dialogue of Salt and Iron. In: James, Harold (Hrsg.): Natural Law and Economics. Princeton: Witherspoon Institute.

Weber, Max (1904/1905): Die protestantische Ethik und der Geist des Kapitalismus. Archiv für Sozialwissenschaften und Sozialpolitik. Bände XX und XXI.

Weber, Max (1981): Wirtschaftsgeschichte. Abriss der universalen Sozial- und Wirtschaftsgeschichte. 4. Auflage. Berlin: Duncker & Humblot.

Wesel, Uwe (2006): Geschichte des Rechts. 3. Auflage. München: Beck.

Willgerodt, Hans (2011): Werten und Wissen: Beiträge zur politischen Ökonomie. Stuttgart: Lucius & Lucius.

Wittgenstein, Ludwig (1921): Tractatus logico-philosophicus. Frankfurt am Main: Suhrkamp.

Wuketits, Franz M. (2002): Was ist Soziobiologie. München: Beck.

Wuketits, Franz M. (2006): Bioethik. München: Beck.

Yang, Wesley (2009): A Critical (But Highly Sympathetic) Reading of New Yorkers' Sexual Habits and Anxieties. http://nymag.com/news/features/sexdiaries/2009/60297/. Zugriff: 12.9.2011.

Zhou, Xiaochuan (2009): On savings ratio. Rede vom 24.3.2009. http://www.pbc.gov.cn/publish/english/956/2009/20091229104810768831191/20091229104810768831191_.html. Zugriff: 12.9.2011.

Zürcher Bibel (2007): Zürich: Theologischer Verlag.

23 Autorenverzeichnis

Die Autoren

Tissy Bruns, Leitende Redakteurin des Tagesspiegels in Berlin und politische Chefkorrespondentin. Von 1999 bis 2003 als erste Frau Vorsitzende der Bundespressekonferenz. 2007 erschien ihr Buch «Republik der Wichtigtuer – Ein Bericht aus Berlin» im Herder-Verlag.

James M. Buchanan, Emeritus der George Mason University in Fairfax, Virginia. Mitbegründer der Theorie des Public Choice und der Konstitutionenökonomik. Nobelpreisträger (Wirtschaftswissenschaften) des Jahres 1986. Ehrenpräsident des Walter Eucken Instituts in Freiburg i. Br.

Dominik H. Enste, Senior Economist, Projektleiter und Kompetenzfeldleiter «Institutionenökonomik» am Institut der deutschen Wirtschaft Köln. Vertretungsprofessor für International Business mit den Schwerpunkten Wirtschaftsethik und -psychologie an der Fachhochschule Köln. Autor des Buches «Schattenwirtschaft und Schwarzarbeit» (2000), erschienen im Oldenbourg Verlag.

Joachim Fetzer, Geschäftsführer der Fetzer Immobilien GbR in Augsburg. Lehrt Wirtschaftsethik an der Hochschule für angewandte Wirtschaftswissenschaften in Würzburg und ist Mitglied im Vorstand des Deutschen Netzwerks Wirtschaftsethik (DNWE).

Christoph Frei, lehrt Politikwissenschaften im Allgemeinen und Internationale Beziehungen im Besonderen an der Universität St. Gallen. Zu seinen Veröffentlichungen zählt eine intellektuelle Biografie des deutsch-amerikanischen Realisten Hans J. Morgenthau, erschienen 2001 bei Louisiana State University Press.

Nils Goldschmidt, Professor für Sozialpolitik an der Hochschule für angewandte Wissenschaften München und Research Associate am Walter Eucken Institut. Forscht auf den Gebieten der Ordnungspolitik, der Wirtschaftsethik und der Geschichte des ökonomischen Denkens. Autor des Buches «Die Zukunft der Sozialen Marktwirtschaft» (2004), erschienen bei J.C.B. Mohr.

Karen Horn, leitet seit 2008 das Berliner Hauptstadtbüro des Instituts der deutschen Wirtschaft Köln. Zuvor Wirtschaftsredakteurin bei der Frankfurter Allgemeinen Zeitung. Vorsitzende der Friedrich A. von Hayek-Gesellschaft. Zu ihren Veröffentlichungen zählt «Die Soziale Marktwirtschaft» (2010), erschienen bei Frankfurter Allgemeine Buch.

Michael Hüther, Direktor und Mitglied des Präsidiums des Instituts der deutschen Wirtschaft Köln. Lehrt als Honorarprofessor für öffentliche Wirtschaft und Wirtschaftspolitik an der European Business School in Oestrich-Winkel. Zuletzt erschien von ihm das Buch «Die disziplinierte Freiheit. Eine neue Balance von Markt und Staat» (2011) im Murmann Verlag.

Harold James, Professor für Geschichte an der Princeton University sowie Professor für Internationale Beziehungen an der Woodrow Wilson School of Public and International Affairs, Princeton. Unter seinen zahlreichen Büchern sei «The Creation and Destruction of Value» (2009), Harvard University Press, hervorgehoben.

Necla Kelek, freie Publizistin in Berlin. War Mitglied der ersten deutschen Islamkonferenz. Empfängerin des Freiheitspreises der Friedrich-Naumann-Stiftung für die Freiheit. Autorin von Büchern wie «Die fremde Braut» (2005) und «Himmelsreise» (2010), erschienen bei Kiepenheuer & Witsch.

Guy Kirsch, lehrte bis 2008 Neue Politische Ökonomie an der Universität Fribourg. Gastaufenthalte an verschiedenen europäischen und amerikanischen Universitäten. Zu seinen Büchern zählen «Neue Politische Ökonomie» (2004, Lucius & Lucius) und «Freiheit – der nie erledigte Auftrag» (2008, LIT-Verlag).

Inna Knelsen, studentische Mitarbeiterin im Institut der deutschen Wirtschaft Köln im Projekt «Zukunft der Arbeit».

Elham Manea, Privatdozentin am Institut für Politikwissenschaften der Universität Zürich. Beraterin von staatlichen Nichtregierungs- und internationalen Organisationen zu den Themen Frauenrechte, Religion und Entwicklung. 2009 erschien von ihr «Ich will nicht mehr schweigen» im Herder-Verlag.

Thomas Petersen, Projektleiter am Institut für Demoskopie Allensbach und Lehrbeauftragter an der Hochschule für Technik und Wirtschaft, Berlin. Past President der

World Association for Public Opinion Research und Sprecher der Deutschen Gesellschaft für Publizistik- und Kommunikationswissenschaft. Autor u. a. des Buches «Der Wert der Freiheit» (2005), erschienen im Herder-Verlag.

Peter Ruch, arbeitet seit 1982 als protestantischer Pfarrer. Nebenamtlich in den Bereichen Spitex (spitalexterne Hilfe, Gesundheits- und Krankenpflege), Schulpflege, Fürsorgekommission und Blindenseelsorge tätig. Mitglied im Stiftungsrat des Liberalen Instituts, Zürich.

Ulrich Schmid, seit 1987 Mitarbeiter der Neuen Zürcher Zeitung (NZZ). Davon die meiste Zeit als politischer Korrespondent in Moskau, Washington, Peking und Prag. Seit 2008 NZZ-Korrespondent in Berlin.

Gerhard Schwarz, Direktor des Think-Tanks Avenir Suisse und Lehrbeauftragter an der Universität Zürich. Zuvor stellvertretender Chefredaktor und Leiter des Wirtschaftsressorts der Neuen Zürcher Zeitung (NZZ). Mitglied in Stiftungsräten zahlreicher liberaler Organisationen. Autor und Herausgeber verschiedener Bücher, darunter «Wirtschaftswunder Schweiz» (2011) und «Das Ringen um die Freiheit» (2011), erschienen bei NZZ Libro.

Michael Frhr. Truchsess, Managing Director der Deutschen Bank i. R., Vorsitzender des Arbeitskreises Evangelischer Unternehmer (AEU) und Mitglied der Kirchenleitung der Evangelischen Kirche in Hessen und Nassau (EKHN).

Thomas Volkmann, seit 2007 Referent für Sozialforschung, politische Analysen, Wahl- und Meinungsforschung im Liberalen Institut der Friedrich-Naumann-Stiftung für die Freiheit in Berlin.

Ursula Weidenfeld, freie Wirtschaftsjournalistin in Berlin. Zuletzt erschien von ihr «Nützliche Aufwendungen? Der Fall Siemens und die Lehren für die Unternehmen, die Industrie und die Gesellschaft» (2011) im Piper-Verlag.

Michael Zöller, ist Inhaber des Lehrstuhls Politische Soziologie an der Universität Bayreuth. Vorsitzender des deutsch-amerikanischen Council on Public Policy. Zu seinen Veröffentlichungen zählt «Der Westen – was sonst? Amerika und Europa brauchen sich noch» (2005), erschienen bei NZZ Libro.